制造执行系统(MES)实现原理与技术

王爱民 著

北京理工大学出版社
BEIJING INSTITUTE OF TECHNOLOGY PRESS

内 容 简 介

制造执行系统（MES）是制造信息化的重要组成部分，是沟通现场控制和经营管理的桥梁，其目的是构建支持全过程精益管理、全方位业务协调、全员参与协作的车间级协同制造平台。本书研究复杂多变生产环境下的快速响应制造过程协调、关联信息管理、计划排产与动态调度等技术，共分三个层次：一是 MES 发展背景、定义、框架以及快速响应制造执行模式与技术体系；二是制造执行过程协调、复杂信息关联管理、动态批次与物料协调、渐增式装配齐套控制、生产调度等核心关键技术；三是特殊的产品固定类制造执行系统技术扩展阐述，以及典型制造执行系统应用案例与未来发展。

本书可供高年级大学生、研究生、教学人员、科研人员、系统开发人员以及有关工程技术人员参考。

图书在版编目（CIP）数据

制造执行系统（MES）实现原理与技术/王爱民著 . —北京：北京理工大学出版社，2014.3（2023.6 重印）

ISBN 978—7—5640—8994—8

Ⅰ.①制…　Ⅱ.①王…　Ⅲ.①制造工业—工业企业管理—计算机管理系统　Ⅳ.①F407.406

中国版本图书馆 CIP 数据核字（2014）第 048449 号

出版发行 /北京理工大学出版社有限责任公司

社　　　址 /北京市海淀区中关村南大街 5 号

邮　　　编 /100081

电　　　话 /(010) 68914775（总编室）
　　　　　　82562903（教材售后服务热线）
　　　　　　68944723（其他图书服务热线）

网　　　址 /http：//www.bitpress.com.cn

经　　　销 /全国各地新华书店

印　　　刷 /北京虎彩文化传播有限公司

开　　　本 /710 毫米×1000 毫米　1/16

印　　　张 /17.75　　　　　　　　　　　　责任编辑 /申玉琴

字　　　数 /287 千字　　　　　　　　　　　文案编辑 /施胜娟

版　　　次 /2014 年 3 月第 1 版　2023 年 6 月第 12 次印刷　　责任校对 /周瑞红

定　　　价 /49.80 元　　　　　　　　　　　责任印制 /王美丽

序

制造执行系统（Manufacturing Execution System，MES）是制造业信息化领域内面向车间层的管控系统，在生产制造系统中起着承上启下，提高企业运作效率和管理水平的作用。随着数字化制造技术的深入发展和国家工业化与信息化的深度融合，企业迫切需要高度精细化和智能化的制造执行系统来管理控制整个生产过程，以提高企业的快速响应能力和核心竞争力。

本书对 MES 实现原理与技术做了系统、翔实的讲解。作者结合自己近十年的科研工作积累与企业应用体会，从系统、关键技术和应用三个方面介绍和论述了制造执行的基本概念、技术体系、动态调度、过程协调、齐套控制等关键技术以及在离散制造业中成功应用的实例。

全书体现了面向多品种、变批量生产的特点，科学地将过程协调、信息管理、计划排产与动态调度等关键技术群系统化梳理，具有内容新、起点高、系统性强、融入快速、响应制造和精益生产理念的特点，并强调了理论与生产实际的结合及与中国国情的结合。

全书图文并茂，实用性强。在写作方式上，注重了技术分解与目前存在问题的深度阐述，通过典型问题的剖析与应用扩展使读者易于掌握核心技术，为当前 MES 在深入推进过程中所遇到的瓶颈和模糊问题提供了一种可参考的解决思路。尤其在计划排产与动态调度方面，区别于传统偏重于调度算法及其优化求解的写作思路，给出了一个系统性的解决框架，为读者后续深入开展相关研究以及推动以排产调度为核心的 MES 的深入应用奠定良好基础。

制造执行系统体现了全过程精益管理、全方位业务协调、全员参与协作的协同制造思想。目前这方面的专门书籍比较缺乏，该书的出版对于厘清概念、明晰思想、把握技术和推进应用，将起到积极的促进作用。期望本书的出版能使读者对制造执行系统有更为全面的了解，为推动信息化与工业化的深度融合和促进企业转型及发展做出贡献。

孙优贤

2014 年 1 月

前 言

在国家"工业化与信息化深度融合"战略的积极推动下,制造执行系统(MES)已经逐渐兴起,并成为制造业信息化领域的关键支撑技术之一。MES具有丰富的技术与业务内涵,在物料流、信息流和控制流的过程与信息的复杂关联的驱动下,涉及制造执行过程协调、复杂信息关联管理、计划排产与动态调度等技术,同时由于不同生产类型所关注的侧重点不通过,导致MES业务和技术呈现出多样化的技术定制与侧重发展的特点。本着"突出重点、明晰思路"的指导思想,尤其是结合作者的科研经历以及自主思考总结,形成了本书的技术体系。

本书首先介绍了MES基本知识、快速响应制造执行模式与技术体系(第1章~第3章),力求为读者建立相对完整的MES总体架构;随后在制造过程协调及其关联信息管理技术(第4章~第5章)的基础上,结合所接触的企业在MES应用方面存在的典型困惑问题,延伸开展了动态批次与物料协调、渐增式装配齐套物料控制(第6章~第7章)两个方面技术的研究;在作为MES核心的计划排产与动态调度(第8章~第9章)关键技术方面,结合当前制造企业普遍存在的混线生产问题,力求明晰生产调度的总体技术思路,为后续的研究奠定框架性基础,鉴于调度文献和书籍较多,本书并未过多注重调度算法方面的论述;针对具有产品固定性生产特点的船舶曲面分段建造执行系统(第10章)进行了扩展研究,利于读者明确不同生产类型MES技术的差别;最后结合典型业务需求进行了应用案例展示,以增加读者的直观感受,并对未来的理论、应用和开发集成方面的发展(第11章)进行了简要描述。

鉴于当前有关MES的书籍相对比较缺乏,以及与当前快速发展制造业信息化的重要性和紧迫性严重不相称的现状,本书写作的初衷是为广大读者服务,以便更好地在我国传播和普及MES技术,厘清MES关注重点并提出可供参考的技术实现思路,为国内高校高年级学生、软件开发与实施人员、企业工程技术人员等提供一本MES研究和应用的务实参考书。

感谢北京理工大学数字化制造研究所宁汝新、唐承统两位教授的支持和关怀,刘检华、张旭、刘少丽等教师与作者进行的有益讨论,以及国家自然科学基金的资助。同时,感谢作者所指导的丁雷、李京生、卢治兵、李周瑜、周健等博士、硕士研究生在技术章节内容的丰富和完善、应用案例的编写,以及文字校对等方面工作给予的支持。感谢北京理工大学出版社赵岩编辑、莫莉编辑为本书的出版所付出的辛勤劳动。

由于作者水平和专业知识所限,书中不可避免地存在缺点与错误,一些观点或方法可能有失偏颇,希望广大读者和各方面专家多多批评指正(联系方式:wangam@bit.edu.cn)。

王爱民

2014 年 1 月

目　录

制造执行系统(Manufacturing Execution System,MES)是面向车间级生产管控的支撑平台,是企业 CIMS 集成框架的关键组成环节,是实施企业敏捷制造战略和实现车间生产敏捷化的基本技术手段。

2013 年 8 月 14 日,国务院发布了《国务院关于促进信息消费扩大内需的若干意见》,其中明确指出"面向企业信息化需求,突破核心业务信息系统、大型应用系统等的关键技术,开发基于开放标准的嵌入式软件和应用软件,加快产品生命周期管理(PLM)、制造执行管理系统(MES)等工业软件产业化,加强工业控制系统软件开发和安全应用,加快推进企业信息化,提升综合集成应用和业务协同创新水平,促进制造业服务化。大力支持软件应用商店、软件即服务(SaaS)等服务模式创新"。其中重点指出 MES 作为制造车间数字化信息化管理平台,是落实工业化与信息化深度融合战略的关键支撑工具。

1.1 MES 定位

随着 CAD、CAE、CAPP、CAM 等单点工具性软件系统取得良好的深入应用效果,企业认识到了数字化技术对于提升生产效率乃至核心能力的重要作用。在以信息化技术为代表的第三次工业革命的影响下,企业也发展了多样化的面向管理的信息化系统,包括客户关系管理(CRM)、企业资源计划(ERP)、产品全生命周期管理(PLM)、供应链管理(SCM)、办公自动化

(OA)等在内的系统在企业中得到了不同程度的推广和应用,给企业带来了一定的经济效益和管理效益。但当企业的管理者想要通过进一步推进信息化进程来提高自身的管理水平和管理深度时,往往会遇到一个共性的问题:缺少底层的支持,不仅体现为上层的经营计划流程难以向现场延伸,也体现为现场的执行数据难以向上游传递,尤其在日益成熟的 ERP 系统和日益先进的底层硬件设备之间出现了断层。目前,企业一般通过手工、纸质报表的形式实现上下游的沟通,但整体而言,面向车间的生产管理仍然处于黑箱操作状态。虽然有些企业采用了一些功能简单的处理系统,如订单执行跟踪、质量管理、材料定额管理等,但由于集成性差,加上数据采集方式不一致,因而使得企业的基础信息不完整、不准确,进而使企业在成本分析、投入产出分析、生产过程监控等方面无的放矢,无法做到精细化管理,降低成本落不到实处,管理效益无形中打了折扣,影响了企业竞争力。造成这些问题的主要原因是企业信息化架构不完整,缺少制造执行系统(MES)这一重要环节。

一般而言,随着产品研发进程的进行,信息与流程处于逐步增大、细化和关联的动态变化中,车间作为企业进行产品制造的最终环节,也是设计、工艺、管理等信息的综合接收环节,其生产管理受制于上游环节的影响,具有显著的复杂和动态特点,是制造业信息化的难点和重点,也是制约当前工业化与信息化深度融合战略进一步深入推进的瓶颈。

生产现场作为制造企业的物化中心,它不仅是制造计划的具体执行者,也是制造信息的反馈者,更是大量制造实时信息的集散地,因此生产现场的资源管理、物流控制、业务协调和信息集成是企业生产系统中的重要一环,生产现场的管理与控制系统的敏捷性在一定程度上决定着整个企业的敏捷性,是快速响应制造执行的核心驱动需求。MES 为操作人员/管理人员提供计划的执行和跟踪,主要负责生产管理和调度执行。MES 通过控制包括物料、设备、人员、流程指令和设施在内的所有工厂资源来提高制造竞争力,提供了一种系统地在统一平台上集成诸如质量控制、文档管理、生产调度等功能的运行方式。制造执行系统作为沟通 ERP 和车间自动化设备的桥梁,其核心是实现有序、协调、可控和高效的制造执行效果。

目前在多数企业中,生产计划与生产现场之间的信息传递,是依赖"手工作业"而完成的,即人工将生产现场的信息输入到上层系统中。因此,在计划层和生产现场的过程控制层之间,存在一个信息流通上的断层。这就使得许多管理效益无形中打了折扣。一个企业的良性运营是使"计划"与"生产"密切配合,在最短的时间内掌握生产现场的变化,是保证计划合理而快速修正的关键。为此,企业的计划层与生产控制层之间需要"直通车",使计划与生产现场可以实时互动,也就是要消除计划和执行之间的断层。制造执行系统作为信息断层的沟通者和信息孤岛的连通者应运而生。

1.2　MES 发展背景

日趋激烈的市场竞争、客户对产品呈现爆炸性的多样化要求,导致产品的生命周期逐渐缩短,产品的结构也日益复杂,这使得传统的以企业为主导、客户被动接受产品的状态逐步转变为以满足客户需求为驱动的大规模定制形式。面对大规模的个性化客户需求,传统的大批、大量生产模式已经不能适应市场的激烈竞争,企业必须实现从少品种、大批量到多品种、变批量、研产并重、混线生产模式的转变,通过提高对客户需求的反应速度以获得竞争优势和市场先机,从而衍生出了快速响应制造的要求。

为了满足多样化的客户定制需求,在产品规划方面,企业必须重视新产品的研制,以丰富产品型谱选择空间;在生产组织方面,要求研制性产品和批产性产品共同基于有限的制造资源进行混合生产,直接表现为复杂性和动态性的显著提升:第一,产品的种类、数量和交货期具有受日趋频繁订货行为的牵引而变动的特点。第二,研制性产品一般采用单件或者小批量生产组织形式,批产性产品体现为中大批量生产组织形式,在此现状下制造执行具有复杂的过程关联与协调内涵。第三,研制性产品具有工艺变化频繁、工时不准确、计划组织随意性大的特点,对批产性产品的生产组织及运行的稳定性带来较大的冲击。第四,对于制造企业而言,制造执行过程具有多方面的扰动,如对于作为调度核心的工时数据,存在来自设备状态、加工操作方法等技术方面的不确定性,以及来自管理上以定额工时作为核算指标导致的人为障碍,都使得无法获得确定性的加工工时基础数据,同时,不管是民品生产企业还是军品生产企业,在当前激烈的市场竞争下,都普遍存在紧急订单插入、订单分批执行等现象,这些生产突发事件或因素都会对生产计划的执行产生冲击。第五,我国企业的信息化基础环境建设尚属薄弱,据统计,ERP 实施的成功率不到 30%,对于大部分实施 ERP 的企业而言,大多还停留在基础物料与库存管理层面;在生产管理方面,完整实施 MES 的企业尚不多见,但在资源、工时、质量等单项领域方面则具有一定的基础,这些都对计划的稳定性和执行状态的全面把握带来一定的影响。因此,制造执行处于复杂和动态的生产环境中,存在工时等基础数据不准确、订单任务等不确定、执行状态反馈不完备等问题,如何实现快速响应制造执行,实现制造执行过程的协调、制造执行信息的管理、作业调度的控制就构成了快速响应制造执行需要解决的核心问题。

制造执行过程的控制与协调是落实快速响应制造的核心支撑技术之一,其目标是在动态变化的市场和制造环境中,通过对业务流、作业流和信息流的协调控制保证制造执行的高效运行,作为中间平台,实现对上游以ERP为基础的生产计划和下游底层设备控制的贯通协调。以 MES 为代表的技术及其系统就是为了满足这种需求而提出的,目前已经得到了学术界和工业界的广泛关注、研究与应用。MES 技术具有丰富的内涵,包括资源管理、生产调度、单元分配、生产跟踪、性能分析、文档管理、人力资源管理、设备维护管理、过程管理、质量管理和现场数据采集等。与国外 MES 强调对先进的底层硬件设备执行过程自动化控制相比,我国囿于基础硬件条件限制,MES 技术的研究更加强调柔性生产管理,更多的是面向人而非面向自动化设备实现制造执行过程的管控。需要指出的是,对于 MES 而言,生产调度在制造执行中处于中枢控制的地位,对作业的核心安排不仅体现了资源的优化配置,而且体现了以作业流为核心牵引信息流和业务流的协调思路,是实现有序、协调、可控和高效制造执行的关键使能技术。

随着MRP、ERP 等工具和管理理念在我国的逐步推广和深入,我国制造企业的信息化意识逐渐加强。随着企业信息化建设的不断深入,ERP、SCM、CRM、EIP、PDM 等林林总总的信息化管理软件,逐渐为众多的管理者所接受,并开始广泛应用于企业管理中,企业也因此取得了一定的管理效益。但上述管理系统主要是对企业的管理数据进行处理和运算,主要应用在计划、预测、分析等方面,但对作为生产现场这一企业主体行为的研究则起步较晚,这也导致目前我国 ERP 整体的应用效果并不理想,而作为现场管控层的 MES 技术及应用的缺乏是直接原因之一。

▦ 1.3　MES 定义与框架

MES 的概念是美国先进制造研究会(Advanced Manufacturing Research,AMR)于 1990 年 11 月首次正式提出,旨在加强 MRP 计划的执行功能,把 MRP 计划通过执行系统同车间作业现场控制系统联系起来。这里的现场控制包括 PLC 程控器、数据采集器、条形码、各种计量及检测仪器、机械手等。MES 系统设置了必要的接口,与提供生产现场控制设施的厂商建立合作关系。AMR 将 MES 定义为"位于上层的计划管理系统与底层的工业控制之间的面向车间层的管理信息系统",它为操作人员/管理人员提供计划的执行、跟踪以及所有资源(人、设备、物料、客户需求等)的当前状态。

1992 年,美国成立了以宣传 MES 思想和产品为宗旨的贸易联合会——制造执行系统协会(Manufacturing Execution System Association, MESA),1997 年 MESA 发布了 6 个关于 MES 的白皮书,对 MES 的定义与功能、MES 与相关系统间的数据流程、应用 MES 的效益、MES 软件评估与选择以及 MES 发展趋势等问题进行了详细的阐述。MESA 给出的 MES 定义为:MES 能通过信息传递对从订单下达到产品完成的整个生产过程进行优化管理。当工厂发生实时事件时,MES 能对此及时做出反应并报告,并用当前的准确数据对它们进行指导和处理。这种对状态变化的迅速响应使 MES 能够减少企业内部没有附加值的活动,有效地指导工厂的生产运作过程,从而使其既能提高工厂的及时交货能力,改善物料的流通性能,又能提高生产回报率。MES 还通过双向的直接通信在企业内部和整个产品供应链中提供有关产品行为的关键任务信息。MESA 在 MES 定义中强调了以下三点:①MES 是对整个车间制造过程的优化,而不是单一地解决某个生产瓶颈;②MES 必须提供实时收集生产过程中数据的功能,并做出相应的分析和处理;③MES 需要与计划层和控制层进行信息交互,通过企业的连续信息流来实现企业信息全集成。

MESA 提出了 MES 的功能组件和集成模型,并定义了 11 个功能模块,包括:资源管理、工序调度、单元管理、生产跟踪、性能分析、文档管理、人力资源管理、设备维护管理、过程管理、质量管理和现场数据采集,MES 功能模块间的关系以及功能模块在企业中的位置如图 1.1 所示,从图 1.1 中可以看出作业调度处于核心地位,对信息传递、业务协调具有直接的牵引作用。

1997 年,国际仪表学会(ISA)启动了编制 ISA-SP95 企业控制系统集成标准的工作,ISA-SP95 的目的是建立企业级和制造级信息系统之间的集成规范。ISA 于 2000 年发布了 SP95.01 模型与术语标准,规定了生产过程涉及的所有资源信息及其数据结构和表达信息关联的方法;2001 年发布了 SP95.02 对象模型属性标准,对第一部分定义的内容做了详细规定和解释。SP95.01 和 SP95.02 已经被 IEG、ISO 接受为国际标准;2002 年发布了 SP95.03 制造信息活动模型标准,提出了管理层与制造层间信息交换的协议和格式;2003 年发布了 SP95.04 制造操作对象模型标准,定义了支持第二部分中制造运作管理活动的相关对象模型及其属性;之后发布的 SP95.05 详细说明了 B2M(Business To Manufacturing)事务;SP95.06 详细说明了制造运作管理的事务。MES 的标准化进程是推动 MES 发展的强大动力,国际上 MES

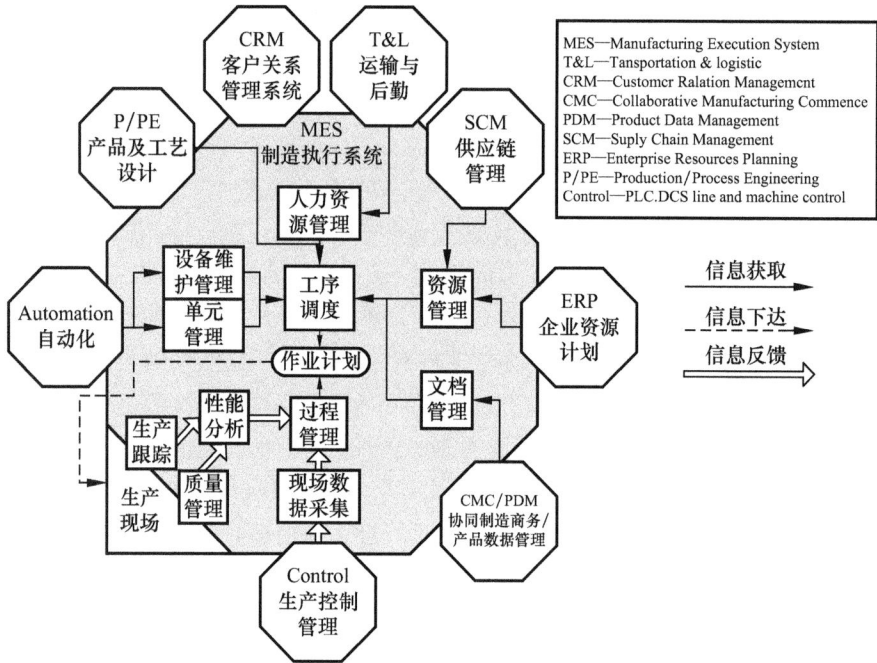

图 1.1　MES 功能模块间的关系及其在企业中的位置

主流供应商纷纷采用 ISA-SP95 标准,如:ABB、SAP、GE、Rockwell、Honey-well、Siemens 等。

1999 年,美国国家标准与技术研究所(NIST)在 MESA 白皮书的基础上,发布有关 MES 模型的报告,将 MES 有关概念规范化;2000 年开始,美国国家标准协会(ANSI)致力于 MES 标准化工作(ANSUISA-SP95)。

2004 年 5 月,MESA 提出了协同的制造执行系统(Collaborative-Manu-facturing Execution Systems,C-MES)的概念,指出 C-MES 的特征是将原来 MES 的运行与改善企业运作效率的功能及增强 MES 与在价值链和企业中其他系统和人的集成能力结合起来,使制造业的各部分敏捷化和智能化。由此可见,MES 的一个显著特点是支持生产同步性,支持网络化协同制造。它对分布在不同地点甚至全球范围内的工厂进行实时化信息互联,并以 MES 为引擎进行实时过程管理,以协同企业所有的生产活动,建立过程化、敏捷化和级别化的管理,使企业生产经营达到同步。

日本的制造科学与技术中心于 2000 年 9 月也在其电子商业公共设施建设项目中提出了 OpenMES 框架规范,其核心目标是通过更精确的过程状态跟踪和更完整的资料记录以获取更多的资料来更方便地进行生产管理,它通过分布在设备中的智能来保证车间的自动化。

　　我国于 2006 年出台的企业信息化技术规范——制造执行系统规范,为企业规划和实施 MES 提供了指导性的参考文件。但目前该规范只是处于思想指导层次,且主要是对通用的民品或者规范性的行业具有一定的指导性,但对于制造企业多品种、变批量、产研并重、研制与批产混线、流水与离散混合作业的管理需求还存在较多的适应性和完善性问题。

　　在企业信息化框架中,MES 起到的是一个承上启下的数据传输作用,与计划层和控制层之间数据传递的主要内容如图 1.2 所示。一方面,MES 从 MRP/ERP 中读取生产任务以及物料和设备等计划层的基本信息,通过处理将作业计划以及生产准备信息下达到车间层;另一方面,MES 从生产车间读取工序的具体加工数据以及设备和物料的使用情况,通过处理向 MRP/ERP 层反馈订单和短期生产计划的完成情况以及人员分配和设备的利用率等数据。

　　通过 MES 的功能和 MES 与其他信息系统之间的关系可以看出,MES 系统通过生产资源管理、人力资源管理、设备维护管理和单元管理以及文档管理等模块从 ERP、PDM 等信息系统读取生产任务、设备、人员和生产准备等信息,利用这些信息通过工序调度生成作业计划,并下达到生产车间;车间按照作业计划组织安排生产,生产中的实际执行情况、质量等信息通过现场数据收集,收集的数据通过性能分析后利用过程控制模块对作业计划进行调整,形成动态调度系统。由此可见,MES 是一个以动态调度为

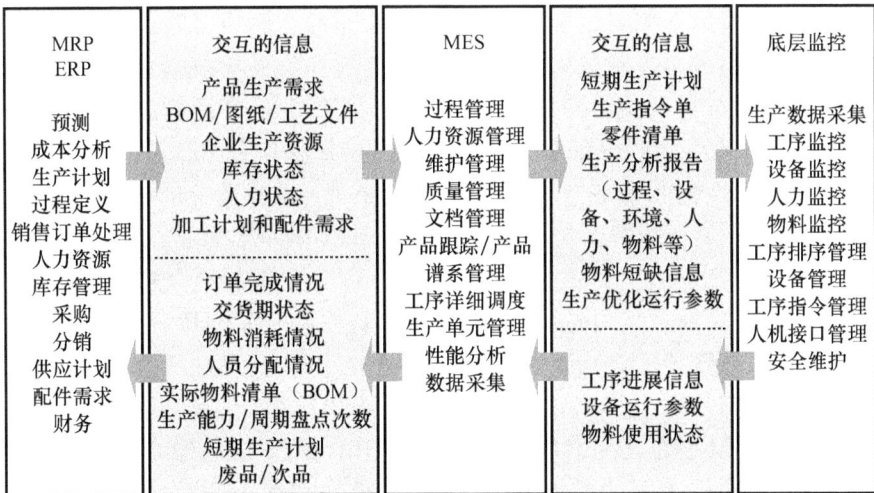

MRP ERP	交互的信息	MES	交互的信息	底层监控
预测 成本分析 生产计划 过程定义 销售订单处理 人力资源 库存管理 采购 分销 供应计划 配件需求 财务	产品生产需求 BOM/图纸/工艺文件 企业生产资源 库存状态 人力状态 加工计划和配件需求 订单完成情况 交货期状态 物料消耗情况 人员分配情况 实际物料清单（BOM） 生产能力/周期盘点次数 短期生产计划 废品/次品	过程管理 人力资源管理 维护管理 质量管理 文档管理 产品跟踪/产品 谱系管理 工序详细调度 生产单元管理 性能分析 数据采集	短期生产计划 生产指令单 零件清单 生产分析报告 （过程、设备、环境、人力、物料等） 物料短缺信息 生产优化运行参数 工序进展信息 设备运行参数 物料使用状态	生产数据采集 工序监控 设备监控 人力监控 物料监控 工序排序管理 设备管理 工序指令管理 人机接口管理 安全维护

图 1.2　MES 信息传输内容

核心,以生产制造信息收集管理为主要任务的制造执行过程协调与控制的系统。

▓ 1.4 MES 行业应用

通过近 20 年的发展,MES 的研究与开发都取得了长足的进展,特别是近十年来,新型业务类型不断出现,促使 MES 不断走向完善。通过权威机构对多家企业 MES 应用现状及发展的分析,将 MES 划分为 16 个应用领域,这 16 个领域分布在流程行业和离散行业之中。

我国在 MES 领域的研究首先关注流程行业。"十五"期间,国家"863"计划将 MES 作为重点研究课题,流程工业领域 MES 成为技术研究的突破口。流程工业最突出的特点是生产线自动化程度高,制造过程的信息易于取得,具备了信息数据基础,MES 的重要性充分显现,企业对 MES 产生了迫切需求,流程工业 MES 实施条件基本成熟。由此在 2001 年,国家"863/CIMS"主题将流程工业中钢铁、石化行业的 MES 技术和应用的研究作为重点项目立项,下达了首批研究课题,最终目标是获得 MES 技术研究成果、形成系统并实现产品的工程应用。2005 年,由上海宝信软件公司联合清华大学、浙江大学、上海交大、东北大学、大连理工、冶金自动化院等六家研究院校共同承担的国家"863"计划"冶金工业 MES 架构和关键技术研究与示范应用"课题攻克了冶金企业实际生产中的动态优化调度技术,网络环境下物流管理与控制技术,面向决策和操作的全面质量管理技术,生产全过程的动态成本控制技术,设备故障监测与评价分析技术,数据分析与挖掘技术,冶金过程流程模拟技术,结构化 MES 软件产品的设计、开发与系统集成等重大关键技术,提出了符合我国国情并具有国际先进水平的钢铁制造业 MES 控制策略与产品构架,制定出了行业推荐标准《企业信息化技术规范——制造执行系统(MES)》。基于该标准,开发完成了我国首套"冶金工业 MES 软件"产品,填补了国内流程工业 MES 领域内的一项空白,并在国内市场上与国外最先进的 MES 软件供应商的竞争中,在技术、价格等方面取得了优势。该系统在上海一钢公司、上海益昌薄板公司、马钢、涟钢、邯郸钢铁、包头钢铁、吉林通钢及梅山等公司也都得到了成功的应用。此外,除了在这些钢铁行业以外,宝信的 MES 现已延伸到了金属和铝等其他行业。美国的艾斯本(AspenTech)公司以及霍尼韦尔(Honey-well)公司是能够为用户提供流程行业 MES 解决方案的企业中较为出色的两家。

对于离散行业而言,制造过程属于离散事件的组合,即系统的状态变量为可数的,而非时间连续函数。机电产品制造业则是典型的离散工业,机加车间最具代表性。与流程行业相比,离散行业生产有其自身的特点:①生产规模差别较大:既有面向大批量生产的流水生产模式,也有面向单件小批量生产的离散生产模式;②生产车间信息化程度差别加大:生产现场的制造设备差别大,有些是先进的数控加工中心,有些安装有数据采集模块的普通机床,有些则是没有数据采集模块的普通机床,而且由于机床的厂家不同造成信息格式差异;③生产业务流程不同:由于企业的生产模式和组织结构不同造成车间生产业务流程的差异,形成不同的数据交互要求;④制造信息复杂,车间生产扰动多:离散行业生产模式具有制造信息复杂和执行过程中扰动信息多的特点。根据 MES 的主要功能和离散行业生产的特点,研究人员着重从建模与框架研究、制造执行数据管理和生产调度三个方面对离散行业的 MES 展开研究。2008 年国家"863"计划发布了关于离散行业可配置的 MES 框架技术的课题指南,以适应我国离散制造企业在动态生产环境下的快速响应制造执行需求。

MES 建模与框架的研究初期,人们针对不同的生产企业和生产模式建立专用的解决方案,例如 Luvata Netherlands BV 公司针对汽车散热器生产线建立了包含作业调度、生产监控和数据传输的专用 MES 解决方案。大连理工大学的刘晓冰、原龙飞等人在对车间的成本业务流程全面了解的基础上,研究开发了车间成本管理软件系统,通过应用显著提高成本核算的效率,减轻了工作量,更加有效地控制成本,提高了车间效益。

专用 MES 对于特定的环境具有良好的性能,但是专用 MES 的模块可重用性较弱,与其他应用系统集成困难,使 MES 的应用推广受到很大的制约,因此越来越多的研究人员将研究的重点转向了集成 MES 框架研究。集成 MES 是由美国 ARC 研究小组将模块化技术应用到 MES 框架研究领域而形成和提出的概念。集成 MES 具有模块重用度高、集成性好的特点。Jiang PJ 等人建立了基于产品的企业数据模型,搭建了一个基于网络型制造企业的 MES 系统,并进一步采用 Java 作为工具开发了一个基于 Web 的 MES 系统。PSI(太平洋半导体公司)利用模块化技术将 MES 的功能划分为多个模块进行开发,通过可配置方法对模块进行组合实现数据顺畅传输。国内的北京航空航天大学、山东大学、同济大学和西北工业大学等高校都针对目前国内离散行业的生产特点对 MES 的功能模块进行了拆分和层次化处理,提出了利用多 Agent 技术和基于 Web 服务的技术实现模块间和功能层间的信息传输与信息协同的思路。

　　在对 MES 框架进一步研究的过程中发现,由于内外部环境的迅速变化,企业不可避免地对自身的生产组织模式、业务流程或规则做出一些调整,造成原有的生产信息平台不再适用,形成了需要快速进行重新配置的问题;但是如果为每一个企业的 MES 都进行全新的开发,不仅工作量大也无法满足企业快速响应的要求。有学者将可配置(Configurable)方法引入MES 框架研究中,通过自我调整和重组来适应外部变化。可配置 MES 具有模块化、抽象化、可配置和开放性的特点。北京航空航天大学的杨毅、广东大学的刘强和华中科技大学的王炳刚等人采用软件配置的方法来实现业务定制,在基于所定义的业务颗粒的基础上,利用分解和细化技术构建了系统业务定制模型,利用连接中间件,根据企业需求和生产特点将模块连接在一起建立可配置 MES 系统;Vanderbilt 大学的 Sudong Shu 等人提出现代的制造信息模型需要处理类似于客户要求变更、设备故障以及急件插入等多种扰动事件,并且指出基于子构件的可配置生产信息系统要有良好的适应性,并给出了一个完整的可配置制造系统的体系框架。

　　随着我国制造业的发展和车间数字化水平的不断提高,MES 技术必将在我国得到深入研究和推广应用。目前的研究主要针对 MES 框架和体系结构,建立的 MES 系统只面向特定企业的数据结构和生产模式,当企业的数据结构或生产模式发生改变时需要对系统进行重新设计与开发。由于可配置技术在生产信息系统中的应用刚刚引起大家的重视和兴趣,这方面的研究较少,而且大多处于研究的起步阶段,尚未建立集过程监控、作业调度于一体的理论框架体系,因此需要进行进一步地研究与论述。

▓ 1.5　研究对象与意义

1.5.1　研究对象

　　本书的研究对象是离散制造型车间多品种变批量生产模式下的快速响应制造执行系统问题。

　　(1)从生产类型角度,涵盖了大量、批量、单件三种类型,也是我国制造工业最普遍的生产运行形式,本书对于以物料不间断的流程型生产以及自成体系的项目型等生产类型则不涉及。

　　(2)从业务范围角度,涵盖了加工型作业、装配型作业和产品固定类作业三种形式,对应于实际生产所具有的机械加工、钣金加工、装配生产、大部件类生产等形式。

(3) 从技术范畴角度,涵盖了制造执行过程的业务协调、复杂制造执行信息的关联管理、计划排产与动态调度等 MES 的核心关键技术。

1.5.2　研究意义

本书关注离散制造型车间的快速响应制造执行系统的理论、技术与应用三方面的问题。本书研究的学术价值主要体现在如下几个方面:

(1) 建立较为完善的 MES 基础理论,明晰 MES 发展历程及其目标架构,有利于读者建立 MES 全局观念。该部分研究系统地阐述了 MES 发展背景,按照时间历程总结了相关定义和框架,梳理了 MES 相关的基础概念和行业应用,通过对多品种变批量生产方式来源、内涵和特点的分析,提出了快速响应制造执行模式,给出了内涵、定义和实现策略。进一步地,基于现有问题分析,明确了 MES 的目标、特征和定义,从普遍性的角度,进行了业务流程和技术架构设计。针对当前 MES 日益强化底层延伸和控制的需求,对主要硬件支撑环境及系统进行了介绍。

(2) 建立涵盖制造执行过程协调、关联信息管理、计划排产与动态调度的 MES 关键技术体系,并给出动态批次与物料协调以及渐增式装配齐套控制等难点问题的解决思路。该部分研究本着突出重点的思路开展,首先对作为 MES 主线的制造执行过程协调技术进行了研究,建立了基于工作流的制造执行过程协调机制,并对业务过程协调模型定制策略进行了分析;其次建立了复杂关联信息管理及其对生产扰动快速响应处理机制,并提出了有特点的过程驱动的柔性表单以及图像、视频等数据采集技术,再次结合当前复杂的过程协调和信息管理中存在的困惑和难点,有针对性地开展了动态批次与物料协调、渐增式齐套过程控制技术研究,明晰了复杂物流周转下的过程与状态协调技术思路;最后围绕混线生产下的计划排产与动态调度问题进行了深入的分析和研究,建立了以快速响应为目标的生产调度技术框架,有效地厘清了当前调度技术研究与应用中存在的问题不明、思路不清的问题,并给出了自动调度、人机交互调整以及动态调度等参考实现算法,为推动面向实际应用的调度技术发展奠定了基础。

(3) 结合产品固定类生产特点,拓展研究了以船舶曲面分段为代表的建造执行系统技术,为推动该方向的发展起到了夯实基础的作用,有利于读者了解特殊类型制造执行系统的相关技术和概念。该研究重点从船舶曲面分段建造执行过程监控,以及综合场地和人员资源约束的日程计划平衡制订技术两个方面开展,为落实精益造船提供了有益的参考。

(4) 提供了典型和可参考的离散加工类、复杂装配生产类和船舶曲面分段类三种应用案例,使读者增加了对 MES 的直观感受,并为实施应用提供借鉴样本。同时,还从理论、应用和系统开发与集成三个方面对 MES 的未来发展做了探索式前瞻,有利于读者更好地把握 MES 发展方向。

第 **2** 章

快速响应制造
执行模式

生产模式是一个制造企业的组织、管理和信息模式的总称,是人们设计、改进制造系统所使用的基本概念、原则和理论,是生产系统在运行过程中所遵循的客观规律,也可理解为是一种客观生产系统。生产模式与企业经营的产品性质有关,不同的产品品种和不同的产品需求量需要有不同生产组织模式相适应。

MES 是为适应复杂多变的生产环境而形成的一种支持有序、协调、可控和高效生产的车间级协同工作平台,实现制造执行过程及其复杂信息的管理,MES 设计与运行必须考虑到复杂多变的生产环境特点。本章首先分析多品种变批量生产环境的特点,包括其来源、内涵、特点及其动态性分析,在此基础上提出快速响应制造执行模式的内涵,并给出定义,进而对快速响应制造执行模式的实现策略进行描述。

2.1 MES 基础概念

1. 离散生产系统(Intermittent/Discrete Manufacturing System)

根据系统状态的变化是否连续可将生产系统分为连续生产系统和离散生产系统。连续生产系统的状态变量是连续的,如化工和炼钢等流程性行业,将不在本书的讨论范围;离散生产系统的状态变量是间断的,机械产品的加工生产系统是典型的离散生产系统。离散生产系统中产品的生产过程通常被分解成很多加工任务来完成,每项任务要求占用部分能力和资源。在离散生产系统中,又可以按组织形式分为离散式生产和连续式生产,每个机械产品具有明显的个体独立性,产品一般在不同的工作中心上进行不同类型的工序加工,加工的工艺路线和设备的使用也非常灵活。

2. 单元化制造(Cellular Manufacturing,CM)与制造单元(Manufacturing Cell,MC)

单元化制造是精益制造的一种表现形式。它将产品的生产过程分割成若干部分,根据每个部分生产过程的需要将部分生产资源组织成"制造单元"、"细胞"或工位进行生产,从而形成许多由单元组成的单元化制造系统(Cellular Manufacturing System,CMS)。每个单元能够完成一种或多种产品的部分或全部加工过程,具有一定的独立性。单元内设备通常按"U"形排列,并由一组固定的工人运作,组内工人具有一定的工作自主权,相互之间可以协作沟通。

对成组制造单元的传统解释是:为加工制造一个或几个在结构和工艺上具有一定相似性的产品族或组成产品的工件族而建立的生产单位。但是随着时代的发展,出现了多种形式的制造单元,如成组制造单元、虚拟制造单元以及独立制造岛等,制造单元的概念也有了外延上的变化,如在 CMS 中制造单元内也可以组织"小流水"式的连续生产。

3. 可重构制造系统(Reconfigurable Manufacturing System,RMS)

可重构制造系统是构形能够变化的制造系统。制造系统在某段时间内为完成某一具体生产任务而呈现的临时性固定状态称为制造系统构形(Configuration)。重构也称重组或重配置,指系统从一种构形向另一种构形的转换。在快速多变的市场环境中,制造系统只有通过不断重构才能快速平稳地转换到新的状态,这种可重构性成为其对变化做出反应而得以继续存在的根本手段。RMS 的正式概念最先由美国 Michigan 大学的 Koren Y. 于 1996 年提出,他指出重构是由生产能力和功能的变化来驱动的。根据学者的研究,本书将 RMS 定义为:是一种能够根据制造系统内外部生产环境的变化,通过控制信息、工艺和物流等逻辑资源,以及设备和工人等物理资源的动态重组快速生成系统构形,调整生产过程、功能和能力的制造系统。

4. 生产过程类型 (Production Procedure Type)

(1) 连续生产(Continuous Production)。

连续生产是根据需求而长年无间歇性地生产产品,从原料投入到产品产出全过程自动化,如炼铜、化工、炼钢等行业,其主要特征是物料的连续性。

(2) 大量生产(Mass Production)。

大量生产的产品品种与连续生产比较起来要多一些,但产品数量更大。

由于生产对象基本固定,产品设计和工艺过程的标准化程度高,工序划分和分工很细,操作工人可以重复进行相同的作业,典型的大量生产行业有汽车工业、电子工业等,其主要特征是物料在工位之间具有自动化或快速的转移特点。

(3) 批量生产(Batch Production)。

批量生产产品的品种较多,而每个品种的产量较少。一般为定型产品,有相同或类似的工艺路线,通常采用配以专用工艺装备的通用设备,从一批产品转到另一批产品生产要花费调整时间,故又称间歇性生产。典型的批量生产如机床制造、轻工业机械制造行业等。由于批量的规模差别很大,通常又可分为大批量生产、中批量生产和小批量生产。大批量生产接近大量生产,可参照大量生产特点来组织生产,故有大量、大批量生产之称。小批量生产接近单件生产,可参照单件生产特点来组织生产,故常称单件小批量生产。

(4) 单件生产(Job Shop)。

单件生产是指生产产品的品种多而每一品种的数量很少。产品生产重复性差,各自有单独的工艺路线,生产技术准备时间长。设备和工艺装备都不通用,设备利用率较低,产品生产周期长,产品成本高,重型机械制造等行业属于单件生产类型。

5. 项目生产(Project Production)

项目生产产品的体积庞大,难以搬运甚至固定不动,如船舶、飞机、桥梁和高速公路的构建,这类产品投资庞大、制造时间长,应作为一个工程项目来组织生产。

2.2　多品种变批量生产模式分析

多品种变批量是当前企业为适应日趋激烈的市场竞争而逐步演化的一种生产组织形式,其有别于传统的大量生产、批量生产以及单件生产,是对上述各种生产组织方式的一种综合。

2.2.1　多品种变批量生产模式来源

个性化定制需求不仅体现在扩大产品型谱的选择空间,也体现在日益严峻的高密度订货批次及其数量和交货期要求方面,从而对企业的产品开发与生产提出了新的要求,但不同类型的企业其转变过程有所差异。多品种变批量生产模式的来源分析如图 2.1 所示。

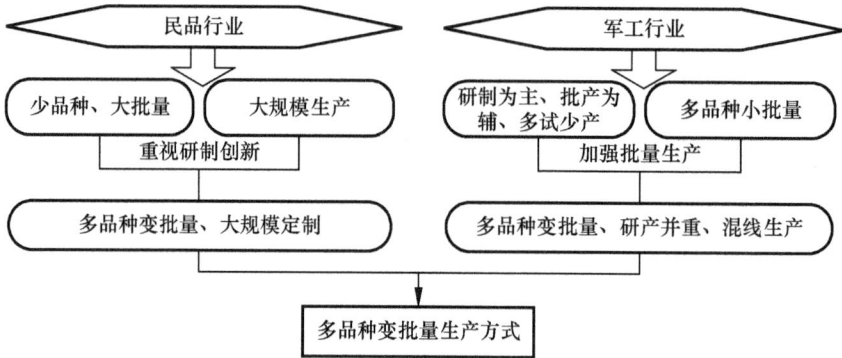

图 2.1　多品种变批量生产模式来源分析

对于民品行业而言,其生产模式最初采用的是少品种、大批量的大规模生产模式,典型的如汽车类产品采用的形式,但随着客户化定制需求的增多,结合我国从制造强国到设计强国转变的思路,日益重视研制和创新,研制性产品也日趋增多,从而逐步演化为多品种变批量生产模式。

对于军工行业而言,在我国长期"多试少产"国防战略方针的指导下,企业重视研制而忽视生产,多采用"研制为主、批产为辅"的多品种、小批量的生产形式,但随着斗争形势的发展,必须在新型号武器装备研发的基础上,重视以形成战斗力为目标的批产,从而也逐步演化为多品种变批量的生产模式。

通过上述两种类型的转变经历,可见多品种变批量生产模式已经成为当前企业面临的共性问题,这也是本书研究的背景驱动因素。

2.2.2　多品种变批量生产模式的内涵

多品种变批量生产模式具有品种、工艺和批量之间的复杂交互内涵。

(1) 大规模客户化定制需求直接驱动了品种和批量的多样性和变化性。

产品品种是指企业生产不同产品的种类数。若企业每年生产很多种产品,则认为是多品种生产,若企业产品类型单一,则认为是单品种生产。就类型而言,可分为研制型产品和批产型产品。研制型产品的出现和日益增多源于企业对产品研制创新的重视,其目的是扩大产品的型谱选择空间;而批产型产品具有稳定的工艺,在条件许可的情况下,可以按照中、大批量形式组织生产。但在大规模客户化定制需求的驱动下,品种与数量极大地受到订货密度的影响,即使对于批产型产品,也会由于订货批次和数量的差别而无法展开中、大批量的生产。相对应地,对于研制型产品,也存在因满足客户需求而突发直接进行大批量生产的情况。因此,大规模客户化定制需求直接驱动了品种和批量的多样性和变化性。

(2) 产品工艺的不成熟决定了生产运行的复杂性。

研制型产品的工艺具有不成熟的特点,在制造执行过程中会冲击批产的稳定性,如频繁的工艺路线更改、基础工时数据的不准确等都会对制造资源的安排带来冲击,影响了批产型产品的生产稳定性。同时,对于批产型产品,其产品工艺也具有一定程度的不成熟性,比如军工企业在长期"多试少产"方针指导下,企业重视研制而忽视批产,"边设计、边定型和边生产"的三边现象严重,在当前快速形成战斗力的要求下,并没有形成完善的批产模式,更多的是"从零开始的批生产",虽然工艺路线较为稳定,但工时等基础数据由于技术、管理等方面的因素而具有不确定性。

(3) 混线生产形式具有突出的效率与柔性冲突的矛盾。

无论对于民品行业还是军工行业,一般都难以将研制型生产和批量型生产进行生产线区分,多采取混线生产的形式。多样化的产品以不同的批次和数量在同一条生产线上混合生产,需要解决效率与柔性冲突的矛盾。具有一定批量的生产任务最好的组织形式是形成专线生产机制,具有时间、效率、成本和质量上的优势,而批量较小的产品则强调离散的柔性生产机制,混线生产则需要在两者之间寻求某种程度平衡。多品种变批量生产必须综合考虑上述两种形式的运行要求,需要提供一种新的运行机制以化解效率与柔性的矛盾。

2.2.3 多品种变批量生产模式的特点

调查表明,产品品种和批量之间存在一定的关系,当一个企业生产较多品种的产品时,其产品批量往往较小,而企业从事单一产品制造时,其产品批量通常较大。多品种变批量即为产品品种比较多并且批量具有变化。多品种变批量生产方式(Multi Product Type and Variant Volume,MPTVV)的诞生反映了企业对社会需求的适应性变化。MPTVV 模式之所以在民品和军工行业得到广泛认可,主要源于其兼顾效率和柔性的综合性特点。

(1) 效率方面。

总体上讲,企业对效率的追求经历了从单一的产品生产效率至整个生产系统的快速交货、快速切换能力的发展过程。①在少品种大批量生产中,产品类型单一,功能固定,生产批量大,企业追求的是生产效率的最大化。②采用通用设备生产多样化产品的多品种中小批量生产旨在满足产品多样化和制造周期缩短的社会需求。③而多品种变批量生产的显著特征就是多类型、快速交货和较短的产品生命周期,其目的也是为了满足日益加快的生产节奏,满足产品的个性化及多样化需求。可见,MPTVV 的这种高效性体现在对不同生产方式下生产系统或资源配置的快速切换或柔性调整之中。

(2) 柔性方面。

多品种变批量生产中的"多"和"变"的思想本身就是柔性的具体体现。多品种变批量生产方式的柔性不仅体现于生产功能上对不同类型和批量及类型和批量都动态变化的产品生产的支持,还体现于生产系统资源配置上对流水刚性结构和离散柔性结构的适应性及动态调整性。

MPTVV 模式能够对生产线的柔性和效率进行权衡:当面向多品种中小批量生产时,企业对生产柔性有较高的要求,并要求生产线有快速的适应调整能力;当面向多品种大批量任务时,企业将会更加注重生产线的整体运行效率。可见,MPTVV 模式是在对效率和柔性的不断追求中得以诞生,效率和柔性的兼顾是其根本目标,因而,效率和柔性是多品种变批量生产方式的最大特点,是其矛盾集中点,也是其对制造执行系统提出的基本要求。

2.2.4　多品种变批量生产模式的动态性分析

多品种变批量生产模式具有品种的多样化、批量的变化性、工艺的不成熟性、混线生产中效率与柔性的矛盾等特点和问题,使得制造执行环境具有复杂性和动态变化的特点。多品种变批量生产模式的动态性特点如下:

(1) 研制型产品任务及其工艺具有不确定性。

对于多品种而言,体现为研制型产品与批产型产品变比例组成。研制型产品具有任务下发的突然性和紧迫性,其工艺路线在生产过程具有动态修正改进的需求,这些都对批产型产品的稳定生产造成冲击,提出了制造资源动态配置及其调度的要求。

(2) 制造基础数据存在大量的不准确性。

我国企业,尤其是军工企业,在长期"多试少产"方针的影响下,即使是批产型产品,虽然工艺较为稳定,但工时等基础数据仍然存在不准确性,原因不仅在于加工方法、人员操作技能等技术层面,同时也在于企业长期的以工时定额作为车间效益核算依据的管理层面因素,制造基础数据存在大量的不准确性,也是造成制造执行动态变化的核心因素。

(3) 制造执行过程信息与状态的采集具有不完备性。

虽然企业经过长期的信息化已经进行了多方面的系统建设,但更多的是将传统的手工管理模式进行计算机化处理,并没有实现管理模式的深度变革,导致制造执行过程信息与状态无法有效、及时地采集反馈,造成管理层次无法获得现场实际情况的"计划赶不上变化"现象,也增加了快速响应制造执行系统的动态性。

(4)订单的交货期和批量具有一定程度的不稳定性。

生产任务不仅直接受到客户的订单批次和订单数量的影响,具有预测上的难度。同时,在制造执行过程中,根据实际资源能力和状态也会采取分批执行的策略。因此订单任务的交货期与批量在执行过程中不可避免地会出现动态调整,从而使得作为制造执行来源的任务具有一定的不稳定性。

(5)业务过程的不稳定性。

由于订单的不稳定和订单中研制型产品与批产型产品的变比例存在,建立一成不变的业务过程很难保证生产的顺利进行,业务过程需要根据需求进行及时的调整。而且不同企业间由于产品类型和批量不同,业务流程也存在较大的差别。因此,在制造执行过程中业务过程具有不稳定性。

(6)设备组织形式的不稳定性。

在多品种变批量的生产环境下,为了满足批产型产品而采取流水式或连续式生产方式,但不同批次间生产零件的数量和种类都存在较大的差别,因此无法形成稳定的流水或连续生产线,需要根据生产任务对设备的流水逻辑制造单元进行实时的调整,以适应订单的变化。

2.3　快速响应制造执行模式内涵与定义

多品种变批量生产模式的典型特点之一是动态性,从而对 MES 提出了快速响应、柔性协调的要求,必须采取系统、综合的方法。提出以系统工程理论为依据,按照"消除问题、减少问题、隔离问题和快速响应问题"的思路实现快速响应制造执行。快速响应制造执行模式内涵主要体现在如下几个方面:

(1)加强协调,消除根源:通过制造执行过程的全面监控,将车间相关人员均纳入系统进行协同工作,从根源上为快速响应制造执行提供柔性的协同环境支持。

(2)预先防范,防止发生:通过作业周转过程控制,实现全面的制造执行状态信息的采集,防止出现遗漏,以保证作业计划能够得到及时有效的调整;通过具有柔性调度约束的混线生产作业排产技术,基于作业方案的优化可初步防范作业执行中可能出现的问题。

(3)问题隔离,缩小影响:通过计划任务的动态管理,如采用分批等策略,隔离任务、工艺的变化对生产调度问题的影响;针对各种生产扰动事件对作业计划影响范围分析,建立模块化的组合处理机制,减少作业计划的调整范围,提高作业计划的稳定性。

(4) 快速响应,处理得当:在问题发生之后,通过快速响应动态调度实现对生产扰动事件的处理,保持作业计划与实际现场执行状况的同步,保证作业计划的权威性。

综合上述内涵分析,从而形成如下的 MES 关键技术:首先在制造执行过程中的业务流、作业流和信息流复杂关联分析的基础上,以加强协调为目标建立复杂生产环境下制造执行过程协调与复杂信息关联管理技术;其次以预先防范为目标建立混线生产作业调度技术;再次以问题隔离和快速响应为目标建立面向生产扰动的快速响应动态调度技术。从而明确了适应多品种变批量生产模式下的快速响应制造执行的技术重点。

综合制造企业车间的生产特点,给出快速响应制造执行模式定义:快速响应制造执行模式是指综合运用数字化等先进技术手段,以作业计划与现场实际同步的动态调度调整为核心,以多业务执行系统的复杂关联管理为支撑,实现对计划任务、工艺流程、执行偏差等扰动事件的影响范围隔离和及时有效的响应,解决复杂、动态的车间生产环境下的制造执行业务的快速协同问题,形成有序、协调、可控和高效的制造执行运行效果。

2.4 快速响应制造执行模式实现策略

对于制造型企业车间的运行,不仅涉及复杂的计划、进度、物流、质量等业务的协调,同时因生产过程中存在大量的生产突发事件,因此如何实现快速响应以提高车间生产的应变能力就是制造执行模式的核心,从而对所设计的制造执行系统提出了设计和实施的重点要求。下面从业务过程协调、信息关联管理、动态调度三个方面对快速响应实现策略进行阐述:

(1) 通过业务协调,实现生产业务问题的协同处理,提高处理响应速度:快速响应制造执行模式要求建立涵盖车间各业务相关人员集体参与的协同工作模式,需要对车间的业务流程关系进行细致的梳理和设计,对用户/角色/权限进行明确的职责分工进行明确的规划和定义,各个业务人员各司其职,不仅实现正常车间业务的协同开展,同时在生产问题发生时,也能够通过平台及时有效地协同处理,推动车间从以手工、电话、会议为主的粗放管理形式向数字化协同方式转变。

（2）通过信息关联管理，实现生产信息的统一管理，为生产问题的快速处理提供支持：车间生产过程中存在大量的突发事件，缺乏有效的信息沟通是导致响应速度慢的一个关键因素，因此实现制造执行信息的复杂关联管理，在问题发生时提供第一手的生产信息，保证信息的顺畅沟通，是实现快速处理的关键支持，从而要求快速响应制造执行系统必须实现信息及其状态的统一管理。

（3）通过动态调度，实现对生产扰动事件的快速响应，保证作业计划对现场的指导性作用：车间的生产过程必须以统一的计划为指导，但由于车间在生产过程中存在大量的生产扰动，计划与现场的脱节是导致无序生产的关键因素，快速响应制造执行的主旨要求对生产突发事件进行及时有效的快速处理，而计划排产在制造执行中的核心地位具有全局协调指导作用，从而要求作业计划必须采取动态调度的形式，根据现场实际执行进度、任务调整情况、资源状态信息进行快速响应调整，保证制造执行始终能够处于作业计划控制之下，保证车间生产活动处于有序、协调、可控的状态。

第3章

MES 技术体系

与 ERP、PDM 等系统经过长期发展相对比较稳定并主要由国内外主流软硬件厂商垄断的情况不同,制造企业车间生产管理彼此具有不同的差异,从而使得 MES 呈现出强烈的定制特点。因此,本章主要从共性的问题分析出发,以快速响应制造执行模式为指导,对 MES 的目标、特征和定义进行描述,并进行具有普遍性特点的 MES 业务设计、给出具有参考性的 MES 技术框架,并对其主要特点进行分析。同时 MES 的设计和应用必须考虑到相应的硬件支撑环境,本章重点对分布式数控系统、底层状态监控与执行信息采集系统、自动物料输送与存储设备、数字化检测设备等主要硬件支撑环境进行介绍。

3.1 现有问题分析

在日趋激烈的市场竞争态势驱动下,当前产品的制造周期随着整体研制周期缩短而日益被压缩;在客户订货密度日益频繁的要求下,制造企业的快速响应制造已经成为急需解决的问题。同时,随着我国民品行业日益重视研制和创新,从而逐步演变为多品种变批量生产形势,以及军工企业的生产组织也呈现从"多品种、小批量、多试少产、重在研制"到"多品种、变批量、研产并重、加强批产"的深度转变,在这种背景下,制造企业的生产具有复杂、动态的非常规特点,如研制型产品任务及其工艺具有不确定性、制造基础数据存在大量的不准确性、制造执行过程信息与状态的采集具有不完备性、订单的交货期和批量具有一定程度的不稳定性、流水/离散混合作业模式下的制造资源优化配置要求持续性等。上述问题无疑对制造企业的快速响应提出了更高和更复杂的要求,已经成为制约以生产效率为核心的企业研发能力提升的瓶颈因素。

1. 基础理论、方法和规范不足

虽然目前关于 MES 相关技术开展了多方面的研究,但有关 MES 的技术体系仍然处于众说纷纭的状态。与传统的 ERP 系统已经由一些主流国内外厂商垄断的情况相比,MES 由于不同企业车间运行形式的差异性尚难以形成统一的体系和架构,虽然从国家和行业协会的层面出台了一些标准规范,但总体而言尚处于宏观指导层次而难以落地。

2. 生产组织管理模式落后

目前,工厂现行的普遍生产管理模式是"以产品为中心"组织生产,"以生产调度为中心"控制生产,导致各个零部件生产阶段各自都以自己的生产能力、生产速度生产零部件,而后推进到下一个阶段,由此逐级下推形成"串联",平行下推形成"并联",直到推到最后的总装配,构成了多级驱动推进方式。由于生产是基于"多动力源"基础上的多级驱动形式,加上没有严格有效的计划控制和全厂的同步化均衡生产的协调,各生产阶段的产量形成"长线"和"短线"。长线零部件"宣泄不畅"进入库存,加大库存量;而"短线"零部件影响装配齐套,形成短缺件。造成在制品积压,流动资金周转慢,生产周期长。生产组织管理模式的根源在于没有将整个系统以及各个车间作为一个整体进行看待和处理,以产品为导向进行资源配置不可避免地带来不统一、不协调的问题。

3. 资源优化协调配置手段落后

在产品定制性要求逐渐高涨的背景下,传统的以企业为主导的计划性生产已经难以适应多变的市场要求,要求制造企业必须按照以快速响应制造为指导进行资源配置的动态调整。尤其是在特殊情况下,产品需求变化快和变化大,要求企业生产组织能够满足产品大批量增长的需求,满足紧急式或动员性生产和快速协作的需求,满足适应紧急订单的快速转换需求等,这些都涉及复杂的资源优化配置问题。而目前我国制造企业车间排产方式传统,生产指挥效率低下,例如很多车间层面的排产主要还是依靠手工或简单的 Excel 电子表格,对于零部件种类繁多的产品存在排产不准确、作业方案可控性差、效率低等问题。同时,各车间独立调度的工作形式,以及车间调度之间缺乏统一有效的沟通机制和共同认可的生产进度,导致生产信息不准确、生产指挥效率低下,大量时间浪费于数据核对和进度沟通。另外,由于工艺设计指导性差,现场工时采集不准确,缺少合理的期量标准,能力平衡无法开展,现有资源(特别是核心瓶颈资源)没有得到有效发挥,造成研制生产周期严重滞后。

4. 应急应变能力差,生产转换困难

企业的生产日益呈现出研制与生产交叉、多品种生产并行的特点,如何实现快速的应急应变调整以及生产转换也是制约快速响应的关键因素。在当前制造执行过程中存在的大量的生产突发事件,来自订单、工艺、执行进度以及资源准备等方面的变化均对车间的稳定生产产生较大的影响。目前企业同样缺乏有效的技术方法和工具来实现及时的适应性调整,表现为应急应变能力差、生产过程不确定性多,导致作业计划安排赶不上变化。同时,当前我国制造企业普遍存在生产准备时间长、重点设备的生产效率没有得到充分发挥的问题。企业采取的典型生产组织方式,是在某段时间内专门针对某个批次的产品进行组织生产,对于多批次并行混线生产的分析与决策技术普遍缺乏。

5. 计划任务平衡调度手段缺乏

该方面的问题主要体现为:目前产品竖井式或区域式资源自主调配的生产模式,以及手工作业计划排产方式,计划按期完工率低,无法适应统一的制造资源优化配置要求,设备利用率水平有待进一步提高。在计划任务管理系统的总体计划下达后,车间计划调度人员目前只能依靠人工经验进行车间作业计划的排产,效率低下,排产窗口局限,且难以应对大规模的作业—资源配置分析。制造企业车间目前普遍采用总调度/产品调度/区域或班组调度的架构,通过频繁例会的形式进行计划任务的调度管理,缺少有效技术手段进行年度计划和执行计划的平衡制订,且多以手工形式进行作业排产,在大任务量的压力下,其调度视野范围大多仅限于一周以内,甚至只能做到被动地逐日进行作业计划。贯穿“年—季—月—日”的计划平衡缺乏手段,主要依靠车间负责领凭经验确定,难以保证计划任务的均衡分配,导致经常性地出现年底“大于 100 天”、“决战四季度”的运动式生产现象。另外,总调度/产品调度/区域或班组调度的架构容易导致形成产品竖井式/区域式资源自主调配的生产形式,无法适应统一的制造资源优化配置需求,容易导致产品调度和区域调度为了局部利益而影响全局的进度要求。作业排产主要依靠经验完成,一方面缺乏有效的工具支持,另一方面则存在着调度经验知识存在于调度人员的头脑中,无法实现有效的沉淀、继承和利用;车间在计划任务下发过程中,存在工序级别的片段集合逐步下发、特定工序指定设备、特定工序指定开始时间、特定工序指定非单一设备加工的特殊情况,直接提高了精细化作业排产的复杂性。同时,目前计划任务动态管理手段落后,难以应付频繁出现的急件插入、任务分批、废品重投、任务优先级调整、任务交货期调整等现象,动态协调手段落后。作业安排与现场执行存在严重的脱机现象,使得作业计划难以反映现场的实际状态,缺乏动态的支持,无法适应制造企业所具有的基础工时等数据不准确、计划任务频繁插单不稳定、现场执行反馈状态不完备等非常规的制造执行环境下的快速响应动态调度要求。

6. 手工作业管理模式效率低下,制造执行过程失控现象时有发生

虽然我国已经成为制造大国并逐步向制造强国转变,但目前我国仍然处于传统研发制造模式,目前手工粗放、效率低下的车间管理形式已经成为制约制造企业生产能力提升的关键瓶颈。我国大部分制造企业在制造执行方面主要通过人工方式协调生产,工厂车间管理人员还无法准确掌握在制品的数量及存贮位置,车间生产和管理状态不明确,信息传递和反馈仍以人工为主,传递慢且容易出错,上级部门难以监管。典型的问题包括生产进度难以监控、物料状态难以跟踪、任务拖期/赶工频繁发生、计划任务执行失控现象严重,已经成为制约企业核心能力提升的瓶颈环节。

7. 生产现场作业执行监控力度需要加强

该方面的问题主要体现为:统一的执行数据采集水平有待进一步提升,难以适应从订单创建—技术准备—生产准备—执行—入库的全过程管理,难以支持进度、质量、成本等业务的协同和快速的统计分析。目前,车间作业执行监控还停留在调度人员手工搜集现场信息,通过纸质的生产日报,传递到上层管理人员的阶段。虽然有些制造企业实施了作业执行看板,但只是进行报开工、报完工等数据的采集,难以满足现场生产准备、工人领料、操作开工、操作完工、交检、互检以及质检等全过程以工序为核心的完整数据采集要求。同时,随着现场监控力度的加强,需要变革车间现场生产随批单的应用模式,避免数据重复输入的问题,建立电子化的随批单逐步、自动生成机制。另外,虽然制造企业车间以离散生产方式为主,但对于具有一定批量的关重件会采取流水式生产方式,需要对物料及其操作进行精细化的逐个控制,车间现场的监控必须综合考虑到流水和离散的混合作业特点,因此,迫切需要实现作业执行过程中各种信息的综合展示、统一采集和实时监控,实现从订单创建、技术准备、生产准备、执行、入库的全过程管理,支持进度、质量、成本等业务的协同和快速的统计分析。

8. 车间精益化制造执行水平较低

该方面的问题主要体现为:制造资源的精细化管理水平、生产准备管理及其周转物流管理的协调化、数字化管理水平亟待提升。车间层次的制造资源管理主要涵盖:物料、刀具、夹具、量具、工艺文件等,在目前手工作业模式下,车间实物的状态难以把握,贵重物料、刀具等一旦离开库房,就难以追溯,直接导致丢失、失控等现象,其根源在于目前缺乏周转物流的可视化监控工具,在制品、工具、文件等状态都无法及时地监控,需要耗费较多的时间才能获知当前位置和状态,需要引入条码等数字化标识技术,进行全面的精细化管理,实现从实物领取、出库记录、现场确认、返还入库的全过程透明管理,形成实物在库房和现场的逻辑上统一的数字化管理。同时,订单计划、技术准备计划、生产准备计划等的关联与协调也需要进一步加强,避免车间现场经常出现的准备不足等现象的发生。

9. 信息系统集成耦合度不足

该方面的问题主要体现为:信息孤岛现象尚未彻底打破,现有的信息化系统需要面向数字化车间建设展开深度集成。随着制造业信息化技术的发展,我国制造企业经过长期的信息化建设,围绕制造生产业务建立了多样化的信息化系统,如 ERP、PDM、CAPP、CA、DNC、MDC 等。随着各种应用系统的实施和不断的深入应用,对各个系统的集成需求也越来越迫切,但从整体的信息系统架构来看,缺失 MES 这个层面的系统,也就缺少了底层数据的支撑,整个生产环节的系统集成应用显得力不从心。而快速响应制造执行系统的建设,不仅可以有效提供底层数据支持,也能够与各业务系统进行集成。需要开展基于 Web Service 的统一集成机制的研究,消除信息孤岛,实现信息化系统的整合。

3.2　目标、特征与定义

1. MES 目标

MES 是面向车间级业务有序、协调、可控和高效进行而建立的全业务协同制造平台,其目标主要体现为如下三个方面:

(1) 全过程管理:对产品从输入到输出包括工艺准备、生产准备、生产制造、周转入库的全过程进行管理,包括过程的进展状态、异常情况监控。

(2) 全方位视野:从工艺、进度、质量、成本等业务进行全过程的管理。

(3) 全员参与形式:车间领导、计划人员、工艺人员、调度人员、操作人员、质量管理人员、库存人员、协作车间人员等根据自身角色参与制造执行过程,在获取和反馈实时数据的基础上,通过及时的沟通与协调,实现业务协同。

2. MES 特征

通过对现有问题的分析,可以凝练形成 MES 的主要特征。

(1) 车间计划/调度/质量/进度等业务的全过程协同化。

(2) 车间所有业务人员基于角色权限的全员参与化。

(3) 车间订单执行过程状态以及工序执行状态控制的全过程关联化。

(4) 车间物料/刀具/夹具/量具/工艺文件/图纸等实物基于条码化处理的全状态控制精细化。

(5) 车间执行过程监控实现工艺流程驱动的全方位可视化。

(6) 车间进度/质量等数据采集的完整化、结构化与数字化。

(7) 车间作业计划安排及其在扰动事件驱动下调整的动态协调化。

3. MES 定义

结合快速响应制造执行模式以及 MES 目标及其特征的分析,本书给出面向快速响应制造执行系统的定义为:围绕全方位管理、全过程协同、全员参与的协同制造目标需求,通过建立从订单定义—技术准备—生产准备—下发控制—制造执行—质量管理—产品入库的全过程状态控制和管理机制,实现制造车间全过程复杂生产信息的关联与多业务协同管理;通过建立工艺流程驱动的可视化监控看板,形成以工序节点为核心的制造数据包的全面管理和周转过程控制;通过物料/刀具/夹具/量具/工艺文件/图纸的全过程条码化管理,实现车间现场物流的实时跟踪和追溯;通过建立生产扰动事件驱动的快速响应动态调度技术,提供人机交互的调度方案调整机制可以充分发挥调度人员的实际经验,实现作业计划与生产现场的同步、协调与可控。

3.3　业务流程与技术框架设计

3.3.1　业务流程设计

结合对现有问题的分机,对 MES 业务流程进行设计,如图 3.1 所示,主要体现为四个层次:一是以计划管理为核心的过程管理层;二是以技术工艺部门和车间调度为核心的执行监控层;三是以操作工人和质检为核心的现场操作层;四是以车间库存和设备管理为主的基础支持层。

MES 业务主体流程可描述为:车间通过集成或者导入的形式建立车间订单任务;随后下发给车间技术工艺部门,在工艺组长和工艺员的协同工作下完成结构化工艺路线和工艺规程文件等技术准备工作,同时在工艺员和器材员、刀具员、夹具员、量具员的协同下完成生产准备工作,并更改订单状态推进到车间调度部门;车间调度实现订单的下发控制,在设备资源管理的支持下,进行作业调度排产,并下发给操作工人进行执行;操作工人主要进行现场生产准备的检查以及工序的报操作开工与完工的业务,并将工序节点推进到质检部门;质检部门填写质量检验记录并向调度反馈,调度据此对作业排产方案进行相应的动态调整。

MES 系统核心的业务流程主要体现为四个过程,分别是生产计划管理过程、生产技术准备管理过程、订单任务执行过程、周转物流过程等。

1. 生产计划管理过程

该过程主要实现车间订单的全过程控制,包括订单的定义、订单生产技术准备任务下发、生产订单的下发控制、车间作业计划排产与动态调度、生产订单的完工入库。该过程涉及车间主任/副主任、车间总调/型号调度/区域调度等人员。该过程首先通过与 ERP 系统的集成,获取订单;随后开展订单的生产技术准备;然后进行订单的下发控制,如进行分批、指定设备/人员等约束,并根据下发结果进行作业计划的动态排产;再开展订单任务执行监控;最后在订单完成后,实现订单的入库。

2. 生产技术准备管理过程

该过程主要实现生产技术准备方面的管理,包括车间级工艺编制、数控程序准备。该流程涉及综合计划调度员、工艺组长、工艺编制人员、刀具员、夹具员、量具员、器材员等之间的交互,目的是在订单执行之前实现生产准备的完备性控制。该流程以计划订单任务为源头,分为技术准备和生产准备两个环节。技术准备过程是通过工艺组长为订单分配工艺员,工艺员进行任务接收并编制和上传所完成的工艺文件,并录入结构化的工艺流程;随后工艺员进一步开展生产准备过程,将订单任务按照工艺流程,向刀具员、夹具员、量具员等人派发生产准备任务,并实现任务准备状态的反馈与协调。

3. 订单任务执行过程

该过程包括作业执行监控看板、作业执行数据采集等。所涉及的使用人员有:车间调度人员、车间副主任、车间主任、立体库管理人员、操作工人、质检人员。其主要的业务包括:调度人员、车间副主任、车间主任查看不同型号、批次、工号的作业执行看板;操作工人完成生产前的准备检查、报操作开工和报操作完工;质检人员完成工序报完工操作;立体库管理人员完成物料、刀具、夹具、量具的实时状态管理,包括地点、设备、人、作业工序等的全面管理。

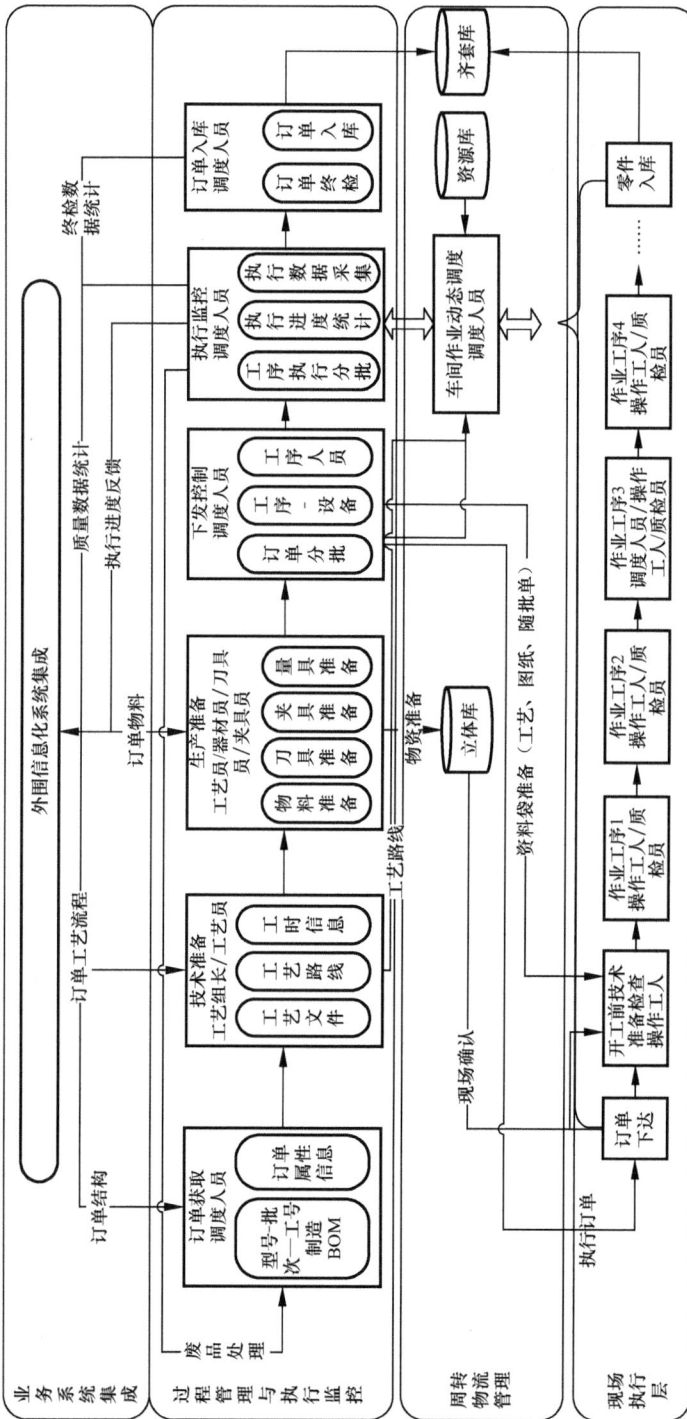

图 3.1 MES业务设计

4. 周转物流过程

该过程涵盖工艺文件、物料、夹具、刀具、量具的周转物流管理,体现为基于条码、按照工艺流程、与立体库/齐套库/物资库管理相衔接的物料、夹具、刀具、量具的地点,当前关联工序、设备、人员,以及性能状态的全面监控;同时周转物流管理还为订单开始执行前、执行中的生产技术准备状态提供支持。周转物流过程的展示体现在两个方面:一是在作业执行看板中,在订单和工序之前的生产准备状态管理方面进行关联;二是实现与立体库/齐套库/物资库管理系统的逻辑融合,支持车间综合计划调度员、产品/区域分调度、工艺人员、立体库管理员、操作工人的状态查询。其主要的业务过程为:综合计划调度员按照作业工序顺序,以逐步生成电子随批单的形式控制工艺文件的周转;综合计划调度员在零件开始加工前检查生产技术准备完备性状态;综合计划调度人员、产品/区域分调度、操作工人通过条码扫描确认对物料、刀具、夹具、量具的接收;工艺人员查询工艺文件、工具物料的状态;立体库/齐套库/物资库管理员查询物料、工具的状态,实现与立体库/齐套库/物资库管理系统逻辑上的统一管理。

3.3.2　技术框架设计

MES 技术框架如图 3.2 所示,主要包括四个层次:系统支撑层包含操作系统、网络、数据库等基础环境以及数控设备、自动物料输送与存储设备、数字化检测设备等硬件支持环境,以支撑系统的运行;数据与系统支持层包括本系统制造执行信息库、作业计划库、资源管理系统等,面向底层硬件的立体库管理系统、MDC 系统、DNC 系统等,面向外围信息化系统的 PDM、CAPP、ERP 等,从而为 MES 的正常运行提供必要的向上数据、向下控制与向外集成的保障支持;业务逻辑层用于实现业务处理功能,包括获取订单创建、生产技术准备、计划排产与动态调度、工序—订单—批次乃至产品的自下而上的执行过程监控与数据采集,在其中以及统计分析等,该层次是 MES 开展业务处理的核心,企业可以根据自身的需要配置中央齐套库、立体库或者物资库等,以支持车间实物周转过程及其状态的控制;用户界面层通过人机交互界面将信息传递给相关人员。

面向快速响应制造执行系统的技术框架主要体现出以下几个特点:

1. 制造执行全过程的柔性协调

MES 的业务流程管理体现在两个方面:一是从订单创建、技术准备、生产准备、下发控制、执行监控以及完工入库的主流程管理,从而能够实现基于状态协调的全过程管理;二是以订单工序为核心的现场自检、互检、专检

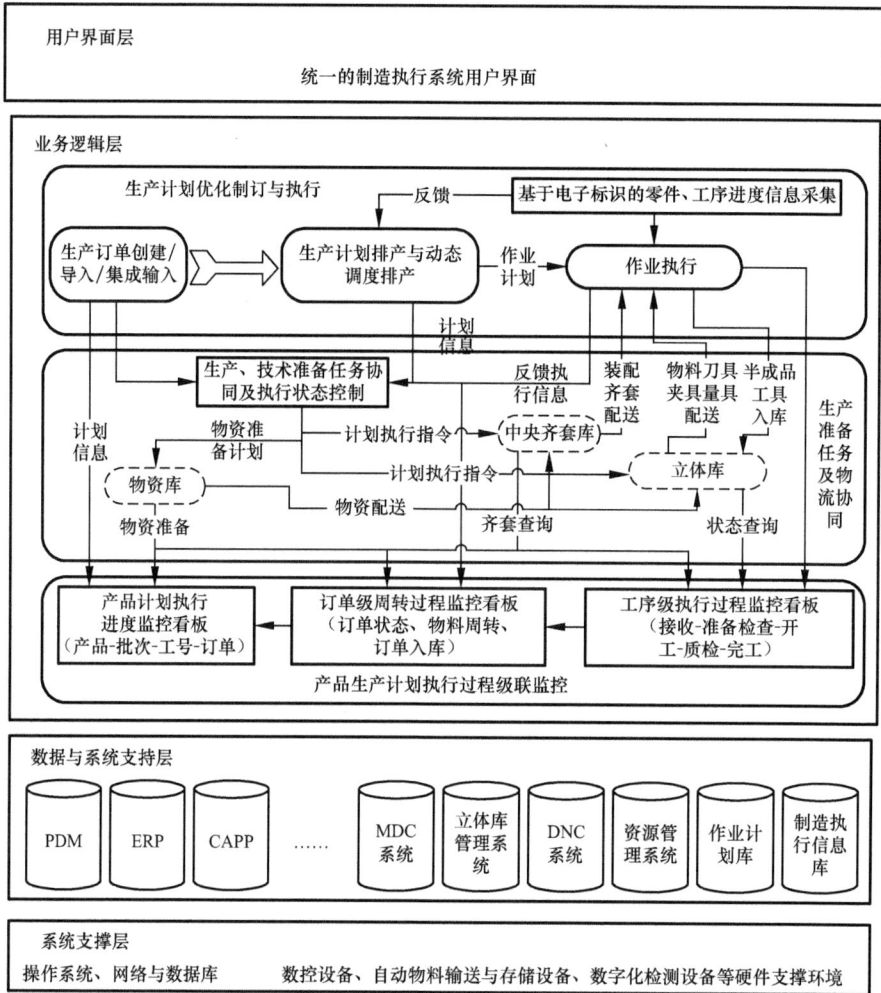

图 3.2 MES 技术框架设计

以及现场工艺展示的控制,从而能够形成以工序节点为核心的制造执行数据包的有效管理。

2. 物料流、信息流和控制流等过程与信息的有效管理

面向车间生产管理的 MES 还体现为对物料流、信息流和控制流的有效管理方面。对于物料流而言,并非特指毛坯类的加工物料,而是涵盖了车间所有用以周转的实物,包括齐套物料、工件毛坯、刀具、夹具、量具、辅具、工艺文件、生产图纸、生产记录卡等,为实现有效的车间实物位置和状态的监控,必须引入条码技术,同时考虑到车间现场的油污环境,一般采用二维码的形式实现车间实物的唯一标识;对于信息流而言,主要体现为随制造执行过程的进行,任务信息、工艺信息以及执行信息的交互协调,体现为基于结构化和数字化的信息管理基础上的信息集成,即不仅包括过程管理信息,同时包括车间实物以及控制流程所附带的信息;对于控制流而言,主要体现在两个方面:一是任务—技术准备—生产准备—下发控制—过程执行—入库等全过程的状态控制,二是面向底层数字化硬件设备,如数控机床、数字化检测设备、自动物料输送与存储等的指令下发与状态反馈,除了对底层的控制,控制流同样表现为信息流的形式需要 MES 进行综合管理。

3. 以计划排产和动态调度为核心的闭环执行控制

计划排产与动态调度是实现有序、协调、可控和高效快速响应制造执行的核心,主要体现在三个方面:一是高效的计划排产能够有效地支持制造资源的优化配置,使得订单执行处于有序、协调的状态;二是灵活的动态调度能够有效地支持对各种生产突发事件的响应处理,使得作业排产方案能够始终反映现场实际状态从而保持指导性,属于作业计划的闭环控制;三是作业排产计划不仅是加工设备等核心资源配置的依据,同时也是牵引物料、刀具、夹具、量具、辅具等辅助资源有序配置的依据,在生产准备完成订单工序所需物料、刀具、夹具、量具、辅具等资源的需求定义之后,基于作业排产方案中的订单工序时间节点信息,立体库/齐套库/物资库等据此可以进行是否出库的控制,进而通过现场的实物到位确认,形成一种资源闭环控制机制,从而增加生产的有序协调性。

3.4　硬件支撑环境

MES 硬件支撑环境是需要纳入数字化制造系统以及数字化生产线的整体架构下进行规划的。

数字化制造系统是以数字化硬件环境为支撑,综合利用网络化技术和计算机技术,实现数字化制造相关业务信息和过程管理的支撑系统,该系统涵盖设备层的数字化控制、车间层的数字化制造执行、企业层的数字化集成管理等,支持制造企业信息流、物料流和控制流的集成与协同运行。数字化制造系统涉及硬件支撑环境以及软件集成应用两个方面:硬件方面包括数字化加工及装配设备、物料存储与输送系统、检测与监控设备以及计算机网络控制设备;软件方面包括 CAPP、PDM、ERP、MES、DNC 等系统。

数字化生产线是实现快速响应制造的基础。采用顶层集成控制的形式,建立数字化加工设备的底层网络,实现数控程序的传输和集中管理,实现对设备状态和运行状况的监测监控。通过与车间生产管理系统的集成，达到对数控程序从设计到调试加工的一体化管理，以及设备状态和运行信息对车间生产管理系统支持的目的。

本部分主要从底层控制和环境的角度，对其中的分布式数控系统、底层状态监控与执行信息采集系统、自动物料输送与存储设备、数字化检测设备等进行重点介绍。

3.4.1　分布式数控系统

分布式数控系统(Distributed Numerical Control, DNC)作为实现生产指令向现场延伸的具体体现技术，已经在制造企业得到了广泛的应用。DNC是采用一台计算机控制若干台CNC机床，使各机床数控系统能够完成各自的操作。其主要功能包括：

(1) NC程序的上传和下载：其中NC程序的下载是DNC系统的基本功能。

(2) 制造数据传送：除NC程序的上传和下载功能之外，DNC系统还具有PLC数据传送、刀具指令下载、工作站操作指令下载等功能。

(3) NC程序管理：如实现基于中央集中管理的NC程序库在线管理等。

(4) 与其他系统进行通信：通过企业网络系统可方便地实现DNC系统与企业其他信息系统(如MRPII、CAPP、CAM系统等)的相互通信。

3.4.2　底层状态监控与执行信息采集系统

底层状态监控与执行信息采集是实现数字化、精细化管理的关键。主要体现在三个方面：一是机床状态数据采集与监控系统；二是刀具预调与监控装置；三是生产任务执行现场信息的采集。

1. 机床状态数据采集与监控系统

MDC(Manufacturing Data Collection, MDC)即制造数据采集，一般通称为机床监控。MDC通过先进的软硬件采集技术对数控设备进行实时、自动、客观、准确的数据采集，实现生产过程的透明化管理，并为制造执行系统提供生产数据的自动反馈。许多制造企业数字化车间基础DNC系统的成功应用，构建了数字化车间的网络基础，从根本上改变了以前程序手动传输、分散管理的局面。MDC作为数字化车间的第一步，是DNC系统的有机延伸，可以为企业进行科学的量化管理提供决策依据。同时，MDC提供的生产数据对MES也非常重要，MES系统只有及时获知生产任务执行情况，形成生产的闭环处理，才能使计划更准确、更科学。因此，MDC是MES成功实施的有力保障，是数字化车间实施中的关键技术之一。

（1）MDC 采集的信息：主要包括机床开机还是关机状态、机床处于加工/停机/故障状态、主轴功率水平、故障报警号、故障开始时间/故障解除时间、单个工件的平均加工时间/最长时间/最短时间等。

（2）MDC 采集的手段：MDC 针对不同的机床有不同的采集方案，可大致分为带网卡机床、加硬件机床、辅助采集 3 种方式。

对高端带网卡的机床，如 Fanuc Siemens 840D/Heidenhain 等，不用添加任何硬件，即可获取刀具的坐标信息（包括绝对坐标、相对坐标、剩余移动量等）、转速和进给速度、报警号/报警内容、机床运行状态［包括编辑状态、自动运行状态、MDI（Manual Data Input）状态、试运行状态还是在线加工状态等］、主轴功率等。

对不支持网卡采集的机床，需增加硬件进行数据采集，如机床的实时状态（开机、关机等）、机床的工作状态（运行、空闲状态还是故障）、机床的开机时间、关机时间、运行时间、空闲时间、机床故障开始时间、故障消除时间、工件的加工开始时间、加工结束时间、工件最长加工时间、最短加工时间、平均加工时间等信息。

2. 刀具预调与监控装置

刀具预调装置是在数控机床以外预调刀具尺寸的精密仪器，是数字化制造系统必备的刀具准备设备，它适用于加工中心和数控机床等数字化设备的刀具准备，可节省辅助时间、充分发挥主机的作用及效率。刀具监控装置是现代自动化加工系统中不可缺少的在线监测仪器。因为刀具磨损、破损是引起数字化制造设备中断加工过程的首要因素，一般制造企业的贵重或大型数控机床都需要配备刀具的监控装置。目前生产中可用的刀具监控装置有切削力监控、功率/电流监控、声发射监控和噪声监控等类型。

（1）切削力监控采用的力传感器一般安装在刀架或刀杆上，依据切削力变化监测刀具磨损和破损情况。

（2）功率/电流监控是利用主轴电机或进给电机的功率或电流变化计算出切削力的变化来监测刀具磨损和破损情况。生产中可采用交、直流互感器，也可采用霍耳功率计或分流分压器等。

（3）声发射监控是利用刀具断裂或变形时以弹性波形式释放的能量监测刀具的声发射值的变化，判断刀具是否出现破损。一般情况下，声发射传感器安装在刀架或刀柄上，但也可安装在冷却液喷管上。当刀具破损时，声发射信号通过刀杆或冷却液传播到传感器，经放大和滤波等处理后，判断刀具是否出现破损。

（4）噪声监控是以传声器作为传感器接收切削区的噪声信号，利用特殊音频识别方法提取刀具工况的噪声信号,实现对刀具磨损和破损监控。

3. 生产任务执行现场信息采集装置

生产任务执行信息采集主要回答正在生产什么产品、已经生产了多少件,以及产品的质量信息等问题。生产任务执行信息的采集一般综合运用条码、终端机、触摸屏等装置,并通过与 MES 系统的集成实现制造执行过程的综合管控。生产任务执行信息采集一般通过人工操作的形式实现。

3.4.3　自动物料输送与存储设备

对于大批大量生产组织形式,生产过程一般采取自动化的物料输送与存储设备。数字化制造系统的物料输送与存储设备是在生产全过程中担负运输、存储和装卸物料的自动化设备。与传统的物流设备相比,数字化制造系统的物流设备的突出特点是自动化程度高、由计算机管理、整体集成和系统性强。

(1)自动化输送设备是物流系统中起"流动"作用的重要设备,其主要功能是通过装卸和搬运物料,把生产各环节合理地衔接起来。目前比较适合数字化制造系统应用的自动化输送设备有三种:传送带、运输小车(有轨和无轨)和搬运机器人。

(2)自动化存储设备的主要功能是把生产过程中的毛坯、在制品、成品、工具和配套件等暂时保存起来。数字化制造系统中的物料存储设备主要有三种:自动化仓库(包括堆垛机)、托盘站和物料进出站。

3.4.4　数字化检测设备

检测和监控的数字化是数字化制造系统高效、正常运行的基础支撑,虽然不同生产系统对检测与监控的内容和精确度要求不同,但是检测与监控设备的服务对象一般都集中于工件、刀具、加工设备、工件运储系统及工作环境等方面。下面重点对工件自动检测和刀具自动检测进行描述。

1. 工件自动检测设备

(1)在线检测装置。

在线测量装置可以实现在加工过程中对工件加工质量的自动检测任务。在生产过程中,一般情况下测量装置均安装在机床上,以实时测量的结果补偿控制机床运行。常见的在线测量方式分为两种:不停机测量和停机测量。不停机测量的常用测量装置有摩擦轮式、光电式和气动式等,多用于大批量生产时精密磨削加工过程中的定尺寸测量。停机测量多属于工序间在线检测或加工后在线检测,这种测量装置多数是可以安装在数控机床主轴或刀架上的三维测量头,由数控机床的控制计算机直接控制测量。这种测量方法可以依据测量结果直接进行机床和刀具补偿,既节省了工件重新安装和运输时间,又避免了工件安装误差。需要说明的是,采用三维测量头虽然不需要单独购买测量机,但是在线测量会损失机床的加工时间,所以常用于单件、小批量的复杂精密零件加工过程中的测量。

（2）线外测量装置。

对于制造企业而言,其工件种类及测量内容繁多,一般都需要配备功能丰富、易于扩展的计算机数控坐标测量机。坐标测量机通常实现三个坐标测量,可以自动检测工件尺寸误差、形状误差和轮廓形状误差,并能自动提供误差修正补偿值。企业可以根据测量效率和柔性等方面的特殊需要,为坐标测量机配备回转工作台、托盘交换系统和测量头交换系统等附件。

（3）其他数字化测量装置。

服务于批量生产的数字化测量装置的类型很多,按工件的测量表面分为内表面测量装置、外表面测量装置、平面测量装置、齿形测量装置及曲面测量装置等。例如,光电塞规可以准确测出孔径尺寸,孔的圆度、锥度、圆柱度、喇叭口、腰鼓肚和孔内局部凹凸等;圆度仪可以精密测量圆度、同心度、同轴度、平面度、垂直度、轴线直线度、跳动和波度测量;轮廓测量仪可将测得的工件轮廓以数字量存入存储器中,并能显示工件轮廓、计算选定轮廓段的圆弧半径、两圆弧中心距、两直线间的夹角、直线的倾角、两点间坐标差和距离等几何参数。

第 4 章

快速响应制造执行
过程协调技术

随着我国制造战略发展的调整,制造企业的生产方式逐渐从以研制为主、多试少产转变为多品种、变批量、研产并重,主要体现为在承担预研、研制工作的同时还必须完成批量生产。对于研制型任务而言,具有技术输入车间较迟,技术状态变化较快,甚至在执行过程中出现工艺的变化;而对于批产任务,则具有动态分批、急件插单等变化,这些都要求车间必须快速地对这些变动情况进行快速的响应。同时,车间内多型号、小批量导致的大量任务并行展开及其复杂状态的管理无疑使得现场管理日趋复杂,存在工件加工地点难以追踪,工件加工状态、合格数量难以察看,关键任务进度无法查询的现象,车间的快速响应制造能力受到了极大的制约。在传统的手工管理模式下,很难保证车间能够有序、协调、可控和高效地运行,从而对研究适合企业业务流程的制造执行过程协调提出了迫切需求。

4.1 问题与目标分析

对于车间而言,可将其视为一个输入技术文件和原材料,输出产品的系统,目标是以最低的成本制造出客户满意的产品。要想提高整个系统的响应能力,必须从全过程、全方位、全员参与三个方面进行分析:所谓全过程是指对产品从输入到输出,包括工艺准备、生产准备、生产制造、周转入库的全过程进行管理,包括过程的进展状态、异常情况监控;所谓全方位是指从工艺、进度、质量、成本等业务进行全面的管理;所谓全员参与是指车间领导、计划人员、工艺人员、调度人员、操作人员、质量管理人员、库存人员、协作车间人员等根据自身角色参与制造执行过程,在获取实时数据的基础上,通过及时的沟通与协调,实现业务协同。因此,基于业务协同的制造执行过程协调需要解决的问题总结如下:

1. 生产现场信息及时反馈

信息的反馈为车间多个角色进行服务。零件加工状态信息反馈为调度进行资源配置提供了支持,产品任务的进度为产品负责人管理型号生产提供了支持,工艺状态的反馈为工艺人员对工艺进行编制状态提供了支持。同时,现场信息的反馈为作业方案调整提供了数据来源。现场反馈信息是周转控制、作业进度可视化和制造信息可视化的重要信息来源,所以生产现场信息反馈功能是制造执行过程协调必不可少的支撑环节。

2. 实时的加工状态跟踪

加工跟踪的功能能够很大程度上解决车间现场混乱的状态。当车间人员能够很清楚地知道每个零件的加工地点、负责人员、来源以及加工结束后的去向之后,不必跑到生产现场去逐一查看,也不必耗费精力去记忆那些关键件的状态,为车间人员提供了很大的便利,从根本上讲就是实现了制造信息的可视化,加强了周转控制。

3. 多角色的业务过程协同

MES的运行涉及车间多角色人员的全员参与,不同角色人员其关注的重点各不相同,必须按照不同需求为其提供服务,所以不但要保证业务功能的齐全,也要避免其他业务过程相互干扰,这是业务协调过程必须要解决的问题。

4. 任务批次的快速调整机制

对于多品种、变批量生产任务,顾名思义,在任务品种及其批量方面具有多变的特点,因此必须对任务批次进行动态的计划管理,包括两个方面的含义:一是对任务的追加、急件插入、撤销、变更、分批等管理;二是在任务发生变化与调整时,能够快速地进行与调度、工艺等相关业务人员协同,以形成快速响应制造的运行效果。

制造执行过程协调的目标可定义为:以业务逻辑为主线,以交互协同的关联关系处理为手段,目标是实现整个车间制造执行过程的全过程、全方位、全员参与,达到车间制造执行有序、协调、可控和高效的运行效果。因此,提出以制造执行过程看板为核心的业务协同机制,通过"工艺准备—技术准备—作业排产与动态调度—过程执行与监控—实物周转与完工入库"过程主线的驱动,支持工艺、进度、质量和成本等业务的交互管理,实现了车间领导、业务负责人、工艺、调度、操作人员、检验人员、库存人员、协作车间人员的全面参与。基于业务协同的制造执行过程协同具有业务驱动、过程承载和信息集中的递进、协作特点。以制造执行过程监控看板作为信息中心,各个业务过程所产生的数据都以此作为周转中心,既实现了各个业务功能的独立性,又便于形成统一的数据源。制造执行过程协调技术方案如图 4.1 所示。

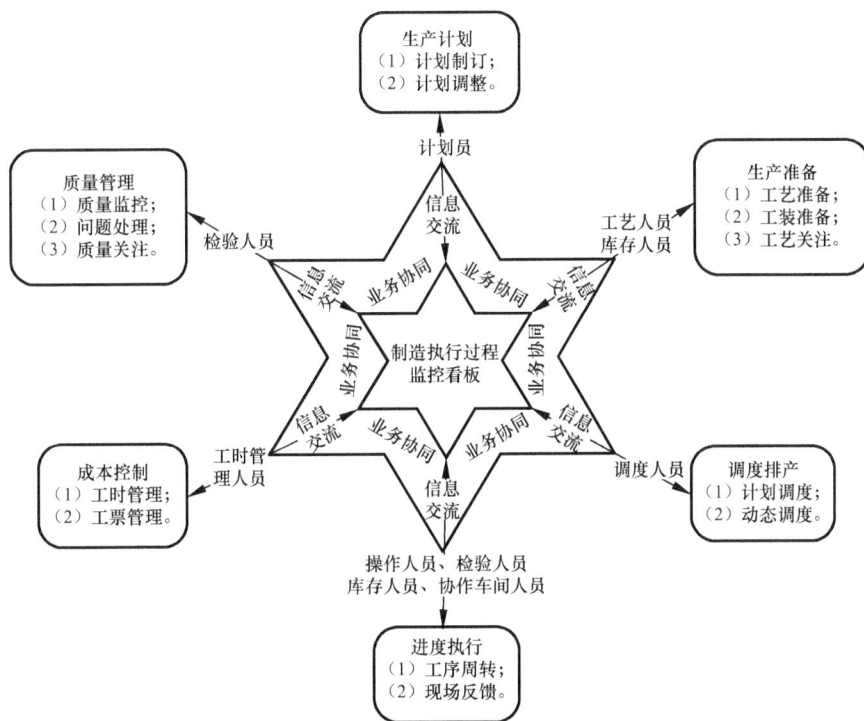

图 4.1　基于业务协同的制造执行过程协同技术

4.2　基于工作流的制造执行过程协调

工作流技术是 20 世纪 90 年代兴起的一项技术,目前 MES 与工作流技术的结合已经成为一种新的发展趋势。工作流管理联盟给出的工作流定义为:工作流是一类能够完全或者部分自动执行的经营过程,根据一系列过程规则,文档、信息或任务能够在不同的执行者之间传递、执行。Giga Group

给出的定义为:工作流是经营过程中可运转的部分,包括任务的顺序以及由谁来执行、支持任务的信息流、评价与控制任务的跟踪,以及报告机制。这些对工作流的定义是用非形式化语言对工作流所进行的描述,虽然各有不同,但基本上都达成了这样的一个共识:工作流是经营过程的一个计算机实现,而工作流管理系统则是这一实现的软件环境。这些工作流的定义分别反映了经营过程几个方面的问题,即经营过程是什么(由哪些活动、任务组成,也就是结构上的定义)、怎么做(活动间的执行条件、规则以及所交互的信息,也就是控制流与信息流的定义)、由谁来做(人或者计算机应用程序,也就是组织角色的定义)、做得怎样(通过工作流管理系统进行监控)。结合制造执行过程协调的问题分析,可见工作流技术是实现复杂过程协调的有效支撑工具。基于工作流的制造执行过程协调主要体现在以下两个方面:

1. 过程监控方面

工作流在过程监控方面的体现主要是对订单乃至工号层次的执行状态和进度的全面关注。工作流与过程监控关联的基础是订单所具有的工艺流程、工号所具有的层次化订单组织结构以及订单齐套物料清单等,其展开方式以及进度状态符合工作流的应用条件。基于工作流的制造执行过程监控涉及订单、齐套、工艺三者之间的复杂关联,需要开展生产流程建模及其表达技术的研究。

2. 业务协同方面

MES 的业务协同主要体现为两个方面:一是从订单定义、技术准备、生产准备、下发控制、执行监控、完工入库等环节整体过程的协同,主要反映了订单的执行状态,但其中涉及复杂的人员、角色及其权限的控制;二是制造执行过程中不可避免地存在突出的技术或质量问题,这些问题的处理一般都需要经过一系列的反馈、审查、审批和解决环节才能完成。这两种业务协同流程与工作流具有直接的相关性,同样可以应用工作流技术进行过程协调。

4.2.1　复杂关联生产及生产流程协同

1. 基本概念定义

面向复杂关联生产的制造执行过程监控实现的基础是建立订单、齐套和工艺三者之间的有机关联模型,其中涉及一些基本定义。

定义 1　工艺流程:工艺流程是指导生产的规范性描述,一般体现为作业或操作的串行顺序,并以工艺规程文件形式进行固化,工艺流程一般称为工艺路线。

定义 2　生产流程:生产流程是指针对某个订单的生产在实际生产过程中所建立或形成的实际操作顺序或步骤,一般对应于加工类型订单的生产,其工艺流程等同于生产流程,但对于装配型订单,生产流程则体现为基于工艺流程的某种变形,体现在操作顺序组合变化、顺序调整变化、串行/并行操作的分支变化等方面。

定义 3　物料齐套:物料齐套是指订单生产执行中必须保证所需物料按时、按量的到位,是 4M1E 控制的核心,所需齐套的物料一般包含自制件、外购件以及标准件等类型。物料齐套的基础数据体现为面向订单的物料 BOM。

定义 4　制造 BOM:制造 BOM 用以描述订单的组织关系,一般表现为层次化自上而下的递进树形结构,树中各个节点均代表了装配型或者零件型的一个订单,其上下级关系也体现某种程度上的齐套要求,其中纳入 BOM 结构的零件型一般属于自制性订单。

2. 复杂关联生产的内涵分析

生产具有复杂的关联性,其内涵主要体现在如下几个方面:

(1)工艺流程的复杂性。

工艺流程或工艺路线是订单生产的依据。对于加工类型的订单,比如车间生产中大量存在的自制件,其工艺流程主要体现为串行的工序顺序,而对于装配类型的订单,比如部件、组件等,一般基于产品结构组成以及零部件的关联关系,其生产流程体现为具有串并结合特点的协调性生产过程。工艺流程的复杂性为制造执行监控提出了更高的柔性组织要求。

(2)物料齐套的复杂性。

物料齐套是车间实现有序、协调生产的关键。车间的物料类型具有多样化的特点,包括自制件、采购件、标准件等,其中采购件和标准件对于车间而言是不作为生产订单进行管理的。同时,对于复杂装配类型的订单生产,其一般具有工艺流程长、齐套件数量类型多的特点,传统的粗放式的整体式齐套方法已经难以满足日益精细化的管理要求,从而需要实现向过程式齐套的转变,即需要实现面向工艺流程各个工序环节的齐套控制,形成将整体齐套物料清单分解到各个工艺流程环节并加以控制的一种过程协调形式。

(3)订单关联生产的复杂性。

车间生产订单的组织一般具有层次的关联关系,可称之为制造 BOM,一般表现为产品—批次—工号及其下属的订单组织结构树。虽然就某个订单而言具有一定的独立性,但订单组织结构树所具有的层次关系表达了装配型订单与自制件订单的关系,并且由于自制件订单同样属于物料齐套控制范畴,从而导致订单关联生产的复杂性。

根据上述分析,给出复杂关联生产的内涵:针对装配和自制订单层次化混线生产的背景,需要建立以物料齐套为核心的关联生产机制,并进一步的需要解决以工艺流程为指导的过程式齐套机制,需要梳理和建立订单、齐套、工艺三者之间的复杂关联模型,以实现复杂关联生产的有序、协调、可控的制造执行效果。

3. 基于订单—齐套—工艺关联的生产流程协同

复杂关联生产流程建模是以物料齐套为核心,通过建立订单、齐套、工艺三者之间的关系模型,以与订单关联的装配结构数据和工艺路线作为信息来源,以作业计划和实际执行进度作为依据,以全员协调配合执行为基础,实现齐套业务流程及其状态控制、订单执行进度控制,以及装配型订单和自制件订单的生产协调,并以此为基础所建立的订单—齐套—工艺关联生产流程模型。

对于装配型订单而言,订单结构树描述了其下级自制件订单与父级装配订单的关联关系,同时自制订单还具有与装配订单物料齐套清单的关联关系。同时,以工艺路线为纽带,在对制造执行过程中某道工序进行生产准备时,通过齐套申请、齐套审批以及物料出库等操作,实现了订单—齐套—工艺的关联建模。

以订单—齐套—工艺的关联模型为基础,形成以工作流展现形式的生产流程协同。通过对物料齐套状态以及工艺流程执行状态的控制,比如在齐套控制中通过不同颜色进行区分已经完成齐套、部分齐套、未开始等,比如在工艺流程执行过程通过不同颜色区分已开工、已完工、未开工等工序执行状态等,从而实现基于订单—齐套—工艺关联的生产流程协同。基于订单—齐套—工艺关联的生产流程协同示意如图 4.2 所示。

4.2.2　基于工作流的多角色业务协同技术

1. 面向订单执行全过程的业务协同

面向订单执行全过程的业务协同主要体现为两个方面:一是订单执行全过程的业务环节状态监控;二是业务流程协同中的多角色人员参与机制。

(1) 全过程业务环节及其状态。

订单执行过程及其状态如 4.3 所示。其中表达了从订单定义、技术准

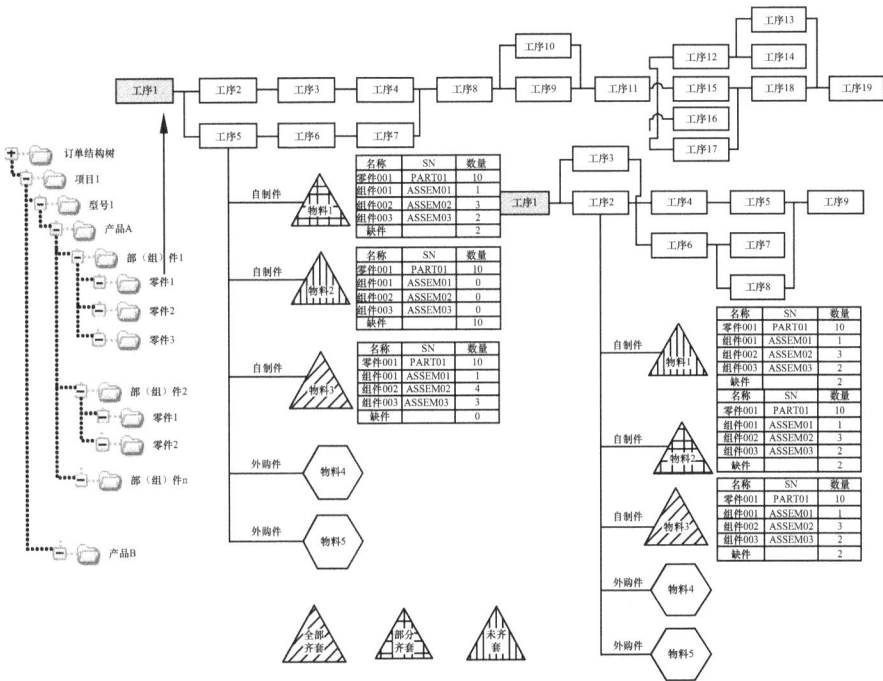

图 4.2　基于订单—齐套—工艺关联的生产流程协同

备、生产准备、下发控制、执行监控以及完工入库的全流程以及不同流程环节所具有的分支状态。

（2）业务流程协同中的多角色参与机制。

一般而言，制造企业的产品生产具有典型的随批次控制的特点，生产组织也是以批次为核心进行物料准备、工艺准备和加工跟踪，强调批次的齐套、加工质量的批次一致性等。而车间在生产过程中具有全局统筹安排的特点，大量的型号产品混流生产，对各个批次的批量、交货期都有不同的要求。为了实现精细化生产，必须对批次任务执行情况进行跟踪。解决车间零件周转的问题，做到对每个零件执行进度的监控，避免管理人员跑到现场去亲自察看，并且对该零件的来源和最后加工的去向都能明确地了解。批次任务的加工跟踪主要包括批次执行进度、零件执行进度、工序执行情况，以及零件在不同场地、人员之间的周转等方面的内容。传统的生产车间是由调度人员在车间现场控制的情况下进行生产进度信息的统计，缺乏有效的工具进行全局的批次任务执行情况的跟踪管理。

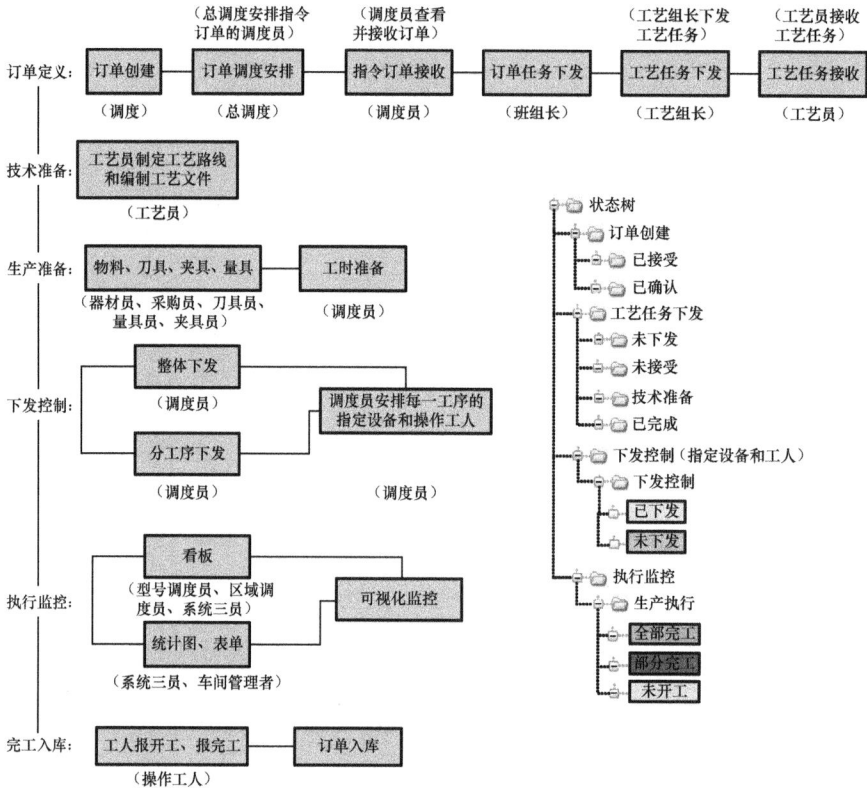

图 4.3　面向订单执行全过程的业务流程

制造执行的对象是任务、零件,因此进度和周转就成为业务协同的主要内容,不同角色人员按照既定的方式参与其中,实现全面的业务协同。就生产对象而言,其主要具有前期的生产计划与准备、执行中的进度与周转、结束后的入库阶段,图 4.4 以进度执行监控为核心,对制造执行过程中的一些关键业务协同关系以及人员角色关系进行了说明。

基于多角色参与的业务流程协同以进度执行为核心,实现了从计划、准备、调度、执行到入库的全过程管理,形成了车间全员参与的执行效果。需要指出的是,本书所指的制造执行周转过程,不仅仅是零件按照工艺路线进行顺序流转,而且是涵盖了计划、生产准备、执行、成本和质量的全方位业务协调,不仅包括自上而下的信息传递,而且包括自下而上的信息反馈,从而形成了一种动态、协调的有序运行模式。本书所提出的基于多角色参与的业务流程协同具有如下特点:

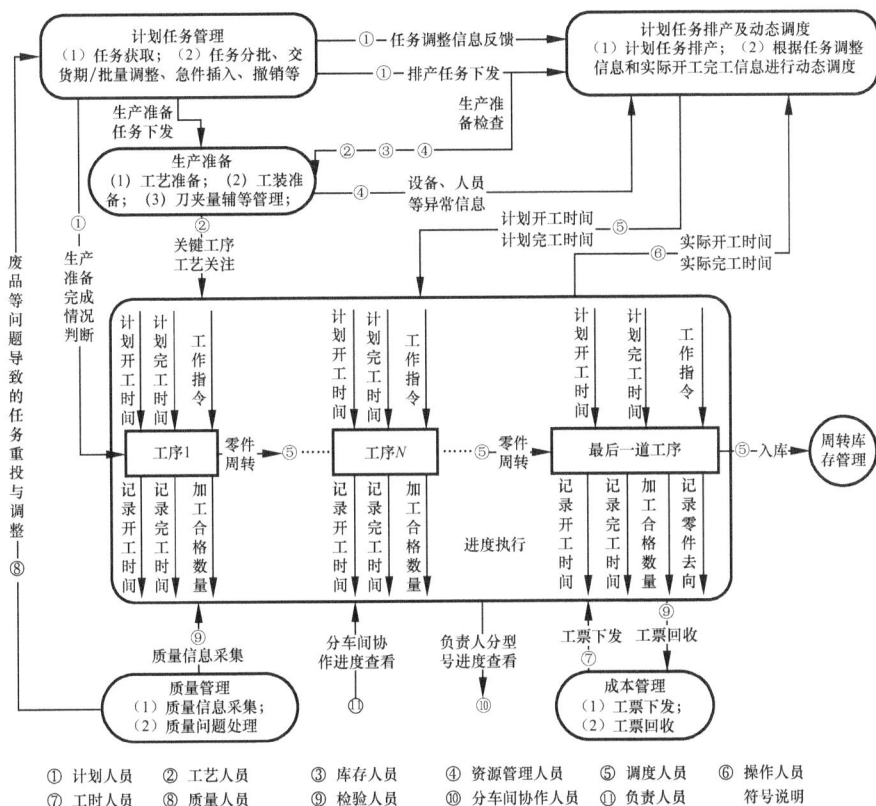

图 4.4　基于多角色参与的业务流程协同

（1）计划任务的动态管理。

批次任务在车间里有着很强的动态性。例如零件的工艺路线,当同一零件在不同的批次下加工时,其加工工艺可能会不同,这与生产规模或者工艺的改进都有关系。例如对于精密件,由于其加工具有较高的难度,工艺质量要求较高,存在一定程度的加工废品现象,需要进行重新投产以保证合格品数量。此外,制造企业由于研发的需要或者其他紧急情况的发生,经常有突发任务追加进入,因此,同一时间内可能会有大量的批次任务在车间里进行加工。再者,由于特殊情况的发生,可能会出现已安排好的加工任务要提前交货,或者是部分提前交货,这也给生产任务管理带来了复杂性。

（2）基于动态调度的同步生产。

通过接收计划任务,在利用调度工具进行作业计划排产,确定每一个零件工序的计划开始时间与计划结束时间。并且接收实际开始时间和实际结束时间反馈,通过动态调度实现作业计划安排的调整;另外,在设备故障、动态任务等方面发生异常情况时,同样通过动态调度实现作业计划的协调。从而实现作业计划与现场执行的同步,保证了作业计划对生产现场能够始终保持指导的有效性。鉴于动态调度属于另外的复杂技术领域,本章不再赘述,但需要强调的是,基于过程监控平台的反馈信息是实现动态、同步调度的基础。

(3) 制造执行周转过程的协调控制。

采用逐步跟踪的方法,在每个零件任务以及工序都有一个唯一的标识的基础上,对零件生产过程中加工工序间的每一步流动以及操作都有记录,保证有相关人员和操作时间的数据存档,包括报开工、报完工、零件的流转信息。在进行工序派发的时候,根据该工序作业的计划安排设备,确定操作接收人员,该接收者通过多角色的作业监控平台获知自己要加工的零件及其工序。操作人员在加工完该零件的该道序之后,通过作业监控系统进行报完工,由调度人员根据零件的工艺路线、作业计划安排的设备将其转到下一个要加工的地方,由下一道序的操作人员进行任务的接收和报完工。调度人员和操作人员交互完成上述过程,直至该零件加工结束,最终由调度人员通过系统察看零件原始属性里面的流出地点信息,将零件按计划转移到该处,实现多车间之间的协调。

(4) 全面的制造执行过程协调。

计划任务能否下发形成可执行任务,需要对生产准备情况进行检查。任务执行过程中涉及工时、检验等人员的参与,实现对完工质量的反馈调整。同时在流转控制机制以及加工执行信息完整记录的基础上,车间负责人、批次负责人、型号负责人、调度人员根据自身的权限,可以从批次、零件、工序的角度进行全面的加工跟踪,获取批次任务和零件的执行进度、工序执行情况,并对不同零件和工序状态进行颜色的区分。

2. 面向技术质量问题协调与处理的业务协同

基于工作流的业务问题处理主要体现为:技术问题协调、质量处理过程等。需要通过各部门的多角色之间进行协同参与。

(1) 技术问题协调。

目前车间中的技术问题协调主要是对车间现场出现的各种工艺问题进行协调,如工艺的更改或调整等。这种业务问题一般由车间操作人员发起,工艺关注人员进行审查和填写工艺变更单,复杂问题可能还要涉及设计人员进行参与。

(2) 质量问题处理。

质量问题是车间业务问题处理的集中体现,是最大量的业务协同问题。

该种问题处理流程一般具有固定的流程,但涉及的环节比较多,处理结果的最终走向也是复杂多样的。质量问题处理的典型流程如图 4.5 所示。

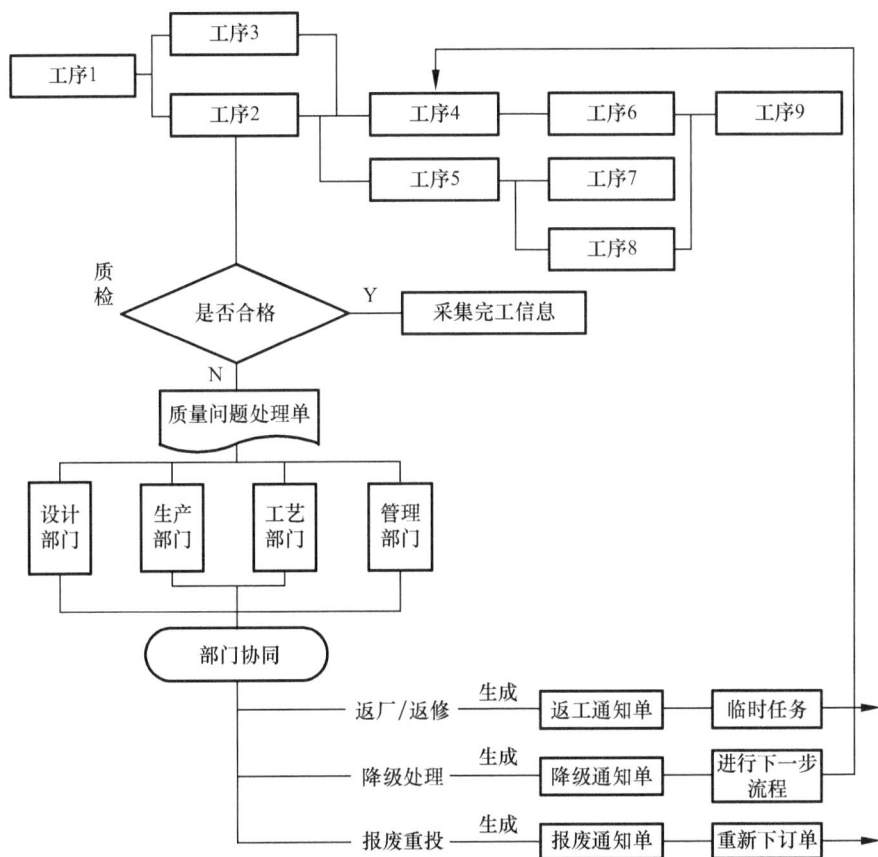

图 4.5 典型质量问题处理流程

3. 基于状态配置的工作流运行控制技术

不论是面向订单执行全过程的业务协同还是面向技术质量问题协调与处理的业务协同,工作流程状态都是需要关注的重点,对于工作流而言,需要实现基于角色的流程状态控制,主要体现为如下两个方面。

(1) 角色具有控制生产流程走向的作用。

对于工作流而言,每一个角色都把握着一个业务环节的开关,其对开关的控制起到了控制流程走向的作用。如果将开关闭合,则业务流程便可以继续进行到下一角色所在的那一业务环节;如果将开关断开,那么就不能执行该环节。因此角色起到了控制流程走向的作用。比如在订单定义完成之后的订单下发,总调度员控制着订单的下发,只有订单顺利下发了,订单关联调度员才会接收并进行处理。

(2) 角色具有控制状态之间关联关系的作用。

不同企业的生产流程具有一定的差异性,反映为工作流程中状态关联关系的强弱协调,柔性的工作流程需要对状态进行配置控制。一般状态关联关系可以区分为强、弱两种关联形式。对于强关联,则表现为严格的前后关系;对于弱关联,则表现为跳跃或并行的可能处理。

为了实现柔性的业务流程协同,提出基于状态配置的工作流运行控制技术。该技术的核心体现在两个方面:一是定义状态配置文件,其中表达了业务协同流程中各个环节所需的人员角色、环节状态以及状态之间的关联关系;二是状态配置文件的应用,针对工作流程中的每一个节点,判断其所属状态,并根据状态之间的关联关系,引导其应该驱动到的环节,从而实现状态驱动的工作流程控制。比如对于订单执行过程的业务协同问题,有些企业严格控制从生产准备环节到下发控制环节的前后关系,但有些企业则可以在执行过程中进行生产准备,从而将生产准备和下发控制两个环节从串行关系演变为并行关系。

4.2.3　工作流设计技术

1. 工作流设计的基本事件与规则

对于工作流模型的表述最基本的规则是事件—执行条件—活动,即 Event-Condition-Action(ECA 规则)。通过将这三种基本规则的元素进行面向对象的扩展,使得工作流对于生产流程的表达能力更为丰富。

(1) Event 事件,包括:基本事件,条件事件。

基本事件:Initialized(ID):过程成功进行实例化(Created)

Started(ID):过程已经运行(Created->Running)

EndOf(ID):过程结束(Any->Completed)

条件事件:Overtime(ID):过程超时事件

Aborted(ID):过程放弃(Any->Aborted)

Suspended(ID):过程挂起(Any->Suspended)

InError(ID):过程发生错误(Any->InError)

基本事件就是对于每一个子过程都要执行的事件,而条件事件是根据业务流程中的实际情况,比如特殊的技术、质量问题,通过判断控制流程走向某一条件分支。由于工作流中的各个元素都是面向对象的,因此在每一个事件定义的时候都要进行实例化,从而建立事件的实例化模型。

（2）Condition 条件。

属性值,执行状态,可以表达成多个对象的某种属性值的操作必须满足的某种条件,也可以为空。这里的条件实质上是一个条件表达式。类型包括三种:数值型、字符串型、布尔型。

（3）Action 活动。

激发的 Action 可以分为五种情况。Notify(Activity. ID):通知关心该活动状态的其他活动的承担者该活动的状态;Abort(Activity):放弃活动;Abort(Process):放弃整个流程;FromState:Any;ToState:Aborted;Execute:执行;Complete:完成。

从 Action 的功能描述上来说,可以分为三种情况:激活一个活动;将条件满足状态转换成另外一个事件;触发一个意外工作流。

（4）基本的工作流模型规则。

工作流是由节点—连接线—节点组成的,构成这些组成部分需要有一些规则,比如在事件 A 进行完成之后进行事件 B 等,这些规则决定了工作流各个节点之间的走向关系或者强弱关联关系。针对复杂关联生产的工作流程模型规则则是基于以下简单规则的组合应用。基本工作流规则如表 4.1所示。

表 4.1　基本工作流模型规则

Example	Event	Condition	Action
	EndOf(A)	null	Activity B
	EndOf(A) And EndOf(B)	null	Activity C
	EndOf(A)	null	Activity B And Activity C
	EndOf(A) Or EndOf(B)	null	Activity C
	EndOf(A)	a==true	Activity B
		b==true	Activity C

Example	Event	Condition	Action
（图：A、B 经节点 a、b 分别连接 C、D）	EndOf(A) OrEndOf(B)	a==true	Activity C
		b==true	Activity D
（图：A 经节点 a、b 连接，b 连接 B）	EndOf(A)	a==true	Activity A
		b==true	Activity B

2. 工作流模板数据储存技术

通过工作流模板定制技术完成了与制造执行相关的工作流程定制之后,就需要对这些流程进行模板化存储,以便后续对这些流程进行引用和实例化。

基于工作流程的基本规则并结合工作流定制技术的特点,对整个工作流程中涉及的元素进行分类,可以将整个工作流程分成若干数据单元,包括工作流程基本信息单元、工作流程节点信息单元、工作流程节点流转控制信息单元。针对这些数据单元分别进行存储,然后建立数据单元之间的关联关系使之成为一个完成的工作流程。通过这种对工作流程元素进行分类存储的方式就可以完成对整个工作流程模板的结构化数据存储。工作流程模板数据单元之间的关系如图 4.6 所示。

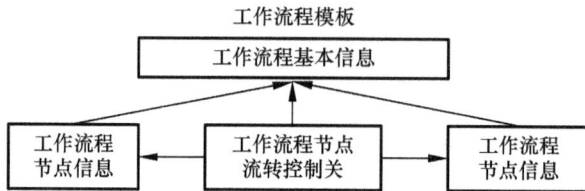

图 4.6　工作流程模板数据单元

详细的数据单元划分及其关联关系如下。

（1）工作流程基本信息。

工作流程基本信息是有关整个流程的信息的集合,包括流程的名称、类型、人员信息、权限控制信息以及在该工作流程上挂接的信息等。这些基本信息大部分在创建流程最开始定制流程的时候就可以确定,但是有些信息可能会随着流程的实例化而产生差异,比如人员信息、权限控制信息以及在流程上挂接的信息。一个工作流程模板只会存在一份工作流基本信息,但是工作流程基本信息可能会对应多个工作流程节点信息和工作流程节点流转控制信息。

（2）工作流程节点信息。

工作流程节点信息是构成工作流程的重要元素，它们代表着流程中的各个活动环节。工作流程节点信息包括了节点的名称、类型、人员信息、权限信息、输入参数信息、条件判断信息、活动内容信息、输出结果信息以及其上挂接的其他数据等。工作流程节点是具体的实现业务功能的环节，在流程定制的时候需要为该业务功能输入特定的信息，然后设定节点的处理逻辑，最后设定节点的输出结果，同时还需要为该节点设定各种特殊情况处理逻辑以提高整个工作流程的稳健性。

（3）工作流程节点流转控制信息。

一个工作流程由多个工作流节点以及节点之间的流转控制关系组成。工作流程节点流转控制信息包括人员信息、权限信息、流转判断条件信息、上游流程节点信息、下游流程节点信息以及其上挂接的其他信息等。工作流程节点流程控制信息控制着流程节点之间的流转，衔接着各个流程节点，将上游节点的输出结果传递到下游节点，通过一级一级的传递最终完成所有的业务功能并形成一个完整的工作流程。

4.3　业务过程协调模型快速定制技术

我国企业目前正处于从传统生产方式向多品种变批量生产方式深度变革的时期，对于信息化系统建设具有持续改进的需求。同时多品种变批量生产模式下的动态制造执行环境，决定了业务过程协调的框架、内容、人员角色分配需要频繁做出适应性的改变。从而提出了业务过程的快速定制的需求，以形成具有可扩充、可配置的业务过程协调模型。提出一种模型驱动的快速定制策略，通过构建统一的业务过程模型，根据具体车间的过程协调需求，探索从数据、逻辑和用户界面三个层次实现快速定制的方法和技术。

4.3.1　业务过程协调模型快速定制技术思路

为了适应车间业务分工、交互关系、人员角色的变更，提出如图 4.7 所示的业务过程协调模型快速定制技术思路。

业务过程协调模型主要体现为功能、操作和数据等。功能的表现形式为面向用户的可见界面，而操作体现了用户的动作，两者的核心都体现为对

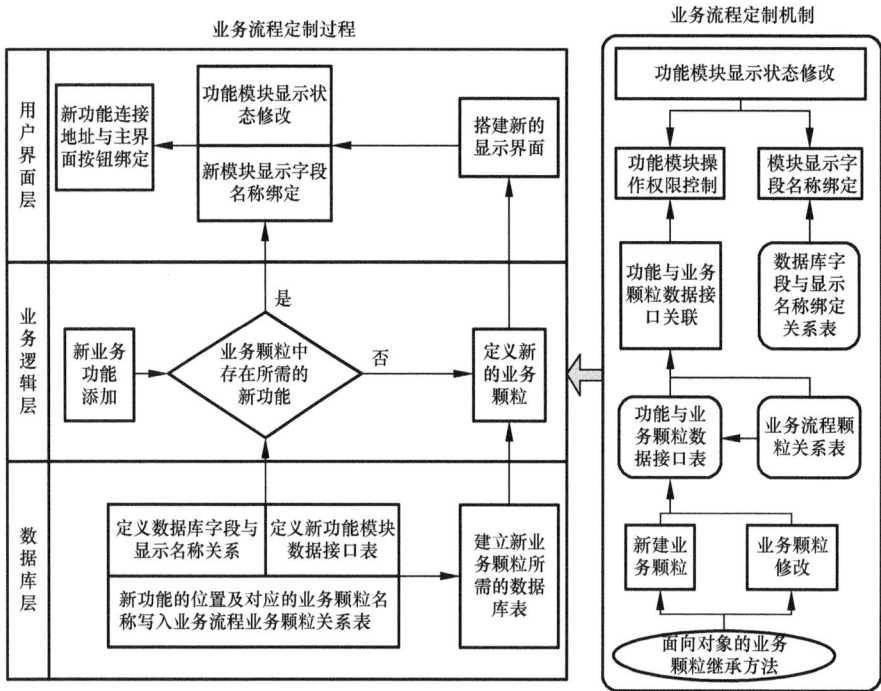

图 4.7　业务过程协调模型快速定制建模技术思路

数据组织和权限的控制。因此,提出两个方面、三个层次的定制建模机制。

(1) 两个方面是指有无该业务功能和业务流程改变的问题。对于业务功能的控制,可以通过对功能颗粒的细分实现;但由于业务过程协调模型具有多变的特点,当在业务过程协调模型中存在无法找到对应的业务功能模块时,必须提供灵活的机制实现快速响应定制。寄希望于完全的软件柔性在实际中是难以实现的,因此,采取规范接口,采用面向对象的方法扩展或者修改功能,以适应业务模式的变更。

(2) 三个层次是指用户界面层、业务逻辑层以及数据库层。用户界面层需要根据业务模型进行比较大的调整,用户使用起来方便快捷,使用户感觉到这个系统是为其专门定制的,通过业务颗粒组合即可实现;而业务逻辑层则采取面向对象的方法,对业务颗粒进行修改或者重新组合;对于数据库层,建立数据字段名称与显示名称映射关系表,为了防止特殊情况的出现以便于后续扩展,向每一个表中添加 3～5 个冗余字段。

因此采用"业务—逻辑—数据"分离的控制策略,以面向对象所具有的继承、扩展等方法为基础,通过维护业务流程业务颗粒关系表、数据库字段与显示名称关系表、业务流程数据接口表,以及采取冗余字段的方法,可实现业务过程协调模型的快速定制。

4.3.2　颗粒式的业务权限管理技术

颗粒式的业务权限管理是指通过抽象方法将功能较为独立的操作定义为业务颗粒。通过系统功能表中的菜单 ID 和功能页面链接地址可以实现快速业务颗粒组合,实现支持基于模块化思想的快速业务过程协调模型定制。

系统权限管理是安全运行的保证,通过对非法用户及数据进行有效的拦截,可以保证系统安全、稳定地运行。但在复杂生产环境中由于业务流程复杂、角色多、访问权限复杂,传统的角色分级管理难以适应要求,因此引入颗粒式权限管理技术。不同角色的访问权限通过如图 4.8 所示的访问权限表进行控制,通过基于页面访问 ID 或角色 ID 与业务颗粒 ID 在访问权限表中的关联设置,实现对当前登录系统 ID 及其角色的访问权限控制。以业务过程协调模型为基础,通过数据库定义颗粒之间的关联关系,如图 4.8 中虚线的箭头所示。前驱的业务颗粒没有完成操作时,后续的业务颗粒不能进行任何修改操作。颗粒式权限管理技术可以针对不同的要求为每一个角色定制访问业务颗粒的权限,为系统赋予了柔性内涵。

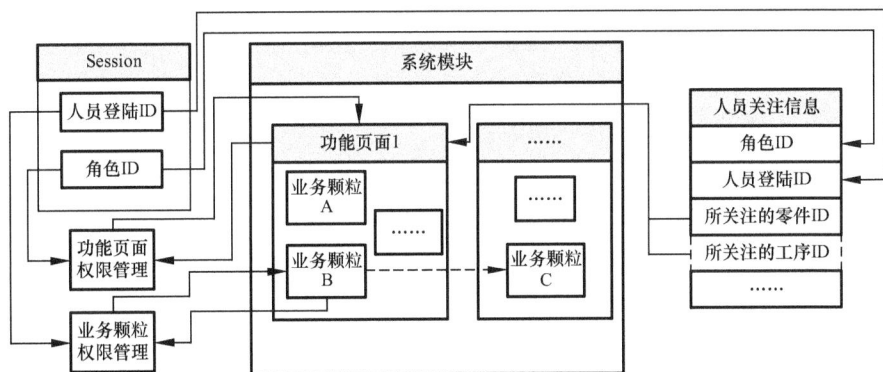

图 4.8　颗粒式的业务权限管理技术

对于访问权限也不能简单地定义为有权访问和无权访问,必须进行细粒度的控制,因此将用户的访问权限定义为 4 级,分别为:

(1) 完全控制:此类用户可以对功能页面中的所有业务颗粒进行全面控制,例如管理员用户可以为其他用户设置角色、设定零件及任务的状态等。

(2) 部分控制:此类用户只能对系统功能页面中的部分业务颗粒进行修改操作,例如调度员用户在密码修改功能页面中只能修改自己的密码,不能修改其他人员的密码;计划人员只能修改自身负责的零件的工艺路线。

（3）浏览用户:此类用户只能浏览允许其浏览的数据,而不能修改系统数据。

（4）非法用户:此类用户对该功能模块没有访问权限。

同一个用户对于不同的功能页面具有不同的权限控制,例如车间操作人员对于角色管理为非法用户,对于计划调度则为浏览用户,对于制造执行看板则为部分控制用户。在制造执行过程中不同人员所关心的零件和工序也不相同,因此利用人员关注信息表将人员与加工任务信息关联在一起,为不同的人员定制个性的制造执行看板。例如工艺人员只关注自己所制定工艺路线的加工任务,则将所有工艺编制为当前工艺人员的加工任务查询并显示出来;而调度只关心自己负责监督生产的工序,则在相应的调度人员登录后,只显示由其负责的生产任务。

4.3.3　基于数据隔离的业务逻辑建模

针对业务过程协调模型变更所带来的交互关系调整问题,提出基于数据隔离的业务逻辑建模方法。根据生产实际和系统需求建立以"任务—零件—工艺"为核心的三层数据结构。将产品结构中最上层的信息记录在任务表中,将工序信息储存在工艺表中、其他相关信息存储在零件表中。零件表中的记录不存在父子关系,而通过一个产品关系表记录部件与零件、零件与零件、零件与批次之间的关系,通过数据之间关系的界定隔离了彼此的关联影响,支持以可配置的方式建立统一产品数据模型。

从生产计划读入、工艺路线制定、作业计划生成、制造执行监控、周转过程控制、质量检查和成品记录 7 个层次,分别建立独立的查询管理界面和后台查询逻辑,层内界面及数据可以在独立的模块中实现闭环处理,如图 4.9 所示。不同层次存在不同的业务颗粒,不同的业务颗粒通过功能页面的形式组合在一起。通过以颗粒式权限管理技术和数据的层次化管理技术建立起了高内聚、低耦合的业务过程协调模型。

通过颗粒式权限管理技术和写入数据校核建立了面向不同层次业务颗粒的数据共享机制。当某业务颗粒需要信息时,通过 Web 服务的形式从相关数据库获取数据;当需要向系统数据库内添加数据时,通过写入数据校核以验证数据来源合法性和数据合法性,如果不合法则抛弃这些数据。数据来源合法性是指对发起数据修改的业务颗粒是否拥有该部分数据的修改权限进行控制;而数据合法性是指数据类型、数据是否在规定的范围内,数据是否完整以及数据格式是否符合要求等进行的检查。

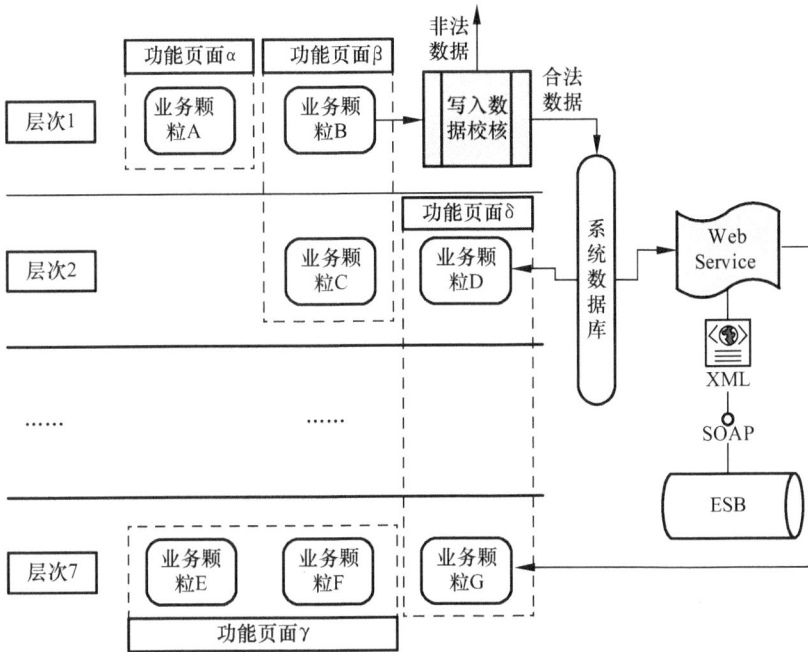

图 4.9　基于数据隔离的业务逻辑建模

第 5 章

快速响应制造执行过程信息管理技术

　　制造执行信息具有复杂的动态性,在制造执行的过程中新的信息不断产生、已有的信息不断更新。同时制造执行信息是一个复杂的综合体,信息种类繁多,信息与信息之间的关系错综复杂,各种数据交织其中。通过制造执行系统的数据采集机制,可以对制造执行信息中的有效数据进行提取,但是如何对采集上来的数据进行管理就将是接下来需要解决的重要问题。

　　制造执行的过程也是一个数据产生的过程,各种各样的数据充斥在制造的各个环节当中,可以说每一项数据都是与生产紧密相关的,只是不同的数据应用的生产环节不同,所以运用何种手段使之能够高效地提取所需要的数据就是 MES 中需要解决的一个重要的问题,也即复杂制造执行过程数据采集技术需要解决的问题。

5.1　复杂制造执行信息关联管理内涵

5.1.1　复杂制造执行过程数据的特点

　　生产的过程是一个涉及多个业务环节、多种角色人员、多种生产资源的复杂的变化过程,各种各样的信息在各个业务环节、人员、资源间产生和传递。首先,生产计划信息从生产计划部门下达至工艺技术部门,工艺人员根据计划信息对生产需要用到的人员、设备、物料、图纸、工艺等进行准备,然后调度部门对信息进行整合,制订详细的生产加工调度计划,最后这些信息一同下达至车间生产现场的工人,工人根据这些信息完成工序加工,并反馈执行进度信息,同时质量检验人员完成工序质量检验并反馈质量信息,调度部门根据这些反馈信息修改生产加工调度计划并进行重新下发。通过这样一个完整的信息传递的过程,生产计划得以执行,同时在制造执行的各个业务环节,通过不同业务人员的参与,旧有的信息得到更新,新的信息得到创建。通过对制造执行过程中信息的传递和变化过程的分析,可以得出制造执行数据具有如下特点。

1. 渐增性

制造执行的过程是一个数据逐渐增加的过程。这体现在两个方面:一方面是数据总量的逐渐增加,这主要是由于随着制造执行过程的逐渐展开,制造执行在各个业务环节中进行,不同部门、不同角色人员逐渐参与进来;另一方面是数据的增加呈现一定的规律性,这主要是由于各个业务环节的进行是以整个制造执行过程的业务流程为基础的,各个业务环节的执行顺序具有一定的规律性。

2. 动态性

制造执行的过程是一个动态的过程,在制造执行的过程中,生产调度计划、物料的位置状态、物料的质量状态、设备的运行状态、人员的工作情况、刀、夹、量具的位置状态等数据都在实时地发生变化,并且这些数据都不是可以预知的,而是随着生产现场的各种情况向不可预知的方向发展,这就使得制造执行的数据具有一种动态的特性。

3. 多源性

制造执行系统中制造执行数据的来源与制造执行系统的数据采集机制以及制造执行系统自身的运行机制都有关系,这就使得制造执行数据存在四种来源,包括人工录入、自动采集、系统生成、系统集成。人工录入就是在制造执行的各个业务环节,由不同的业务人员人工辨识各种有效的数据信息并录入系统;自动采集就是制造执行系统通过自动化的采集设备和装置以非人工的方式实现数据采集;系统生成就是制造执行系统根据业务执行的需要自动生成某些数据;系统集成就是通过集成的方式从其他的信息系统获取数据。

4. 关联性

制造执行系统的数据并不是互相独立存在的,而是相互之间存在复杂的关联关系。这主要体现在两个方面:一是数据的产生存在一定的先后顺序,很多数据都是基于已有的或者已经生成的数据而产生;二是数据之间相互影响,当某一个数据变化的时候可能会引起其他的数据也同时发生变化,这种变化可能是正向的也可能是逆向的,即先生成的数据影响后生成的数据就是正向的影响,而后生成的数据影响先生成的数据就是逆向影响。

5. 异构性

制造执行过程中产生的数据种类繁多,既有结构化的数据,也有非结构化的数据。结构化的数据可以通过关系型数据库进行存储,而非结构化的数据只能通过文档管理的方式进行存储。

5.1.2　复杂制造执行过程数据关联管理的目标

制造执行数据管理是制造执行系统管理的重要内容,通过丰富的数据采集手段,对制造执行的全过程进行全面的数据采集,然后通过数据关联管理机制对采集上来的数据进行高效的管理。通过对制造执行数据的实时监控和有效处理,可以增加制造执行过程的透明度与可控性,可以极大地提高生产效率。

为了实现对采集的数据的有效存储以及存储数据的高效处理,制造执行数据的关联管理必须满足以下几点要求。

1. 数据组织结构清晰

数据的组织结构清晰有利于数据的高效存储与快速处理,并且有利于以后的数据扩展。对于结构化数据与非结构化数据并存的数据管理要求,清晰的数据组织结构就显得更加必要。首先,在存储方面,清晰的数据结构可以使得采集上来的数据更快地对号入座,减少数据存储所用的时间,提高数据采集的效率,使得数据采集的实时性、精确性更强;其次,在数据处理方面,清晰的数据结构可以使数据处理的时候能够更快地定位到需要的数据,减少数据检索所用的时间,提高数据处理的效率,实现数据处理的快速响应。

2. 数据冗余小

数据冗余是一个数据集合中重复的数据。冗余的数据不仅会增加系统存储的负担,而且会增加系统数据维护的难度。过多的冗余数据将会使得数据处理的逻辑过于复杂,增加数据处理的时间,同时也有可能造成信息处理结果的不准确。所以在数据存储的时候,一定要坚持一个原则就是一份数据只保存在一个地方,其他地方在每次需要这个数据的时候都从这个数据源头通过关联关系去获取。

3. 数据处理响应速度快

由于生产现场情况实时发生变化,制造执行系统必须具备快速的反应能力,对生产现场的变化快速做出反应,这其中最重要的一点要求就是系统具备快速的数据处理响应速度。快速的数据处理建立在清晰的数据组织结构与优化的数据处理逻辑之上。在数据采集完成之后,通过清晰的数据组织结构快速地完成存储;在提取数据进行处理的时候,通过优化的数据处理逻辑提高数据处理的速度。

5.2 复杂制造执行信息的关联组织建模

制造执行系统作为面向车间的支撑信息化系统,通过统一的数据管理模型、高效的数据存储和处理机制实现对制造执行数据的有效管理。制造执行数据管理很重要的前提是统一数据模型的建立,通过对制造执行业务流程的分析,对整个业务数据整体进行单元化划分,然后依照数据单元之间的关联关系建立涵盖所有数据单元的关联约束模型。

5.2.1 面向关联的分类数据单元模型

针对制造执行过程数据种类繁多的特点,通过对数据进行分类处理的方式可以理清数据之间的关系,为建立清晰的数据结构模型打下基础。分析整个制造执行过程,可以发现制造执行过程中涉及的元素都是可以划分的一个个数据实体,不管是业务环节,还是业务环节中输入的资源。根据这一发现,按照面向对象的原理对制造执行过程中涉及的元素进行对象构建,然后在元素对象的基础上就可以很容易地对制造执行中的数据进行单元划分。

分析制造执行的全过程,可以将制造执行过程涉及的元素对象包括人员、设备、订单、工艺、物料、刀夹量具等构建成数据实体,然后再将数据实体归类组成数据单元。详细的数据实体与数据单元分类如表 5.1 所示。

表 5.1 数据单元与其下的数据实体

编号	数据单元	编号	数据实体	是否存在引用	引用数据实体
A1	基础数据	A1.1	人员	否	
		A1.2	设备	否	
		A1.3	工种	否	
		A1.4	班组	是	A1.1
		A1.5	设备组	是	A1.2

续表

编号	数据单元	编号	数据实体	是否存在引用	引用数据实体
A2	订单	A2.1	订单结构	否	
		A2.2	订单基本数据	是	A2.1
		A2.3	订单批次	是	A2.2
		A2.4	订单调度计划	是	A2.2、A1.1、A1.2、A3.1
A3	工艺	A3.1	工艺路线	否	
		A3.2	工艺文件	是	A3.1
		A3.3	工时	是	A3.1
		A3.4	生产准备	是	A3.1、A6.1、A6.2、A6.3、A6.4
A4	执行监控	A4.1	执行小批次	是	A2.2、A2.3
		A4.2	订单执行数据	是	A2.2、A2.3、A2.4、A3.1、A4.1
		A4.3	物流周转数据	是	A2.2、A3.1、A3.4、A4.1
		A4.4	工票	是	A2.2、A3.1、A3.3
		A4.5	随批单	是	A2.2、A3.1
A5	质检	A5.1	质检批次	是	A2.3、A3.1
		A5.2	自检数据	是	A3.1、A3.2
		A5.3	互检数据	是	A3.1、A3.2、A5.2
		A5.4	专检数据	是	A3.1、A3.2、A5.1、A5.2、A5.3
A6	资源器具	A6.1	条码	否	
		A6.2	物料	是	A6.1
		A6.3	刀具	是	A6.1
		A6.4	工装	是	A6.1
		A6.5	量具	是	A6.1

（1）基础数据是生产开始之前就必须维护在制造执行系统中的一类数据，在制造执行的过程中如果需要这些数据就直接从基础数据中引用。基础数据包括人员、设备、工种、设备组、班组等数据，其中设备组是对设备的进一步分类管理，班组是对人员的进一步分类管理。

（2）订单是制造执行的核心，订单存在一定的组织结构，比如"型号—批次—工号—订单"。同时，订单也会根据生产的需要进行分批处理，在订单下生成更小单位的执行批次。调度人员根据订单任务信息编制订单调度计划安排，包括为订单工序指定设备和工人并指定生产周期和开始时间以控制生产进度。

（3）工艺数据单元包含了所有生产需要的工艺相关的信息，包括结构化的工艺路线、详细的工艺文件、工序工时以及订单生产准备信息。结构化的工艺路线是执行和监控的基础，同时调度员在编制调度计划安排的时候也是以工艺路线为依据。订单生产准备信息为面向订单工序的物料、刀具、量具、工装等准备信息。

（4）执行监控数据单元是与其他数据单元关联最密切的一个单元，因为这个单元中的数据是制造执行过程最集中的体现，并且实时性最强。执行监控数据单元中包括订单执行进度数据、物流周转数据、工票数据、随批单数据以及执行小批次数据。订单执行进行数据与物流周转数据时刻反映着车间生产现场的情况，是车间计划人员了解制造执行情况的重要依据。工票与随批单是制造执行过程中产生的重要表单，这些表单数据随着制造执行过程不断流转并不断更新。执行小批次是订单及其执行批次下面向制造执行过程的任务单元，记录着制造执行的详细过程，执行小批次是为了解决流水与离散混合生产模式下的物料周转控制问题。

（5）质检数据单元包括了所有的与质量检验相关的数据，包括质量检验中可能会涉及的自检、互检、专检流程所产生的数据以及专检过程中产生的质检小批次数据。质检小批次与执行小批次一样是过程数据，记录着质量检验的详细过程。

（6）资源器具数据单元包括了车间生产中除去设备之外的制造资源，这些制造资源的管理可以根据车间具体的管理精细化程度进行控制。如果车间需要对制造资源和制造执行过程进行精细化的管理就可以通过完善资源器具数据单元中的数据实现，如果车间不需要精细化的控制，这部分数据的缺失也不会影响到其他的数据单元。

5.2.2　复杂制造执行过程数据关联约束模型

制造执行数据不仅种类繁多，数据与数据之间的关系也错综复杂。通过对制造执行过程中数据实体的分析建立了分类数据单元，数据单元之间由于复杂的引用关系形成一个完整的数据网络。根据数据单元模型及其引用关系得出的完整制造执行数据关联约束模型如图 5.1 所示。

分析制造执行数据关联约束模型，可以发现数据单元与单元之间存在关联约束，同时数据单元内部的数据实体之间也存在关联约束。所有的数据单元组合在一起构成了完整的制造执行数据集，在数据集内部存在约束控制。同时从制造执行过程全局控制的角度，制造执行系统为了更方便地对制造执行过程变量进行控制，通过全局配置的方式向数据集输入配置变量，以达到全局控制的目的。具体的约束分类如下。

1. 全局数据约束

全局数据约束是制造执行系统为了更方便地控制制造执行的过程，通

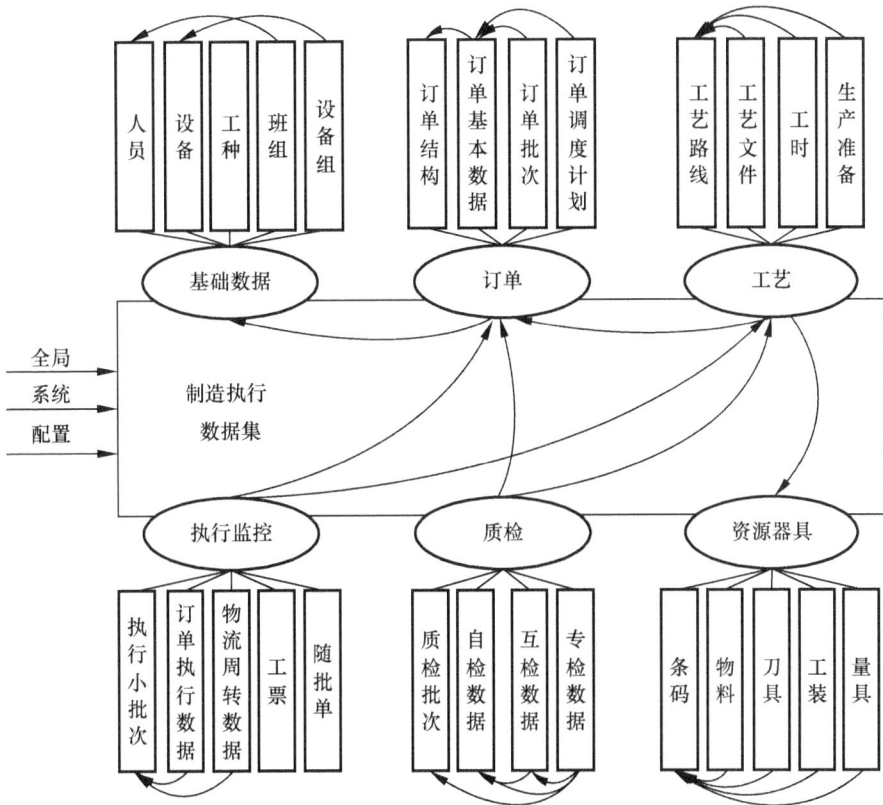

图 5.1　制造执行数据关联约束模型

过系统配置的方式,向制造执行数据集输入控制变量,以达到从全局的角度控制制造执行过程的目的。这些系统配置包括制造执行业务流程环节的配置、人员角色权限的配置等。通过全局系统配置,可以使得制造执行系统在不需要重新开发的情况下适应业务需求的变化,实现快速响应。全局约束是一种单向约束,约束只能从系统向数据集发出,而数据集反过来不会对系统配置造成影响。

2. 纵向数据约束

纵向数据约束是数据单元与数据单元之间由于数据引用关联而产生的约束关系。由于一个数据单元可以引用多个数据单元的数据,所有纵向约束在约束范围上存在一个一对多的关系,既可一个下游数据单元与多个上游数据单元之间存在约束;同时多个数据单元也可以引用一个数据单元的数据,所有纵向约束在约束范围上也存在多对一的关系,即多个下游数据单元与一个上游数据单元之间存在约束。纵向约束是一种双向约束,只要下游数据单元与上游数据单元之间存在约束关系,下游数据单元的数据变化会引起上游数据单元的数据变化,同时上游数据单元的变化也会引起下游数据单元的数据变化。

3. 横向数据约束

横向数据约束是同一个数据单元中的数据实体与数据实体之间由于数据引用关联而产生的约束关系。由于一个数据实体可以引用多个数据实体的数据,所有横向约束在约束范围上存在一个一对多的关系,即一个下游数据实体与多个上游数据实体之间存在约束;同时多个数据实体也可以引用一个数据实体的数据,所有横向约束在约束范围上也存在多对一的关系,即多个下游数据实体与一个上游数据实体之间存在约束。横向约束是一种双向约束,只要下游数据实体与上游数据实体之间存在约束关系,下游数据实体的数据变化会引起上游数据实体的数据变化,同时上游数据实体的变化也会引起下游数据实体的数据变化。

5.3 复杂制造执行信息的快速响应处理技术

随着制造执行过程的不断展开,制造执行数据在不断地发生变化,这些变化通过数据之间的约束关系将会引起其他关联数据的变化。同时由于制造执行过程中的数据关系并不是简单的线性约束关系,而是通过各种各样的相互引用形成的复杂约束网络。这时候,一个数据的变化将会通过约束网络引发巨大的连锁反应,如果不能很好地处理这种数据变化将可能导致对制造执行系统运行的稳定性产生严重的影响。所以分析制造执行过程中的数据响应处理机制,对制造执行系统的稳定运行具有重要的意义。

5.3.1 数据驱动因素分类

在制造执行过程中,订单是整个制造执行过程的驱动源头,工艺文件与调度计划是指导生产的重要依据,通过不同角色人员的参与以及设备等生产资源的投入,制造执行过程逐步展开。分析制造执行的全过程,可以将制造执行过程中引起数据变化的驱动因素分成4个层次,包括订单计划管理层、工艺技术准备层、物料资源周转层、生产计划执行层,如图5.2所示。

(1)订单计划管理层主要针对订单管理、订单调度计划安排以及订单下发等内容,是制造执行的核心。在订单计划管理层的数据驱动源头包括订单的创建、订单的更新、订单的撤销、订单任务分配、订单的分批,订单的下发。

订单计划管理层	订单创建
	订单更新
	订单撤销
	订单任务分配
	订单分批
	订单下发
工艺技术准备层	工艺任务分配
	工艺路线创建
	工艺路线更改
	工时更改
	生产准备
物料资源周转层	资源采购
	资源出入库
	资源现场确认
	资源损毁
生产计划执行层	执行小批次创建
	报开完工
	交检
	质量检验

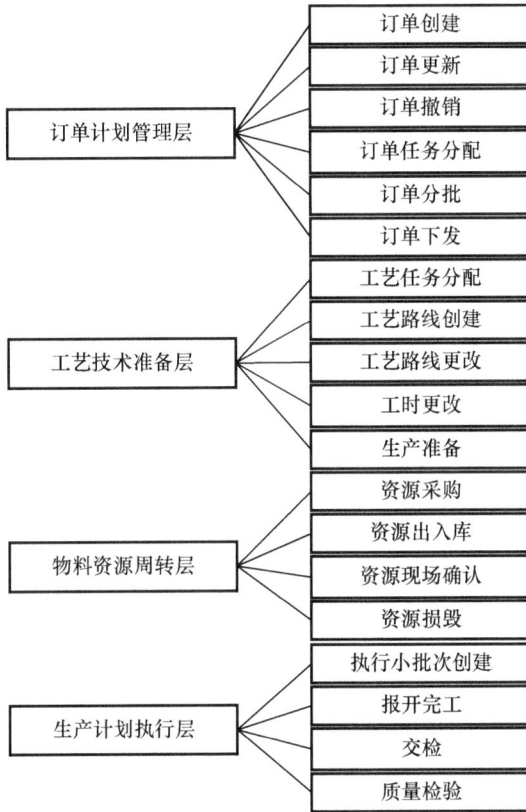

图 5.2　数据驱动因素分层次分类

1)订单创建。

制造执行系统有三种订单任务的来源:一种是通过集成方式从 ERP 等系统获取数据并进行创建,一种是车间管理人员通过手工录入的方式完成订单创建,一种是通过 EXCEL 按照规定的格式批量导入而实现订单创建。订单的创建会引发后续的一系列操作,包括订单任务分配、订单分批、订单下发等。

2)订单更新。

订单创建完成之后,随着生产情况的变化,可能需要对原有的订单进行更新操作,更新的内容包括订单的类型、订单的生产数量、订单的计划完成时间等。

3)订单撤销。

对于不再需要的订单,就要进行订单撤销操作。订单撤销并不是简单的删除,而只是改变订单的状态,由于订单执行阶段的不同,与订单关联的数据也不同,导致删除订单的操作复杂,并且对于撤销的订单,保存其历史数据也是完整记录整个制造执行过程的必要内容。

4)订单任务分配。

订单任务分配包括两个方面的内容:一是订单创建完成之后,订单任务在调度组内由调度组长完成的调度员调度任务分配,通过分配可以将不同的订单任务按照任务类型分配给不同的调度去完成调度工作,比如离散任务、流水任务、外协任务等不同的任务类型;二是对订单进行调度计划安排,订单的调度计划安排是由调度员为订单工序指定工人设备以及加工时间段,在进行订单调度计划安排的时候需要统筹车间的生产能力以及其他订单任务的执行进度情况。

5)订单分批。

当一个订单的批量过大,车间无法同时满足生产要求的时候,车间调度人员可以对订单进行分批操作,以满足细化生产任务的要求。通过订单分批将会形成复杂的订单批次组织结构和订单批次数据关联关系。

6)订单下发。

在完成了订单任务安排之后,根据车间整体的生产计划安排,调度任务就可以将订单任务下发至工人进行生产。这里的下发可以针对订单整体进行下发也可以针对订单工序进行单独下发,下发的信息包括订单的工艺信息、订单的操作工人和设备信息、订单的工序加工时间信息等。

(2) 工艺技术准备层主要针对订单进行工艺文件编制、订单工序生产准备等,是制造执行的依据。在工艺技术准备层的数据驱动源头包括工艺任务分配、工艺路线创建、工艺路线更改、工时更改、生产准备。

1)工艺任务分配。

工艺任务分配是在订单完成了调度组内任务分配之后进行的工艺组内任务分配,由工艺组组长将订单的工艺技术准备任务下发至不同的工艺员,然后由工艺员完成订单的工艺路线创建、工艺文件编制与上传、工时录入、生产准备等。

2)工艺路线创建。

在完成了工艺任务分配之后,不同的工艺员进入系统根据自身的任务要求完成订单的工艺路线创建,工艺路线是进行订单调度排产和制造执行的重要依据。

3)工艺路线更改。

对于研制型的生产任务,随着生产的进行,工艺路线可能会根据实际的生产情况进行调整。由于订单工序准备、订单工序下发以及订单工序执行情况的不同,订单工艺路线的更改涉及多方面的修改。同订单撤销一样,工艺路线的更改也不是简单的数据删除与更新,也存在一个对历史数据的记录问题。对于批产型的生产任务,就不存在工艺路线更改的情况。

4)工时更改。

在工艺路线确定之后,为了进行订单调度排产以及后续的订单工序执行,需要完善工序的工时信息,工时信息包括单件工时、准结工时、质检工时等。

5)生产准备。

生产准备主要包括了两个方面:一是针对订单的物料准备,包括订单的物料采购与物料出入库,以及物料的齐套等内容;二是针对不同工种类型的工序,需要不同的生产资源,包括刀具、夹具、量具等。在完成了订单工序的生产准备之后,再经过订单工序下发,就可以将这些准备的资源下发到生产现场完成生产。

(3)物料资源周转层主要针对订单所需的生产资源周转控制,包括物料、刀具、夹具、量具等,是制造执行的基础。在物料资源周转层的数据驱动源头包括资源采购、资源出入库、资源现场确认、资源损毁。

1)资源采购。

资源包括物料、刀夹量具以及所有生产中可能会涉及的生产必需的原材料和工具。有些资源是车间根据具体的需求自己生产的,比如工装夹具,但是有些资源就必须通过采购的方式从其他地方获取。

2)资源出入库。

采购以及自制的资源器具都会由库房进行统一管理,在订单生产需要的时候,工人根据工艺技术准备阶段的生产准备情况向库房借出相应的资源。在完成生产之后,工人需要将资源归还入库,以方便其他人使用。

3)资源现场确认。

工人根据生产需要从库房借出的生产资源,在工人进行生产加工的现场,需要通过终端进行现场资源到位的确认,这个确认是为了监督工人将正确的资源用在正确的生产环节上,以加强生产资源在车间生产现场的管理。

4)资源损毁。

借出的资源都必须到库存进行归还,除非资源损毁,但是损毁的资源必须进行相应的记录,并且可以形成统计报表,通过对工人整体资源使用情况的对比分析,可以监督工人对资源的使用,提高资源的有效利用率。

(4) 生产计划执行层主要针对订单的制造执行、进度反馈、质量检验等，是制造执行的体现。在生产计划执行层的数据驱动源头包括执行小批次创建、报开完工、交检、质量检验。

1) 执行小批次创建。

由于流水与离散混合生产模式的存在，导致车间的物料复杂，为了对订单批次间穿插的流程与离散混合的生产模式进行管理，建立执行小批次，执行小批次管理工序与工序之间物料周转。

2) 报开完工。

工人在接到生产任务之后，根据生产准备的要求准备生产需要的物料、刀夹量具等资源，然后按照调度计划安排的工序生产时间进行生产，在生产开始之前，需要工人进行报开工操作，以便调度员实时掌握订单生产执行情况，在工人完成了工序的生产之后，需要工人进行报完工操作，以便调度员掌握订单执行进度并进行下一道工序生产任务的下发。

3) 交检。

在工人完成了工序的生产之后，需要将工件交由质检人员进行质量检验。在交检的过程中，工人可以根据实际的生产进度情况进行分批交检。

4) 质量检验。

质检员根据工艺技术要求对工人交检的工件进行质量检验，质检也可以分批进行，质检完成之后，将检验完成的工件交由中转库，下一道工序的工人再到中转库中去领取工件进行生产。

5.3.2 过程驱动的数据响应处理原则

制造执行数据集是一个整体，是制造执行全过程的数据组织和再现。按照制造执行的业务流程，制造执行一步步展开，同时制造执行数据也逐渐丰富。由于制造执行过程数据具有复杂关联约束的特点，在处理数据驱动源引起的数据变化时，如果简单地按照数据约束关系进行数据响应，将可能会出现数据处理困难或者数据无法处理的问题，比如由于约束范围过大导致数据变化的影响范围太大。针对数据响应处理的时候可能会遇到的问题，必须确立以下数据响应处理的原则。

1. 提高系统的稳定性

制造执行数据之间具有复杂的呈网络状的约束关系，数据的约束有可能通过约束网络传导并返回自身形成循环约束，即一个数据的变化可能会引起自身进一步的变化并循环往复，进而影响整个制造执行系统运行的稳定性。针对这种情况，需要建立一种循环约束判断机制，如果数据处理出现了循环响应,就设置循环响应的终止条件,并根据终止条件适时退出循环,保证系统的稳定性。

2. 保证数据状态的统一性

数据驱动引起的数据变化通过约束网络将会引起多个数据的响应,并且由于数据之间约束的存在,制造执行系统总是只能一个一个地完成数据处理进而完成整个数据驱动的响应处理。但是如果其中某一项数据的处理失败,将会打断整个数据处理过程并破坏数据之间的约束关系。针对这种情况,需要将整个数据驱动的响应过程放置到一个事务中进行处理,如果事务中的一项数据操作失败就对已完成的数据操作进行回滚,使所有数据恢复到处理之前的状态,保证数据状态的统一。

3. 保证数据记录的完整性

对于存在复杂关联的大数据集,删除数据的过程往往涉及多个数据的删除操作。在进行数据删除的时候也必须应用上面提到的事务处理机制,同时不能通过物理删除的方式将数据记录删除,而必须采用逻辑删除的方式。由于复杂约束的存在,删除数据的过程具有严格的顺序要求,如果约束处理不当或者数据删除处理不完全将会破坏整个系统数据的完整性。采用逻辑删除的方式,可以通过标示数据的状态实现数据的逻辑删除,这样不会由于约束处理不当而导致数据冲突和数据缺失。

5.3.3　分类模块化数据响应处理技术

通过对制造执行数据关联约束模型的构建以及数据驱动源的分析,建立数据驱动源对数据关联约束模型的驱动关系,然后按照约束模型以分类模块化的数据单元为单位完成对数据驱动的层层响应处理,最终实现数据的驱动响应处理。数据驱动源与数据关联约束模型的数据驱动关系如图5.3所示。

在订单计划管理层的数据驱动源头包括订单的创建、订单的更新、订单的撤销、订单任务分配、订单分批、订单下发。订单创建、订单更新、订单任务分配、订单分批、订单下发将会引起订单数据单元的变化,订单的撤销将会引起订单数据单元、工艺数据单元、执行监控数据单元、质检数据单元、资源器具数据单元的变化。然后通过数据单元之间的引用关系进一步确定其他数据单元的变化。

在工艺技术准备层的数据驱动源头包括工艺任务分配、工艺路线创建、工艺路线更改、工时更改、生产准备。工艺任务分配、工艺路线创建将会引起工艺数据单元的变化,工艺路线更改将会引起工艺数据单元、执行监控数

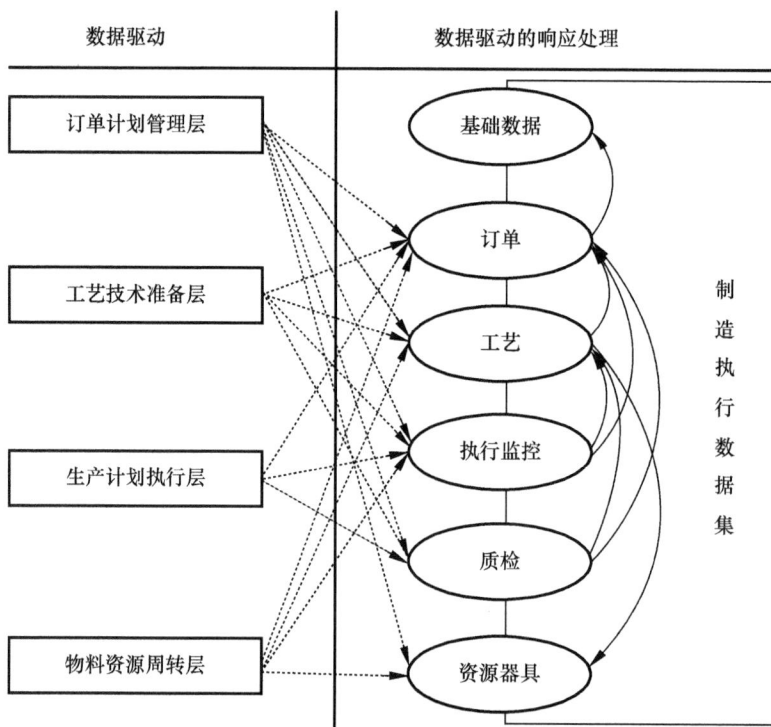

图 5.3　数据驱动源与数据关联约束模型的驱动关系

据单元、质检数据单元、资源器具数据单元的变化,工时更改将会引起工艺数据单元、订单数据单元、执行监控数据单元、质检数据单元的数据变化,生产准备将会引起工艺数据单元、执行监控数据单元、资源器具数据单元的变化。然后通过数据单元之间的引用关系进一步确定其他数据单元的变化。

在生产计划执行层的数据驱动源头包括执行小批次创建、报开完工、交检、质量检验。执行小批次创建、交检将会引起执行监控数据单元、质检数据单元的变化,报开完工将会引起订单数据单元、执行监控数据单元的变化,质量检验将会引起质检数据单元的变化。然后通过数据单元之间的引用关系进一步确定其他数据单元的变化。

在物料资源周转层的数据驱动源头包括资源采购、资源出入库、资源现场确认、资源损毁。资源采购、资源损毁将会引起资源器具数据单元的变化,资源出入库、资源现场确认将会引起订单数据单元、工艺数据单元、执行监控数据单元的变化。然后通过数据单元之间的引用关系进一步确定其他数据单元的变化。

5.4　异构复杂制造执行信息采集技术

制造的过程也是一个数据产生的过程,各种各样的数据充斥在制造的各个环节当中,可以说每一项数据都是与生产紧密相关的,只是不同的数据应用到的生产环节不同,所以运用何种手段使之能够高效地提取我们需要的数据就是生产管理中需要解决的一个重要的问题,也即复杂制造执行过程数据采集技术需要解决的问题。

5.4.1　复杂制造执行过程数据采集问题分析

在现有的作业模式下,生产数据往往既存在于电子载体又存在于纸质载体。首先在生产计划管理层面,车间人员往往使用各种信息化软件完成电子台账制定与维护;然后在生产计划执行阶段,再将这些电子信息通过打印的手段转移到纸质载体上下发至车间生产现场;最后在完成了生产执行之后,通过对这些纸质载体上的信息进行识别并以人工录入的方式维护到电子载体上。最终通过这种电子载体与纸质载体交叉传递的方式实现对制造执行过程数据的采集。在这种数据传递与采集模式下,生产现场就存在着大量的纸质表单如工艺过程卡、工序卡、装配过程卡、装配工序卡等。这些纸质表单格式各异,记录的数据各不相同,同时这些纸质表单针对不同的业务环节,散落在车间的各个现场。这样就使得车间管理人员很难提取需要的信息,进而无法及时掌握整体的生产情况。

针对这种数据载体不统一的情况,面向车间的制造执行系统将是一个解决这个问题的有效途径。通过统一的数据管理,制造执行系统可以维护一个统一的数据模型,使得车间各个角色的人员都可以通过系统获取需要的信息,而不必通过数据载体的转换来完成信息的传递与采集。但是在具体的实施过程中,车间人员对于这种基于对话框的系统操作方式很难适应,他们还是更偏向于传统的以表单形式实现的数据展示与数据记录。

对于车间的这种应用需求,作为车间信息化重要手段的制造执行系统必须予以考虑,通过将各种表单纳入管理范围内,实现数据表单的统一维护,这样也就不会造成生产现场纸质表单大量存在的情况。但是如果只是简单地将现有企业中使用的表单作为预先初始化数据写入系统中,那么一旦企业需求发生变化,就必须对系统进行重新编码开发,增加了系统维护难度,同时也不能满足企业业务快速转变的需求。

所以必须提供一种面向终端用户即车间操作人员的表单柔性定制功能,使得车间工作人员能够在没有系统开发人员的参与下完成各种表单的定制,同时该数据表单可以很好地融入企业的业务流程中完成数据采集和展示功能。

综上所述,复杂制造执行过程中的数据采集技术将会具备以下特点。

(1) 可定制性。针对表单格式差异大、种类多的特点,表单必须是柔性可定制的,车间人员可以根据自身的需求定制不同格式的表单,然后这些定制的表单可以作为模板进行管理,在以后创建相同类型的表单的时候可以直接引用,并在此基础上衍生出新的表单。

(2) 可控性。在实际的生产过程中涉及各个角色的人员参与,在不同的业务环节需要不同的人员来填写不同的表单,这样就需要对表单可以参与的业务环节进行控制,让正确的表单出现在正确的业务环节。同样的一张表单可能也会涉及多个人员来填写数据。比如质量记录卡就需要工人、调度、质检员等多个角色的人员共同完成质量数据的记录。这就需要控制每一个单元格的数据,只让其对正确的业务人员开放,使得表单记录的数据准确有效。

(3) 手段多样性。在有些情况下,单纯的表格形式的数据记录方式无法完整地记录整个生产过程,必须引入图像、视频甚至音频等多种数据记录方式,作为生产数据采集手段的补充。这种方式形象直观,可以满足生产指导、质量情况记录等多种应用需求。通过充分利用数字化手段带来的便利,我们就可以对整个制造执行的全过程进行全方位、多角度的数据采集。

5.4.2　过程驱动的柔性表单数据采集技术

1. 柔性表单模板定制技术

对于企业中各种表单的定制,操作人员更多的是习惯在 Word、Excel、AutoCAD 等通用软件上完成,这主要是因为这些软件广为大家熟知,可以熟练使用,同时也能满足专业化的需求。但是通过这种方式创建的表单只能供打印使用,无法对表单中的数据进行有效提取和管理,不能融入整个制造执行系统中。

为了在易用性和有效性上找到一种平衡,必须在制造执行系统中提供一种不仅为大家所熟知,并且能够有效达到管理要求的表格定制手段。所以提出一种类似 Excel 的应用技术,来完成表单的格式定制、数据内容录入与提取等功能。

数据表单模板定制技术中主要涉及以下内容:

(1) 表单结构:要描述一张表单需要描述其拓扑结构,表格的拓扑结构是指组成表格的单元格及其之间的关系。它们形成了表格的框架,决定了表格的单元格大小及分布,决定了表格的总体大小和位置。可以采用一种类似 Excel 那样的表格处理方式,通过基本单元格之间的合并和尺寸变化完成表单整体布局的设计。

(2) 单元格内容:在完成了表格布局的设计之后,单元格内的内容就是接下来需要处理的关键。单元格分为两种:一是静态字段单元格,就是类似标题那样的用于表明其他单元格内容、性质的文字,在表格定义完成之后就不会发生变化。二是内容字段单元格,在表单定义时需要定义单元格内可以填入的数据类型。

(3) 表单存储:在完成了表单的定义之后,存储方式将是决定表单有效性和柔性的关键。不能简单地将表单作为一个整体存储在系统中,必须对表单中的每一个字段进行单独控制,这样这些字段里的数据就可以作为一个个可控的单元用在数据统计等地方,实现数据的精细化管理。

(4) 表单模板化:创建的表单作为一种规范而被存储,在任何需要的地方直接引用即可,这样就必须将表单作为一种模板存储在专门的模板库中,同时每次引用都对模板进行实例化,存储的时候也是对模板的实例进行存储。在模板库中对模板进行的修改会创建一个全新的表单模板,不会对以前已经生成的实例造成影响。

具体的表单设计器实例如图 5.4 所示。

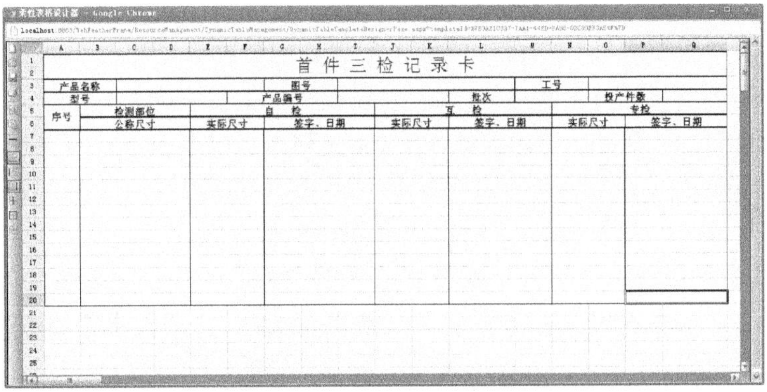

图 5.4　柔性表单设计器

2. 柔性表单模板的定制流程

基于工艺路线驱动的制造执行过程中,数据采集是其中关键的组成部分,实现了整个制造过程的闭环控制,而柔性数据表单模板作为数据采集中很重要的一种方式,必须依托于整个制造执行过程。完成订单任务的创建之后,在技术准备阶段,录入结构化的工艺路线信息,同时完成数据表单模板与订单或者工序的关联,随着制造执行的进行,当执行到特定的订单或者工序时,在制造执行现场就可以通过制造执行系统看到关联的数据表单,如果是检验工序,在质检时会显示质量采集相关的表单。

柔性表单模板定制流程如图5.5所示。

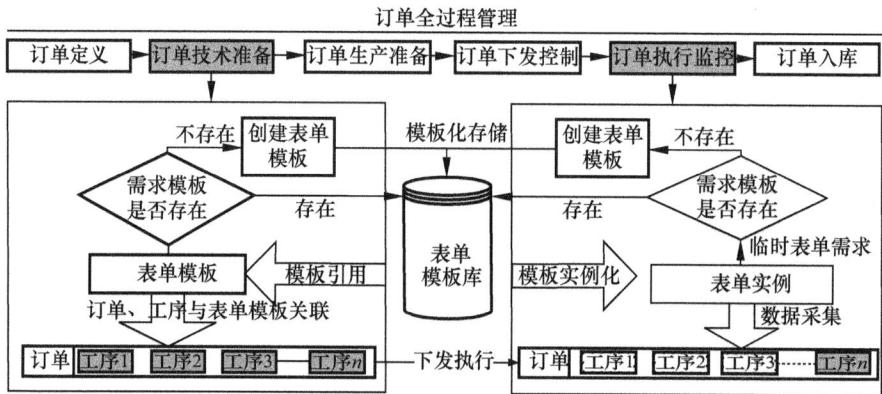

图5.5　柔性表单模板的定制流程

柔性表单模板定制流程主要内容如下:

(1) 模板创建:在技术准备阶段,在完成了订单的工艺信息准备之后,通过进入表单模板库查找本订单或者工序需要的数据采集表单,然后将表单与订单或者工序进行关联,如果数据采集模板库中没有需要的表单,就使用表单模板定制工具进行表单模板创建,同时存入表单模板库,然后再进行关联。在订单执行监控阶段,根据实际的生产需求,如果订单工序的数据采集需要模板库中没有的表单,也可以进入表单模板定制工具进行表单模板创建,然后对新创建的表单进行模板化。当然也可以预先使用模板定制工具完成所有表单模板的创建,维护一个完整的模板库,在任何需要的地方直接进行关联引用。

(2) 模板实例化引用:随着制造执行过程的展开,在技术准备中关联的表单模板会进行实例化,生成针对关联订单工序的表单实例,这里的表单实例会随着制造执行的业务流程的进行到达各个业务相关部门,如果是工序加工阶段就流转到车间生产现场,工人可以在表单上查看调度员的生产计划信息;如果是质量检验阶段就流转到质量检验部门,检验人员可以在表单上查看到调度员的生产计划信息和工人的生产加工信息。工人根据表单信息完成生产,同时在表单中录入生产结果和过程信息;质量人员根据表单信息完成质量检验,同时在表单中录入质量检验信息。如果生产过程中发现需要的数据采集表单并没有预先进行关联,那么可以直接进入表单模板库,查找需要的表单模板,然后直接进行引用,表单模板就会直接进行实例化并与订单工序关联。

3. 过程驱动的柔性表单数据采集控制

　　制造执行过程由众多的业务环节构成,每一个环节都有不同的人员参与、不同的信息流通和不同的资源使用。在定义了数据表单模板并与订单工序进行了关联之后,随着制造执行过程的展开,数据表单模板将会进入制造执行的各个环节,完成信息展示和数据采集功能。柔性表单数据采集过程控制如图 5.6 所示。

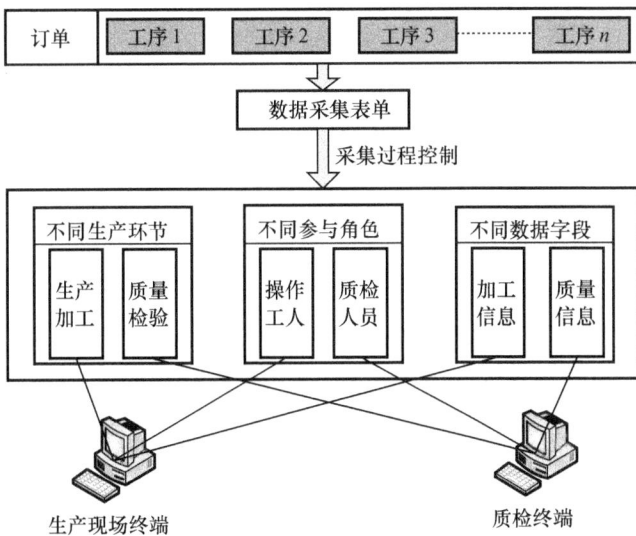

图 5.6　柔性表单数据采集过程控制

　　柔性表单数据采集过程控制主要包括:

　　(1) 柔性表单在不同生产环节的控制:柔性表单主要用在生产现场的生产计划信息下达和制造执行过程数据采集,以及质检环节的质检数据录入。

在订单技术准备阶段已经完成了柔性表单模板与订单工序的关联,该柔性表单模板的实例会随着订单执行过程一直延伸到订单完成,只是在真正需要的环节,才会结合业务需要将柔性表单实例显示在用户终端上,比如加工到某个订单时需要查看生产加工信息,工人就可以在现场终端上通过订单附属信息查看到加工过程跟踪卡,在表单上会显示具体的订单所有工序的加工信息。

(2) 柔性表单对不同角色人员的控制:制造执行系统是一个由众多人员参与的,实行分角色协同的系统。不同的人员都根据不同的角色进行分工,在不同的生产环节,查看不同的信息,使用不同的资源,完成指定的工作任务,柔性表单的控制亦是如此。比如工人可以查看有关工艺加工信息和生产准备相关信息的表单,质检人员可以查看有关工艺加工要求和质检数据记录的表单。

(3) 柔性表单字段控制:单独的柔性表单包含众多的信息,但是这些表单上的信息并不是每个参与到制造执行中的人员都有权限修改的,比如加工过程跟踪卡,上面既有工序加工过程记录信息也有质量检验的信息,调度员就只能记录生产计划信息,工人就只能记录生产加工信息,质检员就只能记录质量信息。就如同制造执行系统对不同人员进行分角色信息处理一样,柔性表单也需要针对不同的角色、不同的生产环节控制字段信息的显示与编辑。这些权限是在柔性表单设计的时候就可以确定下来的,但是这些权限的设置也不是固定不变的,根据实际的生产加工需要,调度人员可以对字段的权限进行重新配置,使得柔性表单能够更好地适应生产过程中的各种情况。

4. 特殊工艺数据符号处理技术

制造行业由于其自身的特点,存在着行业内部规范,工艺符号就是其中的一种,制造执行系统作为面向制造业需求的信息化系统,对包括工艺符号在内的行业内部规范的支持是必不可少的。

由于工艺符号的特殊性,现有的操作系统中都没有面向特殊需求的字符集,导致无法通过普通的输入方式实现特殊字符的输入,所以对于工艺符号的处理只能通过制造执行系统自身的功能实现。首先以特殊字符库的形式预先录入特殊工艺数据符号,同时建立用普通字符表示特殊字符的规则方法,形成转码字符库,然后将特殊字符与转码字符库中的普通字符映射起来。在需要处理特殊符号的时候,只需要处理普通字符组成的转码字符即可。工艺符号的转码字符表如表5.2所示。

表 5.2　工艺符号的转码字符表

类型	符号名称	符号	转码字符串
形状与位置公差	直线度	——	♯GY001$＊$1＊$2＊$3＊♯
	平面度	▱	♯GY002$＊$1＊$2＊$3＊♯
	圆度	○	♯GY003$＊$1＊$2＊$3＊♯
	圆柱度	⌀	♯GY004$＊$1＊$2＊$3＊♯
	线轮廓度	⌒	♯GY005$＊$1＊$2＊$3＊♯
	面轮廓度	◠	♯GY006$＊$1＊$2＊$3＊♯
	平行度	∥	♯GY007$＊$1＊$2＊$3＊♯
	垂直度	⊥	♯GY008$＊$1＊$2＊$3＊♯
	倾斜度	∠	♯GY009$＊$1＊$2＊$3＊♯
	同轴（心）度	◎	♯GY010$＊$1＊$2＊$3＊♯
	对称度	⩵	♯GY011$＊$1＊$2＊$3＊♯
	位置度	⊕	♯GY012$＊$1＊$2＊$3＊♯
	圆跳动	↗	♯GY013$＊$1＊$2＊$3＊♯
	全跳动	↗↗	♯GY014$＊$1＊$2＊$3＊♯
表面粗糙度	去除材料表面粗糙度	▽	♯GY015$A1＊$A2＊$B＊$C＊$D＊$E＊$F＊♯
	不去除材料表面粗糙度	◌̌	♯GY016$A1＊$A2＊$B＊$C＊$D＊$E＊$F♯
	任意加工方法表面粗糙度	∨	♯GY017$A1＊$A2＊$B＊$C＊$D＊$E＊$F＊♯

工艺符号的转码字符串由三个部分组成,第一部分是起始与结尾界定符"♯"用来界定一个完整转码字符串的开始与结束;第二部分是类型标示符"GY＊＊＊",字母"GY"是工艺两字拼音的首字母,然后跟 3 位递增数字;第三部分是工艺值内容字符"$＊",表示参数值类型。形状与位置公差部分的符号形如由"$＊$1＊$2＊$3＊","$＊"表示形位公差值及附加符号,"$1＊"表示基准要素 1 的字母代号及其附加符号,"$2＊"表示基准要素 2 的字母代号及其附加符号,"$3＊"表示基准要素 3 的字母代号及其附加符号。表面粗糙度部分的符号形如"$A1＊$A2＊$B＊$C＊$D＊

＄E＊＄F＊",表示表面粗糙度的各个参数值和代号,"＄A1＊、＄A2＊"是
表征高度特性的参数(幅值参数)及其允许值,"＄B＊"是加工要求、涂镀、表
面处理或其他说明,"＄C＊"是取样长度或波纹度评定参数,"＄D＊"是加工
纹理方向符号,"＄E＊"是加工余量,"＄F＊"是表征间距或形状特性的
参数。

　　具体的特殊工艺符号处理过程包括两个部分:一是特殊工艺符号的编
辑和存储;二是特殊工艺符号的显示。

　　(1)特殊工艺符号的编辑和存储:首先是将特殊工艺符号以图片的形式
预先存入系统中并编制对应的转码字符,建立特殊工艺符号库。当我们需
要输入包含特殊工艺符号的内容时,就从特殊工艺符号库中选取我们需要
的特殊工艺符号类型,然后填入该类型的特殊工艺符号对应的值。系统读
取我们输入的值并将它们转码到转码字符串中,形成一个完整的转码字符
串,并存入数据库中。当需要对工艺内容进行编辑的时候,系统解析转码字
符串,解析出特殊工艺符号类型与值信息,我们分别编辑符号类型和值信
息,然后再生成新的转码字符串存入数据库中。

　　(2)特殊工艺符号的显示:当我们需要打印或者查看包含特殊工艺符号
信息的内容时,系统通过解析转码字符串,解析出特殊工艺符号类型和值信
息,然后根据特殊工艺符号的实际组织规则,实时生成图片,显示完整的包
含值信息的特殊工艺符号,然后再将特殊工艺符号与其他内容一起显示
出来。

5. 柔性表单的数据处理技术

　　由于柔性表单具有面向用户的可定制性,这就使得表单的使用存在着
巨大的柔性,但是同时这也为表单的数据处理带来了巨大的困难。由于表
单格式不固定,系统无法预先得知表单的格式,这样就无法对表单进行前期
的预处理和后期的数据提取。

　　首先是预处理上的困难,在表单与订单工序关联之后,表单中肯定需要
体现关联订单工序的基本信息,这些信息不可能要求用户在每次使用的时
候自己填写,这样将会造成很多的重复工作,不利于生产效率的提高,所以
系统必须要在表单与订单工序关联之后自动通过预处理的手段为表单的某
些字段绑定基本信息,然后在制造执行的过程中,实例化的表单上就带有这
些基本信息。其次是表单数据提取上的困难,在操作人员完成了表单的数
据录入并提交之后,系统需要通过解析表单以提取表单中的单元格数据信
息并进行存储,这里不能简单地将表单作为一个整体进行存储,而是要对表
单的单元格数据进行提取,这样可以做到数据的结构化存储,为以后的数据

统计提供方便。

具体内容如下：

（1）表单数据预绑定：在表单设计器中设计表单的时候，不仅要完成表单格式的设计，还要对表单的每一个单元格进行相应的属性设置。实现过程如下：

第一，设置单元格的类型，一种是静态字段单元格，一种是内容字段单元格。

第二，针对内容字段单元格设置预绑定字段类型属性。预绑定字段类型属性是一组预绑定字段的集合，包括型号、批次、工号、订单号、订单名称、图号、工序号、工序名称等。设置完这些字段属性之后，这些信息会全部保存在表单模板之中。

第三，系统通过表单字段属性信息对表单进行数据预绑定。在表单与订单工序进行关联的时候，系统首先对表单模板进行实例化，然后在表单实例上通过对单元格属性信息的解析，将对应的字段数据信息绑定到单元格上。通过遍历表单里所有设置预绑定字段属性的单元格，系统就可以完成整个表单的数据预绑定操作。

（2）表单数据提取：系统对于表单单元格数据的提取也是依据单元格的属性进行的，这些属性也是在表单设计的时候针对单元格完成的设置。实现过程如下：

第一，设置单元格的类型，一种是静态字段单元格，一种是内容字段单元格。

第二，针对内容字段单元格设置数据类型属性和统计字段类型属性。数据类型属性是一组数据类型的集合，包括字符串类型、数字类型、日期类型等。统计字段类型属性是一组统计信息的集合，包括时间、人员、数量等。设置完这些字段属性之后，这些信息会全部保存在表单模板之中。

第三，系统通过表单字段属性信息对表单进行数据提取。在表单完成录入并提交之后，系统通过解析表单，找到设置统计字段属性的单元格，并根据单元格的数据类型属性提取单元格数据，最后将单元格信息存入数据库。通过遍历表单里所有设置统计字段属性的单元格，系统就可以完成整个表单的数据提取操作。

5.4.3　图像/视频数据采集技术

1. 图像/视频数据采集的实现技术

在 Windows 平台下进行图像/视频处理的技术都是基于微软提供的

API 开发接口,至今微软发布了三个有关视频处理的开发接口,分别是 VFW、DirectShow 和 Media Foundation。

VFW 是微软公司 1992 年推出的关于数字视频的一个软件包,它能使应用程序通过数字化设备从传统的模拟视频源得到数字化的视频剪辑。VFW 的一个关键思想是播放时不需要专用硬件,为了解决数字视频数据量大的问题,需要对数据进行压缩。它引进了一种叫 AVI 的文件标准,该标准未规定如何对视频进行捕获、压缩及播放,仅规定视频和音频该如何存储在硬盘上,以及在 AVI 文件中交替存储视频帧和与之相匹配的音频数据。在 Windows 9x 系统中,当用户在安装 VFW 时,安装程序会自动地安装配置视频所需要的组件,如设备驱动程序、视频压缩程序等。

DirectShow 是微软公司在 VFW 之后推出的新一代基于 COM(Component Object Model)的流媒体处理的开发包。DirectShow 使用一种叫 Filter Graph 的模型来管理整个数据流的处理过程,运用 DirectShow,我们可以很方便地从支持 WDM 驱动模型的采集卡上捕获数据,并且进行相应的后期处理乃至存储到文件中。它广泛地支持各种媒体格式,包括 Asf、Mpeg、Avi、Dv、Mp3、Wave 等,使得多媒体数据的回放变得轻而易举。9.0 版本之前 DirectX 开发包中包含 DirectShow 的相关功能,之后 DirectShow 被转移到 Windows SDK,DirectShow 也正式成为 Windows 的一个组件。

Media Foundation 是微软在 Windows Vista 上推出的新一代多媒体应用库,目的是提供 Windows 平台一个统一的多媒体影音解决方案,开发者可以通过 Media Foundation 播放视频或声音文件、进行多媒体文件格式转码,或者将一连串图片编码为视频,等等。Media Foundation 是 DirectShow 为主的旧式多媒体应用程序接口的替代者与继承者,在微软的计划下将逐步替换 DirectShow 技术。Media Foundation 要求 Windows Vista 或更高版本,不支持较早期的 Windows 版本,特别是 Windows XP。Media Foundation 长于高质量的音频和视频播放,高清内容(如 HDTV 高清电视)和数字版权管理(DRM)访问控制。Media Foundation 在不同的 Windows 版本上能力不同,如 Windows 7 上就添加了 H264 编码支持。Windows 8 上则提供数种更高质量的设置。

制造执行系统中的图像/视频解决方案采用基于 DirectShow 的 AForge. NET 框架。AForge. NET 是一个面向 C♯语言的开源图像处理类库,这个框架提供了不同的类库和关于类库的资源,还有很多应用程序例子,涉及的领域包括计算机视觉与人工智能、图像处理、神经网络、遗传算法、机器学习、机器人等。该框架架构合理,易于扩展,涉及多个较前沿的技术模块,为相关开发人员提供了极大的便利。

2. 图像/视频数据的采集流程

对图像/视频的采集可以用工业摄像头完成,通过对底层接口的开发实现对摄像头的控制。采集模式分为照相模式和摄像模式,与普通照相机拍照和摄像使用方式类似。在数据采集现场,通过客户终端进入专门的采集界面,在界面上进行手动操作实现拍照和摄像模式的切换以及数据的采集。

对图像/视频数据的采集本着实时、高效、操作简便的原则进行。实时性即在生产加工现场就可以完成数据采集,达到生产与采集的同步协调,实时性是数据采集技术的基本要求。高效即通过采集得到的数据能够实现快速查看、快速上传,做到所见即所得,实现生产与数据的高效互动,高效性是数据采集技术的可靠保障。操作简便即数据采集人员能够快速方便地完成数据采集工作,不会延误生产的正常进行,同时采集的数据准确可靠,做到简单操作又准确可靠,操作简便是数据采集技术的最终目标。

根据以上原则,提出图像/视频数据采集控制技术,如图 5.7 所示。

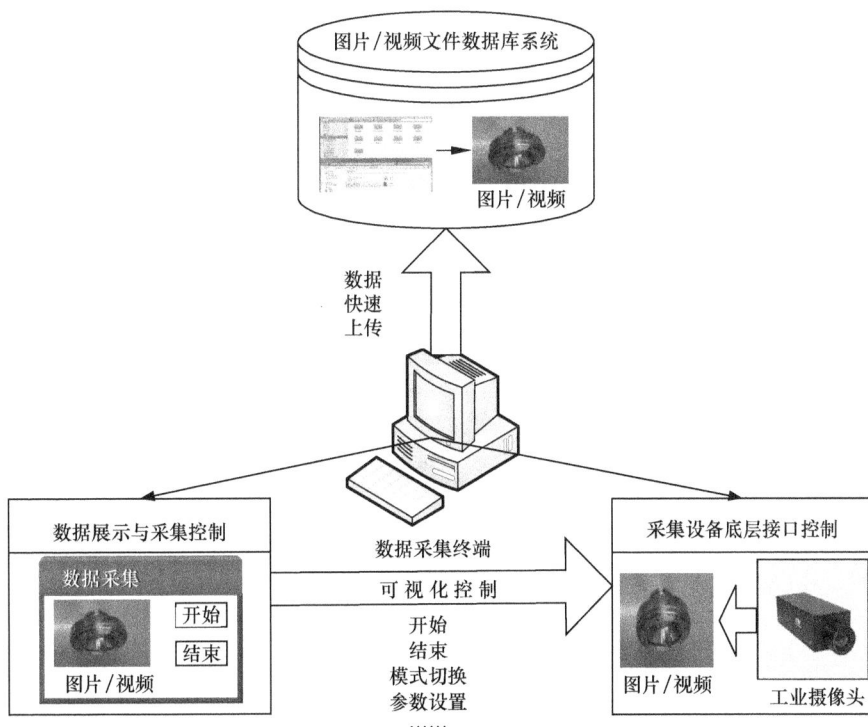

图 5.7　图像/视频数据采集控制技术

　　数据采集人员通过移动式和固定式图像/视频采集设备完成采集,首先在需要进行数据采集的环节进入相应的数据采集界面,设置采集设备参数包括采集模式、曝光度、采集时间等。然后通过手动触发采集界面或者采集设备上的采集按钮控制采集开始和结束的时间。在采集界面上,数据采集人员可以实时查看采集到的数据效果,如果采集效果准确就继续进行采集,如果采集效果不佳可以终止采集,重新设置参数进行新的采集。采集完成后可以查看最终采集效果,如果采集到的数据满足要求就可以进行数据上传,将采集到的图像/视频数据保存至文件服务器。采集控制流程如图5.8所示。

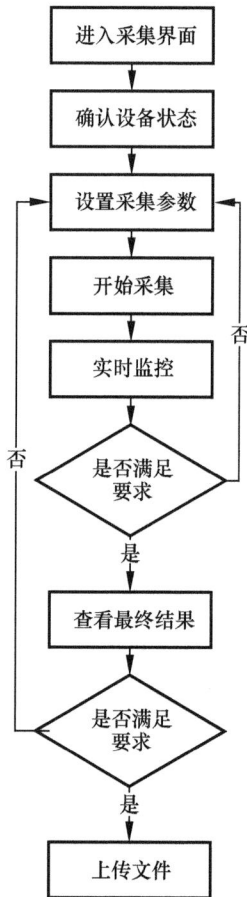

图 5.8　图像/视频数据采集过程控制流程

第 **6** 章

复杂制造执行中的
动态批次与物料
协调技术

研制和批产并重是当前多品种、变批量、混线生产模式的重点,从而使得车间呈现出体现批产效率的流水与研制柔性的离散两种作业模式的混合运行,例如为了满足批产任务的需求,需要稳定的生产周期、较高的质量一致性以及良好的可追溯性,一般采取物料顺序移动或者平行顺序移动的方式以流水式或连续式生产方式进行,而对研制型产品则具有急件多、工艺更改变化多的特点,生产中存在较多的不确定性,一般采取离散型的柔性生产组织方式。订单及其执行批次管理是制造执行的源头和核心,是制造执行过程管理的主线,涉及复杂的执行批次间数据关联与状态协调。同时,订单及其执行批次的制造执行过程是以物料作为实物载体而开展的,物料作为各种制造信息综合作用的对象,对其进行有效追踪和状态控制,也是制造执行过程管理的重要内容。

本章首先对复杂制造执行中的动态批次与物料协调技术问题进行了分析,在此基础上提出了技术框架,并重点针对其中订单批次关联与状态控制、流水与离散混合生产下的物料周转控制、数据协调与状态控制等三个技术点进行深入的阐述。

6.1 问题分析

在复杂生产环境下,车间生产中产品品种多、批量变化大以及大量任务并行展开,直接导致了生产现场物料加工地点难以追踪、物料加工状态难以掌握、物料质量情况难以查看等问题。复杂生产环境下订单批次及其物料协调的管理要求主要体现在以下几个方面:

1. 整体与执行相协调的动态批次管理问题

订单批次是组织制造执行的核心形式。一般而言,企业对订单采取生产执行开始之前的订单整体分批和生产执行开始之后的执行过程分批两种形式进行细化处理。整体分批与过程分批都是对生产执行任务的调整,只是调整发生的时间不同,一个是在实际的生产执行开始之前,一个是在生产执行开始之后。需要指出的是,过程分批一般体现为以某个工序为起始点进行订单的批次衍生。无论是整体分批还是过程分批,其在逻辑上都属于同一个订单。

2. 订单批次关联下的物料周转及其状态协调管理问题

复杂的动态订单批次衍生带来物料周转及其状态的协调管理问题,如在前工序—质检—后工序之间,存在复杂的物料数量柔性组合传递情况,同时在执行过程中,根据质检情况,还存在超差、降级、废品、合格等状态的进一步细化管理,以支持前后工序能够根据实际物料状态进行加工方法的调整。

3. 流水与离散相协调的混合生产模式管理问题

基于流水的效率和基于离散的柔性都是当前多品种、变批量生产背景下车间所追求的目标,在研产并重、混线生产的情况下,效率与柔性的兼顾直接导致了流水与离散混合生产模式的运行需求。车间的生产模式基本呈现为整体上的纯粹流水与完全离散相混合,以及执行过程中的工序间流水/离散相混合的复杂局面。在纯粹流水生产模式下,执行批次以单件产品为加工单位在不同的设备间连续周转完成生产。在完全离散生产模式下,执行批次以整批多个产品为加工单位在不同设备间批量周转完成生产。在流水与离散混合的生产模式下,执行批次将整批分解成数量不等的多个小批次在不同加工设备间不定次序周转,这种小批次又不等同于过程分批,因为有可能只是某几道工序间会出现这样的混流生产的情况。

因此多品种、变批量、研产并重、混线生产模式下的制造执行过程中的订单批次与物料状态具有复杂的协调管理需求,必须建立统一的模型实现批次和物料数据及其状态的有序控制。

6.2　动态批次与物料协调技术思路

通过对复杂制造执行过程中的订单批次与物料状态协调管理问题的分

析,可见制造执行过程复杂批次管理的本质是实现在纯粹的流水和完全的离散两种极端模式下对各种中间状态进行协调管理。这些中间状态包括整体流水分批、整体离散分批、工序间分批交接以及穿插其中的工序与质检之间的分批交接等。与上述各类分批操作相对应的,需要对订单批次数据及其状态、物料编码及其状态进行关联协调管理。针对上述问题与要求,从订单批次管理、物料周转与状态控制、批次执行协调等方面入手,建立研究框架如图 6.1 所示。

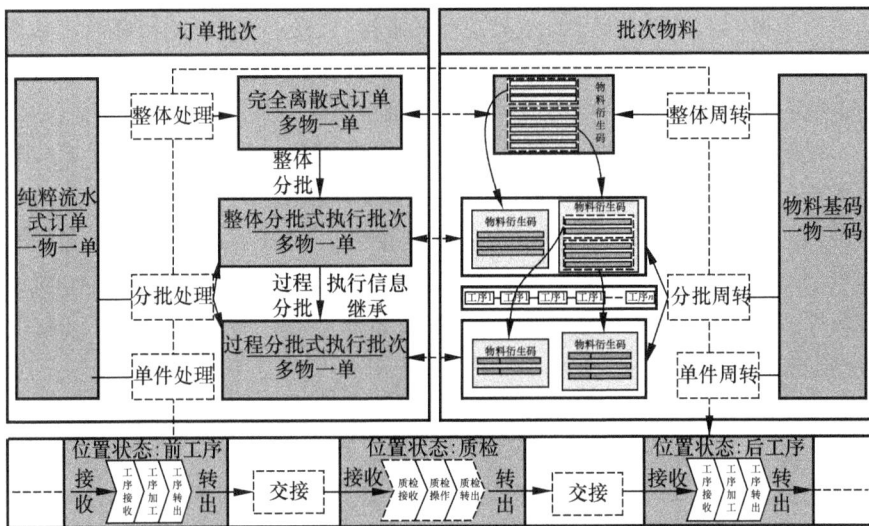

图 6.1　复杂制造执行过程中的订单批次及物料周转状态协调管理研究框架

通过订单批次管理实现订单批次数据的动态组织与状态协调,通过物料控制实现物料周转与状态数据采集,通过批次执行实现批次数据与物料组合之间的数据关联与状态协调。具体包括以下三部分内容。

(1) 从订单批次动态管理的角度:针对订单批次管理动态性的要求,通过整体与过程分批,实现批次关联和批次状态协调。

(2) 从物料周转状态控制的角度:针对物料动态组合的要求,通过物料位置状态与加工状态数据采集,实现物料周转与物料状态控制。

(3) 从订单批次与物料周转整体关联协调的角度:针对纯粹流水、完全离散以及流水与离散混合的各种生产模式,以工艺路线为驱动,实现执行批次与物料的协调管理,同时通过执行反馈实现进一步的订单批次动态管理,从而实现订单批次管理与物料控制的数据关联与状态协调。

6.3 整体与执行过程相协调的订单批次关联和状态控制技术

以订单为单位的生产任务下发至车间后,车间根据自身现有的生产执行计划以及加工能力,对订单进行进一步的细化处理,生成执行批次,这就使得计划生产订单下有可能会产生更细粒度的执行批次,成为指导生产的基本任务单元。同时生产是一个动态的过程,订单下执行批次的划分也不是一成不变的,会随着生产的进行逐步发生变化。这些因素使得制造执行中的执行批次具有动态性、关联性和逐级衍生的特点。

针对执行批次的这些特点,提出批次树的概念。批次树是用以实现制造执行任务柔性管理的一种组织形式,是以订单为根节点,以执行批次为子节点,通过将分批生成的执行批次依次挂接到其父订单或者父批次之下的方法,形成可逐级展开的树形组织结构。分批过程中形成的执行批次都以批次树的形式组织,随着分批的进行,执行批次逐渐向批次树的深度和宽度方向发展。

6.3.1 订单批次动态生产数量管理技术

在批次树展开的过程中,订单总的计划生产数量是一项关键控制内容。由于生产始终存在着不合格废品的情况,生产的过程实际上是一个使得实际生产数量相对于计划生产数量趋向于减少的过程。为了适应这种趋势,必须提供生产前和生产中控制生产数量的手段,包括以备件的形式增大初始的计划生产数量以及在制造执行中以创建执行批次的形式追加订单计划生产数量,同时还要保留在制造执行中人为减少生产数量的手段以应对订单计划数量的缩减。因此,从订单总的计划生产数量变化的角度,存在着两种情况:一是订单总的计划生产数量在制造执行的过程中不发生变化;二是订单总的计划生产数量在制造执行的过程中随着执行批次的变化发生增加或者减少。

(1) 在订单计划数量不变的情况下:假设订单总的计划数量为 N,分批深度为 Y,分批宽度 X,订单分批次数为 M 次。分批深度即分批的级数,比如订单级的分批深度为 0,订单进行一级分批之后,分批深度变成 1,一级分批再进行二级分批,则分批深度变成 2。分批宽度即批次树在分批宽度轴上的投影。订单批次在分批坐标系中的分布如图 6.2 所示,其中 n_{zy} 为分批深度和分批宽度分别为 (x,y) 的批次。

则订单总的计划数量为：$N = \sum\limits_{x=0}^{X}(\sum\limits_{y=0}^{Y} n_{xy})$，$XY < M$

（2）在订单计划数量发生变化的情况下：假设订单初始计划数量为 N，变动后订单总的计划数量为 N_1，分批深度为 X，分批宽度为 Y，订单分批次数为 M 次。订单批次在分批坐标系中的分布与数量变化情况如图 6.3 所示，其中：$n_{x2y3} > n_{x3y4} + n_{x3y2}$（$n_{x3y2}$ 未发生分批），n_{x3y4} 的批次数量较实际数量减少，$n_{x3y2} < n_{x4y1} + n_{x4y3}$，$n_{x4y1}$ 的批次数量较实际数量增加。

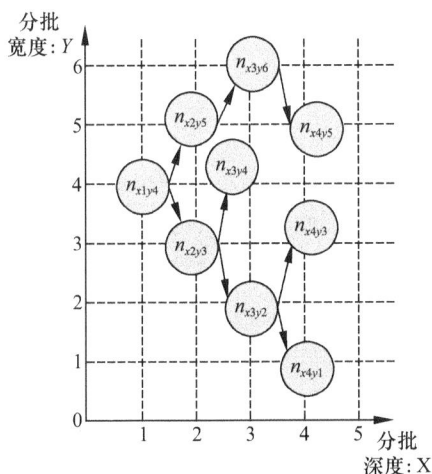

图 6.2　订单总计划数量不变的情况　　图 6.3　订单总计划数量发生变动的情况

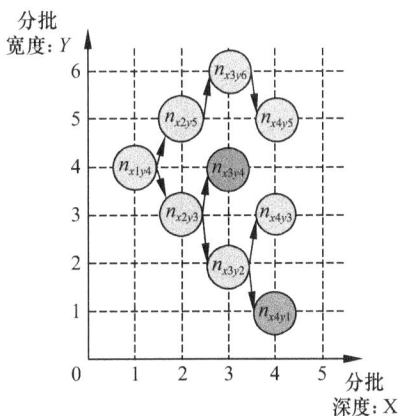

则订单总的计划数量为：$N_1 = \sum\limits_{x=0}^{X}(\sum\limits_{y=0}^{Y} n_{xy})$，$XY < M$

由于执行批次生产数量变动引起的订单总计划数量变动为：$\Delta N = N_1 - N$。

6.3.2　动态订单批次关联管理技术

在动态订单批次管理层面，执行批次以批次树的形式组织。通过生产执行开始之前的整体分批和生产执行开始之后的过程分批，创建新的执行批次并挂接到批次树订单级节点或者父批次节点下。创建执行批次的操作可以分为以下 3 种类型：

（1）默认执行批次：在不对订单进行分批处理的情况下，创建默认执行批次，此批次信息即订单信息，包括数量、下发和计划完成时间等。订单与默认执行批次的关系如图 6.4 所示。

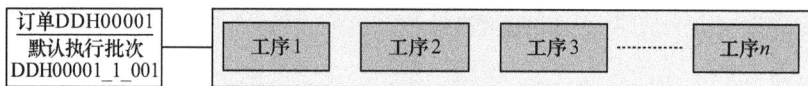

图 6.4　订单默认执行批次

（2）整体分批：在生产执行开始前对订单进行整体分批，创建订单之下的执行批次以及批次下的子批次，在这种分批的过程中可能会出现总的生产数量与订单初始计划数量不符的情况，包括总数量的增加与减少。这个时候创建的执行批次的制造信息都继承自父订单或父批次，只是具有不同的生产数量和批次号。整体分批的批次衍生关系如图 6.5 所示。

（3）过程分批：在生产执行开始之后，订单下各个子批次同步或者异步投入生产，导致不同批次间的执行状态产生差异。对于执行状态没有发生变化的批次依然使用整体分批的方式进行新批次的创建。对于执行状态已经发生变化的执行批次就不能用整体分批的方式来创建新的执行批次，只有通过过程分批的方式，即创建新批次时继承父批次的所有信息，包括执行状态，但是生产数量可以继续发生变化。过程分批的批次衍生关系如图 6.6 所示。

6.3.3　动态订单批次状态协调技术

订单下所有的执行批次都挂接在以订单为根节点的批次树下，形成层次化的树形结构，体现着各个执行批次间的衍生关系。同时在制造执行的过程中，各个批次间只存在制造次序上的差别，但是由于存在着衍生关系，导致父子批次间的执行状态存在着状态协调管理的要求。

1. 自顶向下的批次衍生

订单级节点作为根节点，在没有进行分批操作的时候，订单下的默认执行批次完成制造执行的各项内容。在进行了子批次创建之后，就作为一个管理节点存在，而没有实际的制造信息和制造内容，其所有的制造信息和制造内容都转移到子批次下。

父批次级节点在创建完子批次后有可能存在着两种情况：一是继续保留一部分制造信息和制造内容，与其子批次相比只是存在着执行次序上的差异；二是没有保留制造信息和制造内容，只是作为和进行了分批操作的订单节点一样的管理节点，将所有的制造信息和制造内容转移到子批次中。

批次号作为批次管理中一个很重要的管理内容，体现着各个执行批次间的衍生关系，同时也是进行物料追踪的重要依据。订单号作为订单的唯一标识，同时也是批次号创建时的一个重要组成要素。

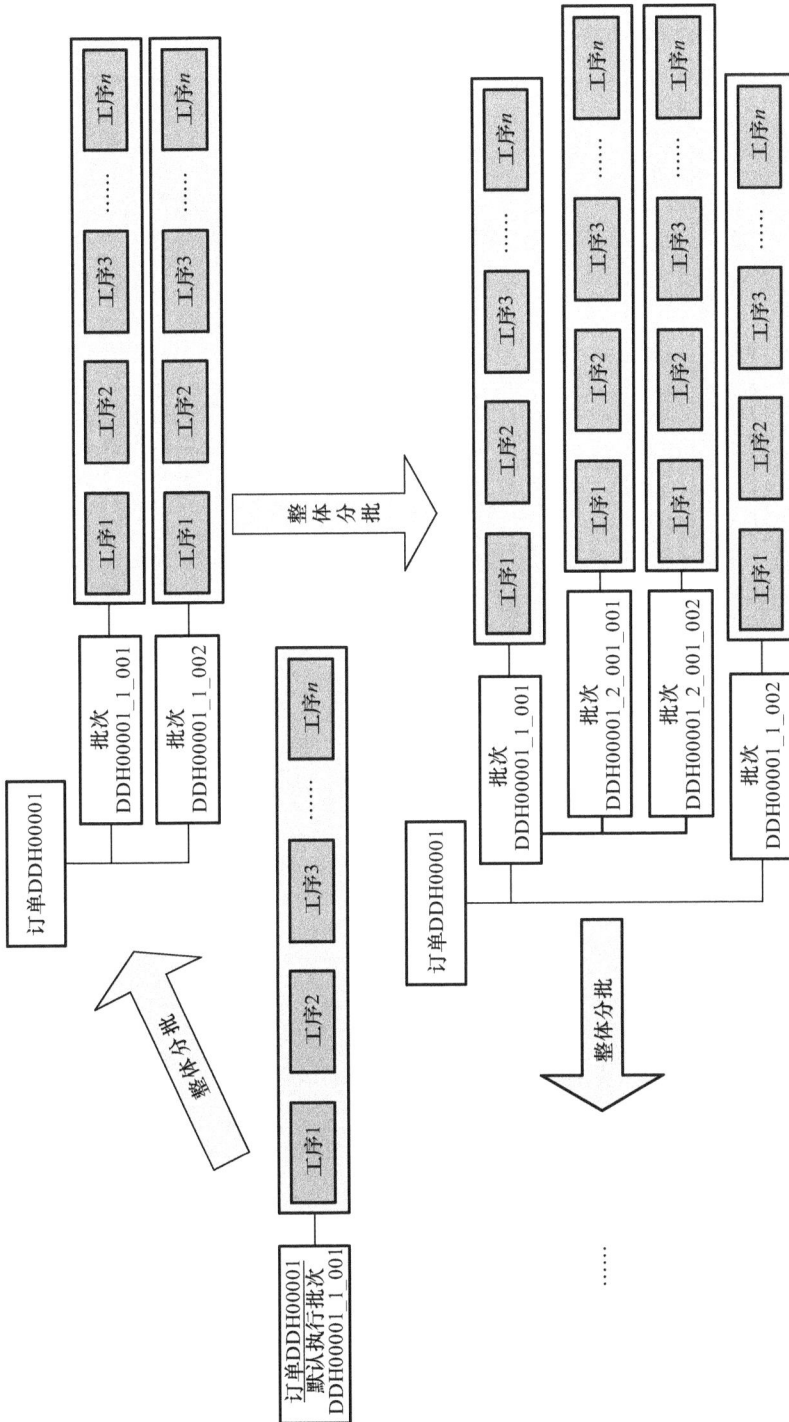

图 6.5　订单开始执行前的整体分批

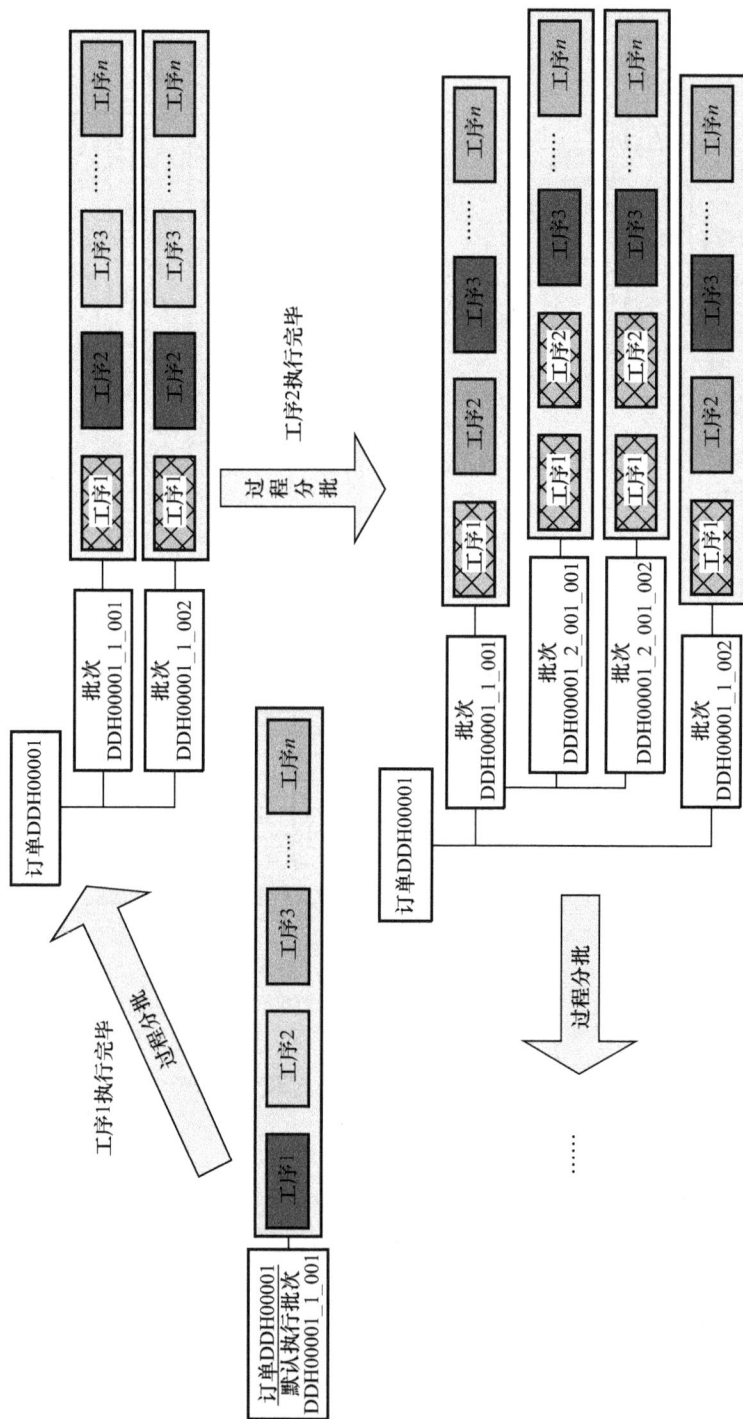

图 6.6　订单执行过程中的过程分批

例如订单号为"DDH0001"的订单及其子批次具有如下的批次号创建规则。

（1）订单下的一级子批次按照创建顺序依次编号,比如默认执行批次的批次号为"DDH0001_1_001",第一个新建子批次的批次号为"DDH0001_1_002"。编号规则为:批次号＝订单号＋"_"＋从 1 开始的分批深度＋"_"＋从 1 开始的三位数字或字母的组合。

（2）执行批次下子批次的编号规则为:批次号＝订单号＋"_"＋从 1 开始的分批深度＋"_"＋父批次序号＋"_"＋从 1 开始的三位数字或字母的组合。比如批次号为"DDH0001_1_002"的批次创建的第一个子批次的批号为"DDH0001_2_002_001"。

具体的批次组织及其衍生关系如图 6.7 所示。

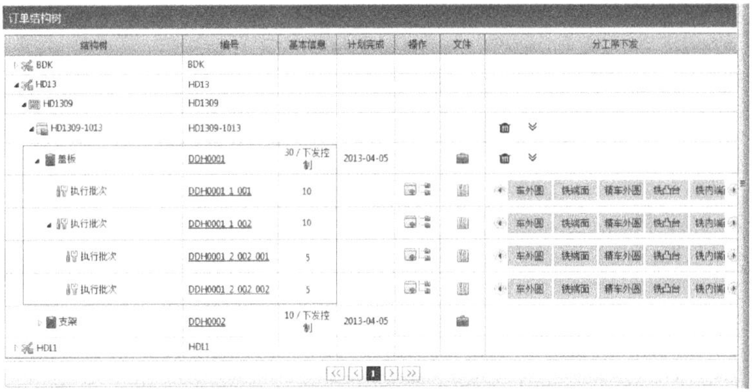

图 6.7　批次树组织与衍生关系

2. 自底向上的执行状态反馈

虽然在制造执行的过程中,不同的执行批次只是执行次序上存在着差异,但是由于不同批次间的衍生关系,导致不同批次存在着执行状态约束。对于一个不受任何其他批次影响或者只受一个批次影响的执行批次来说,存在着三种执行状态:未开始执行、开始执行、完成,如表 6.1 所示。对于受多个批次执行状态约束的批次来说,执行状态有以下五种:未开始执行、部分开始执行、全部开始执行、部分完成、全部完成,如表 6.2 所示。

表 6.1　存在三种执行状态的订单批次执行状态约束表

订单或批次执行状态	状态条件	约束子批次范围
未开始执行	未开始执行	所有
开始执行	开始执行	所有
完成	执行完毕	所有

表 6.2　存在五种执行状态的订单批次执行状态约束表

订单或批次执行状态	状态条件	约束子批次范围
未开始执行	未开始执行	所有
部分开始执行	开始执行或者部分开始执行或者全部开始执行	部分
全部开始执行	开始执行或者全部开始执行	所有
部分完成	完成或者部分完成或者全部完成	部分
全部完成	完成或者全部完成	所有

各种不同的批次状态约束情况如下：

（1）对订单而言，不管有没有进行分批操作，订单的执行状态都是根据其下执行批次的状态决定的。但是在没有进行分批操作时，订单的执行状态有三种，与默认执行批次的执行状态同步。如果进行了分批操作，那么订单的执行状态就受多个批次执行状态的约束，使其存在五种执行状态。未开始状态：所有的子批次都未开始执行；部分开始执行状态：一部分子批次的状态是开始执行或者部分开始执行或者全部开始执行；全部开始执行状态：所有的子批次都开始执行或者全部开始执行；部分完成状态：一部分子批次的状态是完成或者部分完成或者全部完成；全部完成状态：所有的子批次都完成或者全部完成。

（2）对于批次而言，如果批次在进行分批之后保留有制造信息和制造内容，这样其执行状态就是独立于其子批次的，只有三种执行状态。如果批次在进行了分批之后只是作为一个管理节点存在，则其状态约束情况就如同进行了分批操作的订单节点一样。

▦ 6.4　流水与离散混合生产下的物料周转控制技术

在企业多品种、小批量的研制型生产模式下，具有柔性的 Job-Shop 离散生产模式成为提高生产能力的重要手段。但是在少品种、大批量的批产型生产模式下,刚性流水线所具有的高效率、高加工质量和高加工稳定性等特点也是基于 Job-Shop 柔性生产的目标。因此在离散生产环境下,兼顾流水作业模式,实现效率与柔性兼顾,成为众多离散制造企业车间所追求的目标。物料协调具有从属于和基于批次协调的关联特点,也是制造执行中需要重点解决的问题。

6.4.1　流水与离散混合生产模式下的物料周转分析

物料作为生产加工的对象,其如何在前后序之间实现加工和质检周转,既是流水和离散生产模式所要控制的内容,也是两者的区别所在。复杂生产环境下流水与离散兼顾的生产模式,需要实现同订单下不同执行批次或者不同订单下不同执行批次间的流水生产与离散生产的混合,涉及批次间的纯粹流水和完全离散两种周转形式。同时考虑到制造执行过程中存在的各种动态性,这种流水或者离散并不是一个执行批次在制造执行中始终保持的模式,有可能在制造执行的过程中存在流水与离散动态穿插的形式,从而存在过程流水和过程离散的情况。

(1) 纯粹流水:是指执行批次在整个制造执行阶段以近似流水线生产的方式在不同的设备间实现单件连续周转。批次中的每一件物料在某道工序设备上加工完成后不做等待,直接周转进入下一工序。如图 6.7(a)所示。

(2) 完全离散:是指执行批次在整个制造执行阶段以批量处理的方式在不同设备间实现批量周转。执行批次的所有物料在某道工序设备上全部加工完成后再通过周转进入下一工序。如图 6.7(b)所示。

(3) 过程流水:是指执行批次在制造执行过程中的某几道工序间以近似流水线生产的方式在不同的设备间实现单件连续周转。如图 6.7(c)所示。

(4) 过程离散:是指执行批次在制造执行过程中的某几道工序间以批量处理的方式在不同设备间实现批量周转。这里的批量大于 1 但小于等于执行批次批量。如图 6.7(d)所示。

批次的生产模式可能是多种模式的混合。从执行批次自身的角度,其可能是纯粹流水或者完全离散两种情况之一。从批次执行过程的角度,其过程中有可能会出现过程离散、过程流水或者过程流水与过程离散混合的情况。所以在批次的整个制造执行阶段可能会出现的生产模式混合情况如下。

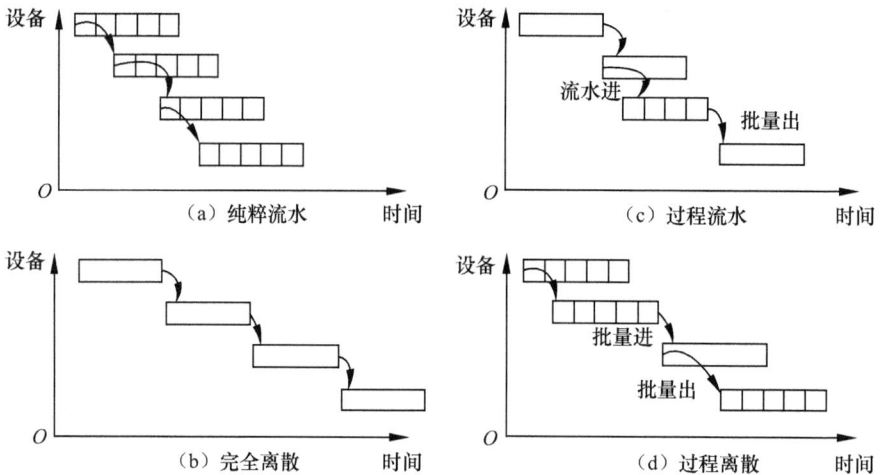

图 6.7　流水、离散、过程流水、过程离散模式对比

（1）纯粹流水—过程流水：这种情况可以统一为纯粹流水。

（2）完全离散—过程离散：批次在制造执行阶段，整体上以完全离散的方式进行生产，但是在某些工序间以过程离散的方式进行。如图 6.8(a)所示。

（3）完全离散—过程流水：批次在制造执行阶段，整体上以完全离散的方式进行生产，但是在某些工序间以过程流水的方式进行。如图 6.8(b)所示。

（4）纯粹流水—过程离散：批次在制造执行阶段，整体上以纯粹流水的方式进行生产，但处于质检或特殊管控要求，在某些工序间以过程离散的方式进行。这种模式在实际的生产中出现得比较少，这种形式可以对特定工序间周转按照过程离散形式进行处理。如图 6.8(c)所示。

6.4.2　混合生产模式下的物料周转控制技术

通过对制造执行过程中批次物料的周转控制，将纯粹流水、完全离散以及各种流水与离散混合情况的处理与批次管理层有效区分，从而将问题转化为单独批次的制造执行层次控制中。

物料作为生产加工的对象，也是批次管理的对象，考虑到批次执行中存在的物料动态随机组合的情况，将批次中的每一件物料都以唯一编码管理起来，创建每件物料对应的基码，同时针对批次在制造执行中存在的离散与流水混合的情况，以物料基码为基础，通过不同的物料组合，形成流水与离

（a）完全离散—过程离散

（b）完全离散—过程流水

（c）纯粹流水—过程离散

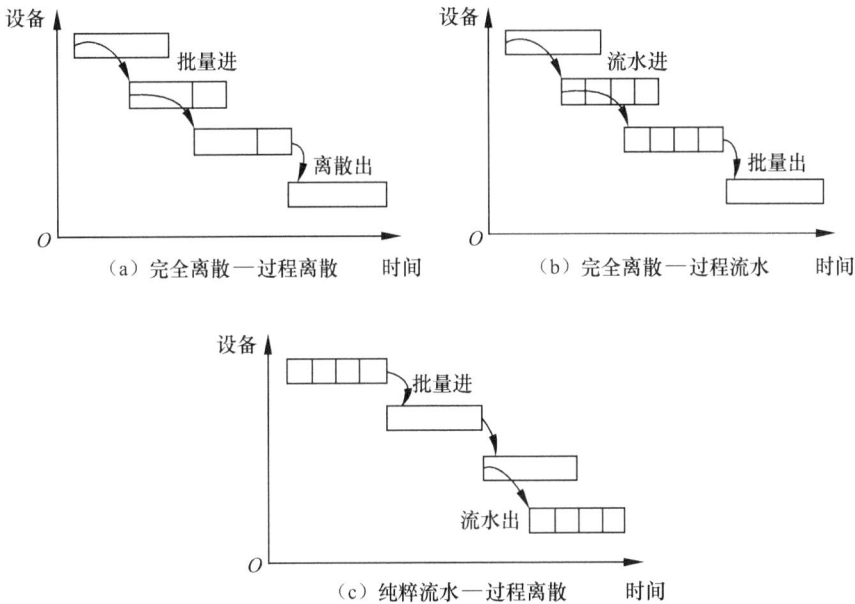

图 6.8　流水与离散混合模式下的物料周转特点分析

散模式下的执行小批次，并创建对应的执行小批次衍生码。因此，在这种批次动态执行的管理模式下，批次下物料的数量以及基于物料基码的执行小批次衍生码的创建机制将是重要的管理内容。

1. 纯粹流水/完全离散/流水离散混合模式下的物料组织与数量管理

假设某订单工艺路线为 $P = \{P_1, P_2, P_3, \cdots, P_n\}$，执行批次物料总数量为 N，物料周转发生的次数为 T。

（1）纯粹流水模式下。物料周转发生的次数为 $T_1 = N(n-1)$，在每次周转发生前，每道工序加工的物料数量为 $P_i^j = 1, 1 \leqslant i \leqslant n, 1 \leqslant j \leqslant N$。

（2）完全离散模式下。物料周转发生的次数为 $T_2 = n-1$，在每次周转发生前，每道工序加工的物料数量为 $P_i^j = N, 1 \leqslant i \leqslant n, j = 1$。

（3）纯粹流水—过程离散模式下。物料周转发生的次数为 $n-1 < T_3 < N(n-1)$，在每次周转发生前，每道工序加工的物料数量为 $1 \leqslant P_i^j \leqslant N, 1 \leqslant i \leqslant n, 1 \leqslant j \leqslant N$。

（4）完全离散—过程离散模式下。物料周转发生的次数为 $n-1 < T_3 < N(n-1)$，在每次周转发生前，每道工序加工的物料数量为 $1 < P_i^j \leqslant N, 1 \leqslant i \leqslant n, 1 \leqslant j < N$。

（5）完全离散—过程流水模式下。物料周转发生的次数为 $n-1 < T_3 <$

$N(n-1)$,在每次周转发生前,每道工序加工的物料数量为 $1 \leqslant P_i^j \leqslant N, 1 \leqslant i \leqslant n, 1 \leqslant j \leqslant N$。

2. 基于基码与衍生码的批次物料管理技术

物料基码是指在执行批次进入制造执行后,以批次号为基础创建物料基码,物料基码作为每个物料的唯一标识,在制造执行的过程中可以起到生产追踪的作用,在生产结束后也可以作为质量追溯的依据,同时也是实现流水与离散混合生产模式的基础,通过不同物料基码的组合即可实现混合生产模式下批次物料管理的目标。

批次物料衍生码分为两种:一种是管理执行批次下所有物料的默认衍生码,这种衍生码在执行批次创建的时候就进行了创建,用来管理所有的批次物料以及其他的物料衍生码;另一种是在执行过程中通过组合产生执行小批次的物料衍生码,这种衍生码管理执行小批次中的物料,作为执行小批次物料周转的依据。第二种衍生码只是作为制造执行过程中需要进行流水与离散模式混合的时候动态产生的标识。

针对不同的物料周转模式,物料基码和衍生码的应用策略如下所述:

(1) 在纯粹流水生产模式下:物料基码即可作为每一件物料周转的依据。物料在不同的工序之间周转时,通过获取物料基码,即可实现物料加工数据采集以及批次加工状态控制。

(2) 在完全离散生产模式下:执行批次的所有物料在某道工序加工完成之后进入下一道工序时,通过默认批次物料衍生码,获取该批物料的所有加工信息。

(3) 在流水与离散混合生产模式下:当执行到某些工序需要进行批量处理的时候,通过对选定的物料进行组合,创建执行批次下的执行小批次,同时创建批次物料衍生码,用衍生码管理选定物料。当执行小批次的批量处理结束,需要重新回到纯粹流水模式时,即可去掉衍生码,以物料基码来进行物料周转控制。如果在整个制造执行的过程中,存在着多次流水与离散切换的话,这种动态衍生码创建机制就会提供巨大的柔性,使得批次的动态执行成为可能。

批次物料基码与衍生码的具体实施内容如下。

(1) 物料基码:比如批次号为"DDH0001_1_001"生产批量为 10 的批次,其下物料的基码范围为"DDH0001_1_001_1"到"DDH0001_1_001_10"。编码规则:基码=批次号+"_"+以 1 开始的递增数字。

(2) 批次物料默认衍生码:作为管理订单及执行批次下所有物料的标识。编码规则:衍生码="J"+时间字符串,时间为执行批次创建时间,时间字符串为不加连接符的年月日时分，如“201301021010”。

对于不同的执行模式下，物料基码与批次物料默认衍生码之间的关系采取如下形式进行控制。

（1）在纯粹流水模式下：使用物料基码进行周转控制。

（2）在完全离散模式下：使用默认衍生码进行物料周转控制。

（3）在纯粹流水—过程离散模式下：执行小批次的物料是执行批次物料的动态组合。编码规则：衍生码＝“FJ”＋时间字符串，时间为执行小批次创建时间，时间字符串为不加连接符的年月日时分秒。

（4）在完全离散—过程离散模式下：执行小批次的物料是执行批次物料的动态组合。编码规则：衍生码＝“JJ”＋时间字符串，时间为执行小批次创建时间，时间字符串为不加连接符的年月日时分秒。

（5）在完全离散—过程流水模式下：当需要由离散切换到流水模式时，使用物料基码进行周转控制。

实际系统环境中物料基码与批次物料衍生码的情况如图 6.9 所示。通过物料衍生码可以看出执行批次生产模式为完全离散，但是在某些工序间穿插了过程离散的情况。所以将执行批次下的物料组合成了三个执行小批次。

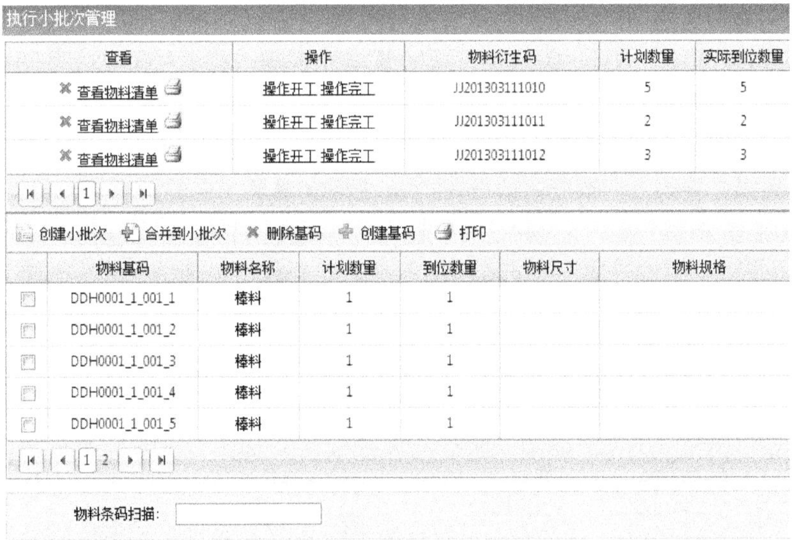
执行小批次管理

查看	操作	物料衍生码	计划数量	实际到位数量
查看物料清单	操作开工 操作完工	JJ201303111010	5	5
查看物料清单	操作开工 操作完工	JJ201303111011	2	2
查看物料清单	操作开工 操作完工	JJ201303111012	3	3

创建小批次　合并到小批次　删除基码　创建基码　打印

物料基码	物料名称	计划数量	到位数量	物料尺寸	物料规格
DDH0001_1_001_1	棒料	1	1		
DDH0001_1_001_2	棒料	1	1		
DDH0001_1_001_3	棒料	1	1		
DDH0001_1_001_4	棒料	1	1		
DDH0001_1_001_5	棒料	1	1		

物料条码扫描：

图 6.9　物料基码与衍生码

6.5 复杂订单批次与物料周转的数据协调与状态控制技术

在实现了复杂订单批次的动态管理以及物料周转控制之后,如何实现执行批次与批次物料之间数据协调与状态控制就成为必须要解决的问题。这其中包括两方面的内容:一是批次管理与批次执行如何对批次物料的组合与周转进行控制,实现订单批次数据驱动的周转协调;二是物料周转与生产执行如何向执行批次进行状态反馈,实现生产反馈数据驱动的状态协调。

6.5.1 订单批次—物料周转的数据关联技术

批次管理层面通过整体分批与过程分批,建立了作为制造执行阶段指导生产基本任务单元的执行批次,实现了执行批次的动态管理。批次执行层面通过物料基码与批次物料衍生码,建立了处理制造执行过程中流水与离散混合的执行小批次,实现了执行批次的动态执行。以批次物料的组合与周转控制为目标的数据协调包括以下几方面的内容。

(1) 订单及其执行批次数据组织:以批次树形式组织的执行批次,都是以订单为根节点,根节点下所有的执行批次数据都是由订单的初始数据继承而来,包括加工内容、加工要求、技术要求等生产信息。父子批次之间也存在着执行数据的继承,在过程分批中,子批次继承父批次的执行数据,包括已执行的内容、已执行内容的加工信息、已执行内容的质量信息等。同时子批次也会根据自身的生产情况修改分批时从父批次继承下来的信息,包括技术要求、加工要求等。整个批次树是一个动态的不断变化的信息的集合。

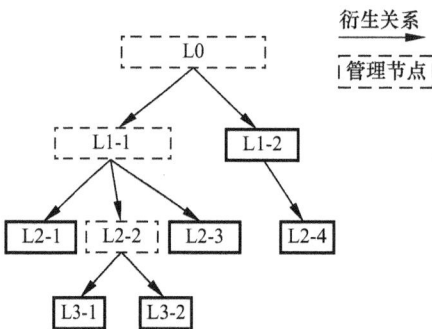

图 6.10 订单及其执行批次树结构组织

批次组织和衍生关系如图 6.10 所示。随着衍生层次的加深,整个批次树的形态也逐渐发生变化。从订单的 L0 层衍生到执行批次的 L1 层,订单失去了具体的执行任务内容,变成了一个纯粹的管理组织节点。同样的情况也发生在 L1-1 的衍生过程中。

(2) 执行批次的物料码数据组织:执行批次以默认物料衍生码管

理所有的物料基码和该执行批次下的其他物料衍生码。执行批次在制造执行的过程中,随着流水与离散混合的发生,导致批次下出现执行小批次,即批次下的物料组合,同时创建执行小批次的物料衍生码。随着流水与离散模式的不断切换,执行小批次的不断创建,物料组合不断发生变化,批次物料衍生码也不断地发生变化。执行小批次的物料衍生码是一个对物料基码进行不断组合的动态变化的集合。

物料基码和衍生码的组织关系如图 6.11 所示。默认批次物料衍生码管理着执行小批次物料衍生码与执行批次下所有的物料基码。其中执行小批次物料衍生码管理着执行小批次下的物料组合,并随着执行小批次的创建和消亡而发生变化。

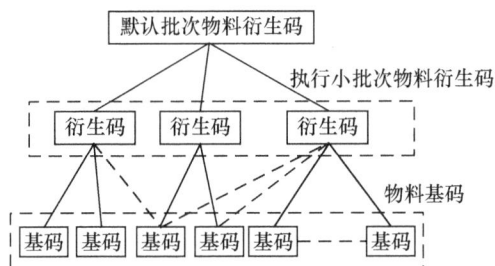

图 6.11　执行批次的物料码数据组织

（3）订单批次与执行批次物料码的关联:批次树实现了对执行批次分批活动的动态管理,衍生码实现了对批次执行过程中物料组合的动态管理。通过将执行批次物料码与批次物料关联起来,即实现批次树—执行批次—执行小批次—批次物料码—批次物料的递进关联,从而将数据从批次管理层下达至批次执行层,最后再由批次执行层来处理批次执行过程中由于流水与离散混合造成的物料动态组合问题。

6.5.2　订单批次—物料周转的状态协调技术

生产信息通过批次管理层面的分批操作,逐级继承进入到每一个执行批次内,执行批次再通过动态执行机制将生产信息传递到每一个执行小批次中。随着制造执行的进行,批次管理层接收到从批次执行层传递进来的执行信息,可以通过分批手段实现进一步的批次控制,实现批次管理层与批次执行层的闭环控制。如何将批次执行过程中的物料周转信息与生产执行信息反馈到批次管理层将是实现整个两层结构闭环控制的关键。

针对复杂生产环境下生产现场物料种类繁多、批量差异大的特点,通过条码技术,结合批次管理数据,建立批次与物料的映射,实现复杂生产现场的批次物料周转追踪。具体措施如下。

(1) 在物料转入工序加工工位时扫描物料条码,获取物料数量以及前序质量信息。

(2) 在工序工位进行加工时,通过对执行小批次进行操作开工完工,改变与执行小批次关联的批次物料码中物料的工序执行状态。当执行批次中的工序全部都加工完成,执行批次就变成了完成状态,同时通过订单批次状态协调技术,协调所属订单下相关联批次的状态。

(3) 在物料转出工序加工工位时扫描条码,获取在工序加工时创建的执行小批次信息,以及确认工序加工数量。

(4) 在转入质检工位时,扫描物料条码,获取物料批次信息,以及前序质量信息。

(5) 在质检工位进行质量检验时,将特定物料的质量信息绑定到物料基码上,将执行批次物料质量统计数量即批次总体合格、超差、降级、废品、返厂数量录入执行批次。

通过各个环节对物料条码的扫描,获取各个环节所需的制造执行信息,同时将采集本环节的制造执行信息,实现生产对数据的拉动,将制造执行过程逐步向前推进。

第 7 章

复杂产品制造执行过程中的装配物料齐套技术

工业技术的不断发展与市场对功能、性能指标要求的不断提高,推动着机械产品复杂程度的逐渐提高,一件复杂产品多由上万到十万的零组件构成,将这些数量庞大、种类繁多的零组件按照一定的顺序组合起来形成最终产品的过程就是复杂产品装配。研究表明,装配所占的成本要占产品制造总成本的 50%,所需的时间要占产品总生产时间的 40%~60%,直接影响着产品的质量和成本。装配执行过程就是按照装配工艺规程的要求,配合装配车间管理协调的手段,将装配有序开展和进行的过程。复杂产品的装配执行强调 4M1E 的人、机、料、法、环的全面控制,而物料的齐套(Complete Kit)是其中的重点工作。

在多品种变批量的复杂产品并行生产中,齐套是装配执行过程按计划执行的重要保障,是装配工艺过程节点有序进行的先决条件,是促进车间物料有组织流动的关键因素,因此高效、准确、灵活的齐套管理水平对于复杂产品装配执行过程起着重要的作用。齐套管理的核心体现在三个方面:一是齐套内容:齐套的物料种类要完备,数量要匹配;二是齐套时间:齐套要与执行过程时间节点相匹配协调,以实现精益生产齐套;三是齐套配送:要求齐套物料要以快捷高效的形式配送到现场。上述三个方面提出了齐套控制的目标要求,即正确的物料在正确的时间以正确的方式送到正确的装配地点或装配工序环节。

复杂产品装配的物料齐套管理是避免装配执行过程呈现盲目性、粗放性和无序性的关键。尽管在大件、大批量、流水生产的制造企业中,齐套管理的概念已被普及,但是在处理方式上依然以全局齐套方式为主。由于复杂产品装配周期长,物料需求数量庞大、种类繁多,全局齐套很可能因为某些物料暂时缺件而无法按时开工,同时带来车间生产资源的搁置浪费。此外,装配车间的库存与现场执行过程存在管理分离,也使得库存无法随着装配执行进度完成齐套物料准备,装配执行无法随着库存提供的齐套状态反馈进行调节控制。另外,物料周转控制还未形成以装配执行过程为核心的车间服务型配送机制。

本章首先对复杂产品制造执行过程中的装配物料齐套控制问题进行了分析,在此基础上提出了技术框架,并重点针对其中基于装配结构工艺的整体与过程齐套关联控制、面向过程的物料齐套状态协调、生产计划驱动的物料状态协调控制等三个技术点进行深入的阐述。

7.1　问题分析

复杂产品装配齐套过程控制的问题主要体现在三个方面:

(1) 全局性或产品级齐套不利于实现物料准备的精细控制。

在齐套管理思路上,目前的复杂产品装配普遍采用全局齐套的思路:将产品装配整个过程所需的全部物料完成齐套才开始执行开工,由于复杂产品的零组件数量庞大和装配周期长,且易受供应链上游部门和供应商制约,造成开工时间滞后,制造周期被人为拉长。全局齐套是粗放式生产思路的产物,从全局齐套向过程齐套的转变可以化整为零地分解齐套的复杂性,将以工序为基本单位的齐套需求及齐套物料的累积特性考虑其中,在装配的过程中逐步完成齐套准备,有效地提前工序的开工时间,缩短制造周期从而提高生产效率,在这一层面上,装配工艺结构数据管理与其执行过程中齐套控制的有效关联是解决问题的关键。

(2) 装配齐套与物料库存管理脱节使得装配执行效率低下。

在装配物料协调控制方面,执行过程与库存管理缺乏关联,处于分离控制的状态,一方面车间向库存提出的物料需求无法保证时效性和准确性;另一方面库存也无法对现场提供及时有效的物料供应状态的反馈,装配齐套与物料库存管理脱节使得装配执行效率低下,容易出现停工等料的现象,提高了生产成本并且延迟了交货日期。需要建立多角色层次化的动态齐套状态协调机制,实现装配执行和物料库存与计划协调管理,将意外因素对物料供应产生的影响风险降低,提高装配过程的抗意外能力,促进装配过程的时序性和稳定性,在这个层面上,基于计划的齐套状态控制及现场库存之间的物料数据协调是解决问题的关键。

（3）物料供应机制不符合服务型制造思想指导下的齐套配送要求。

此外,在物料齐套配送管理方面,传统的依靠工人零散领料的方式不仅费时费力,也不符合"服务制造"思想在生产过程中的落实思路。因此,从以往的工人零散物料领取方式转变为库存主动组合配送管理,从被动变主动,能够提高物料供应的有序性和及时性,使得工人专注于自己的生产而不是无谓地浪费时间在寻求物料上,同时采用基于二维条码技术的零组件与组合的映射管理,也能有效地促进齐套准备和物料现场确认的效率和准确性,在这一层面中,建立综合工序节点齐套物料清单与齐套编码以及建立两者之间的关联关系是解决问题的关键。

7.2　渐增式装配物料齐套控制技术思路

针对目前复杂产品装配执行过程存在的齐套管理缺乏过程控制、齐套与库存间缺乏协同控制、物料缺少统一高效的配送方案等问题,通过层级化的装配工艺结构管理,以齐套状态控制为核心的车间/库存协同配合以及托盘条码的物料配送方案,实现复杂产品渐增式装配齐套过程控制。面向复杂产品装配执行过程的渐增式过程齐套技术体系如图 7.1 所示。

图 7.1 以装配过程为主线,将全局齐套转化为过程齐套,在生产计划的驱动下以工序流程为节点,结合协同式库存管理与条码物料周转技术,实现齐套的渐增式过程,其技术体系结构主要包括以下三层。

（1）装配过程管理层:针对复杂产品装配工艺流程与物料需求间关联的特点,通过产品型号版本定义、装配结构与工艺路线数据管理和两者与订单任务的关联,实现工序级的过程齐套的关联控制。

（2）装配过程执行层:不同于全局齐套的整体化概念,针对多样化产品变生产批量的混线装配生产特点,在生产计划的控制下,通过工序级的物料齐套、齐套审批优先级评价等手段,围绕多角色协同控制的齐套状态业务流程管理,实现具有渐增式过程齐套的复杂产品装配执行过程。

（3）装配库存管理层:针对多品种大批量的物料库存特点,以及现场齐套对及时准确性的要求,通过建立基于二维条码技术的齐套服务型协同式库存管理体系,实现执行过程中齐套任务关联型的物料托盘准备、配送供应与周转状态统计。

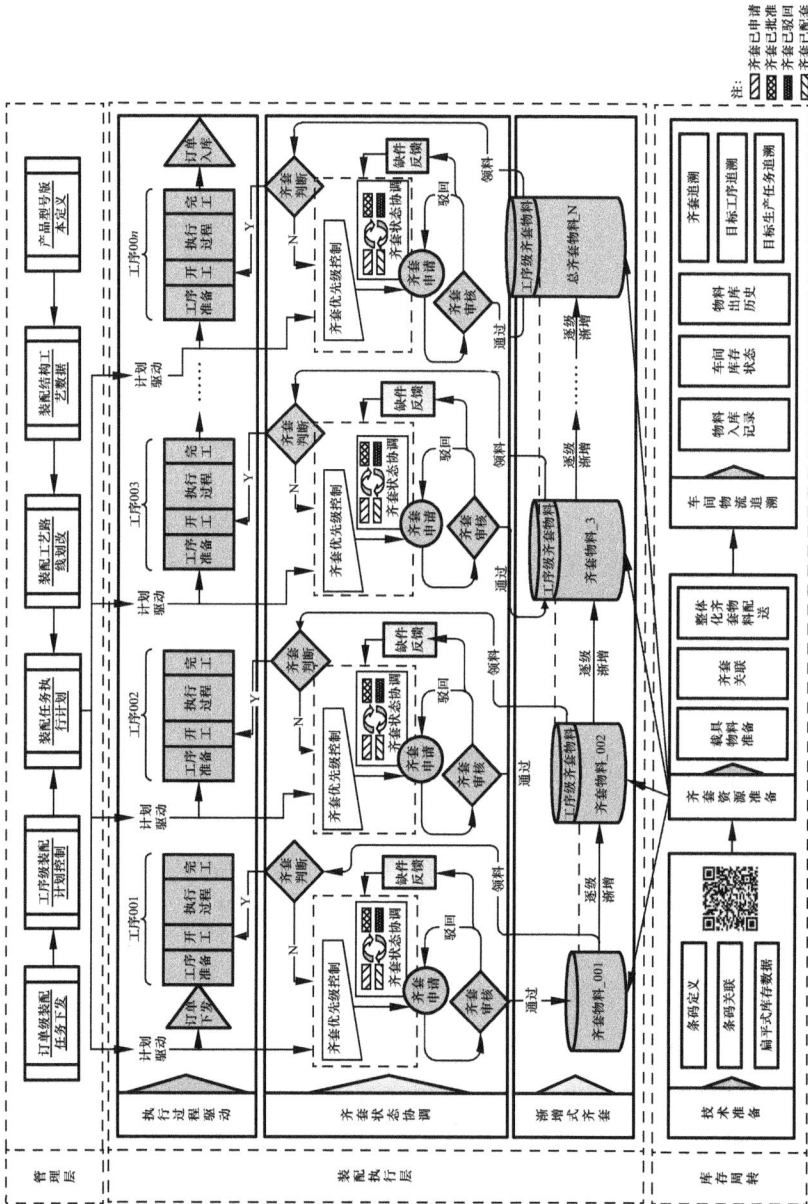

图7.1 复杂产品装配执行过程的渐增式过程齐套技术体系

7.3　基于装配结构工艺的整体与过程齐套关联控制技术

产品的装配执行过程以装配结构工艺数据为依据。装配结构工艺数据是复杂产品装配的关键数据,将装配生产任务与装配结构数据、工艺路线和型号版本管理关联起来,在此基础上将装配执行过程的齐套物料有效控制,实现基于齐套状态协调的装配物料齐套业务管理流程,保证装配物料的准确请求与供应。

7.3.1　订单任务数据的齐套资源关联技术

产品装配结构工艺包含装配所需的零组件的型号名称、数目、从属关系和装配工序顺序信息,以某复杂车辆装配信息为例,它的示意装配结构工艺信息如表 7.1 所示。

表 7.1　装配结构工艺数据示意表

图　号	名　称	所属装配	基　数	工序序号
M10. M01. M01	左侧履带		1	0
M10. M01. M02	右侧履带		1	1
M10. M01. M01. M11	履带片	M10. M01. M01＝4 M10. M01. M02＝4	8	
M10. M01. M01. M12	销钉	M10. M01. M01＝2 M10. M01. M02＝2	4	
M10. M01. M01. M11. M01	履带片卡	M10. M01. M01. M11	6	
M10. M01. M01. M12. M01	销钉螺母	M10. M01. M01. M12	9＋	
M10. M01. M01. M13	铰接栓	M10. M01. M01	5＋	

实际上,同一型号的复杂产品往往有多个相似的改进型号,改进型号的装配结构工艺数据相似而不相同,复杂产品实际的装配结构树的数据可以达数千条,形成的树形结构达数十级,工艺流程约束多达数百个,为了实现在装配执行过程中精准完备的物料齐套控制,必须保证齐套资源按照装配工序步骤逐步增加,同时又能满足对大量齐套资源数据的准确管理,需要将订单任务数据与装配结构工艺数据进行精准的关联匹配,结合产品型号版

本定义和工艺路线的关联技术,实现齐套物料的准确渐增过程,满足生产计划的有序进行。

　　基于装配结构关联的齐套渐增资源关联控制技术如图7.2所示,在订单任务与型号版本定义基础上,运用装配结构数据和工艺路线数据的关联技术,形成以订单执行任务为载体的物料齐套渐增的资源控制。

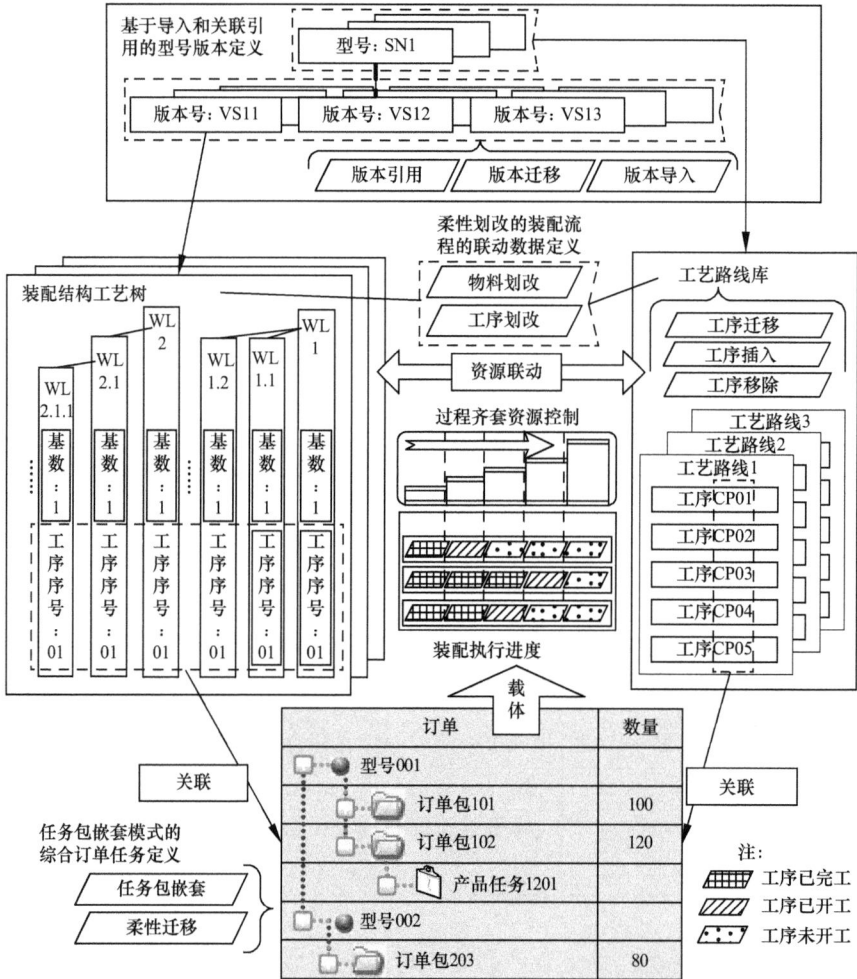

图 7.2　订单任务数据的齐套资源关联技术关联模型

采用订单任务数据的齐套资源关联技术主要包括以下几个方面。

(1) 基于导入和关联引用的型号版本定义。

产品型号下设装配结构版本信息,版本管理主要体现在装配结构数据导入和关联引用上,装配结构数据提供了除手动增/删/改/查四项功能以外的电子表格批量录入功能,将车间原有的数据按照模板以电子表格方式直接导入装配结构数据库中,并建立装配物料的层级关联,最后以树形控件的形式进行展示和维护。另外,有些产品的改进型号或分支型号相对于原有型号的装配结构树来说变化一般很小,将模板结构树的各层级节点通过嵌套遍历复制出新建的装配结构树数据,在这些数据的基础上按照新版本的改进需求做出相应的修改,实现基于数据导入和关联引用的型号版本定义,提高了装配基础数据准备与维护的效率,缩短生产准备的周期。

(2)柔性更改的装配流程的联动数据定义。

在型号版本装配结构数据定义的基础上,实际的生产执行中往往需要按照生产的实际情况对装配的物料类型、数量、顺序等信息进行一定的更改,更改主要分为四个方面:物料工序间迁移、物料增删、工序整体迁移、工序整体增删。

实现柔性工艺更改的主要技术依据是订单装配执行工序数据的独立化管理,技术实现方式如图 7.3 所示。

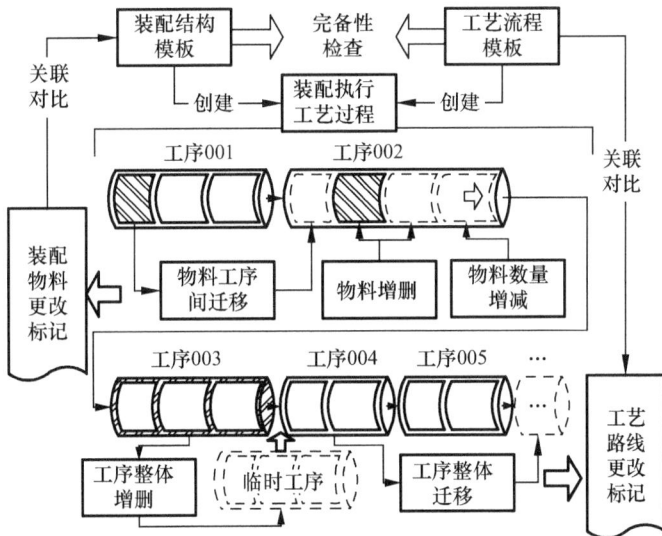

图 7.3　柔性工艺更改的装配流程数据定义

在订单任务下发的同时,以装配结构数据和装配工艺流程为模板创建出一套独立且完备的装配执行工艺数据,这套数据以串联的装配工序为主线,每道工序下挂接相关的装配物料信息,对这套独立数据可执行物料工序间迁移、工序下物料增删、工序整体迁移和工序整体增删的更改操作,每次的更改操作都被记录在物料和工序的更改标记数据表中,将这些标记数据与装配模板数据关联对比,进行装配物料完备性检查,从而保证工艺过程在更改后物料依然能完备准确地被执行装配。

(3)任务包嵌套模式的综合订单任务定义。

复杂产品装配的订单任务往往不是采用扁平式的管理模式,而是将不同型号不同数量的订单打包成任务集合进行管理。针对这种任务定义模式,引入任务包的概念,通过建立订单与任务包和任务包与任务包之间唯一外键关联,实现任务包的嵌套模式,父级任务包可以嵌套子级任务包,也可以直接挂接订单。任务包的嵌套管理模式为订单的层次化、结构化管理提供便利手段,此外通过唯一外键关联和拖动式结构树控件的技术手段,使任何任务包迁移到任意的父级任务包节点下,使得任务包和订单的定义与编辑便捷化、柔性化。装配订单本身作为齐套资源管理的载体,系统为其提供与型号版本、装配结构树和工艺路线库数据的接口,实现综合资源数据以订单为核心的整合,保证齐套管理资源信息的准确性与完备性。

最终,在型号版本定义、装配工艺流程数据定义和订单任务定义的基础上,以订单任务为主体,在订单执行过程中,系统实时检索对应型号版本下属的装配工艺数据,并结合工艺更改标记的数据表,精确地生成每道执行工序装配物料详细的齐套信息,实现工序级装配齐套资源的面向执行过程的控制,为准确完备的齐套物料资源调配与车间服务型物流周转提供技术支持。

7.3.2　面向过程的物料齐套状态协调技术

以订单关联的装配结构数据和工艺路线数据作为信息来源,装配生产现场以作业计划和实际执行进度作为过程依据,不断向车间库存发出齐套申请,所发出的申请被车间库存端以库存的可用数量为依据进行审核判断,审核通过后物料就会按照现场的出库指令进行出库并按时配套到达现场。从申请、审批到最后物料出库配套,齐套业务流程由四个状态的协调展开,流转至各个节点时由不同角色的人员参与控制,同时结合各个节点相关的齐套清单数据进行分析计算,实现以全员协调配合的齐套业务流程和装配工序进程协调并进的面向过程的齐套状态协调技术。

面向过程的齐套状态协调技术的四个齐套状态的颜色与含义如表7.2所示。

表 7.2　齐套四种状态

状态	颜色	含义	负责角色
已申请	黄色	齐套流程的初始状态,一条齐套申请下发出去,其状态默认为此状态	操作工人
已通过	绿色	通过对库存总量和锁定数量相对大小的判断,并考虑其他因素的影响,审核结果的齐套状态,齐套包含的物料已经在库存中锁定,不可以被其他齐套重复锁定,直到物料全部出库到达现场	齐套管理员
已驳回	红色	通过对物料数量和其他因素的审核,无法满足或者不必满足齐套的请求,给予的驳回状态,此状态仅提供反馈给车间现场,无后续流程操作	齐套管理员
已配套	灰色	齐套的物料已经配套到现场,并且扫描验证型号和数量与审核通过的数量一致	库存管理员/配送员

基于以上四种齐套状态,面向过程的齐套状态协调的技术流程如图 7.4 所示。

在一个装配任务进行到第 i 道工序的准备阶段时,根据当前装配的订单所关联的装配结构版本数据查询出该道工序所需的全部物料清单,用如下矩阵表示:

$$N_i = \begin{bmatrix} a_1 & n_{a1} \\ a_2 & n_{a2} \\ a_3 & n_{a3} \\ \vdots & \vdots \\ a_x & n_{ax} \end{bmatrix}$$

其中:(a_x 为齐套物料型号,x 为这道序所需的物料种类数量,n_{ax} 为物料 a_x 的数量)

随后检索该道工序的齐套历史记录,查询出历史齐套过并已经配套的物料清单,用如下矩阵表示:

$$C_i = \begin{bmatrix} a_1 & c_{a1} \\ a_2 & c_{a2} \\ a_3 & c_{a3} \\ \vdots & \vdots \\ a_x & c_{ax} \end{bmatrix}$$

将 N_i 和 C_i 做差得到以下矩阵:

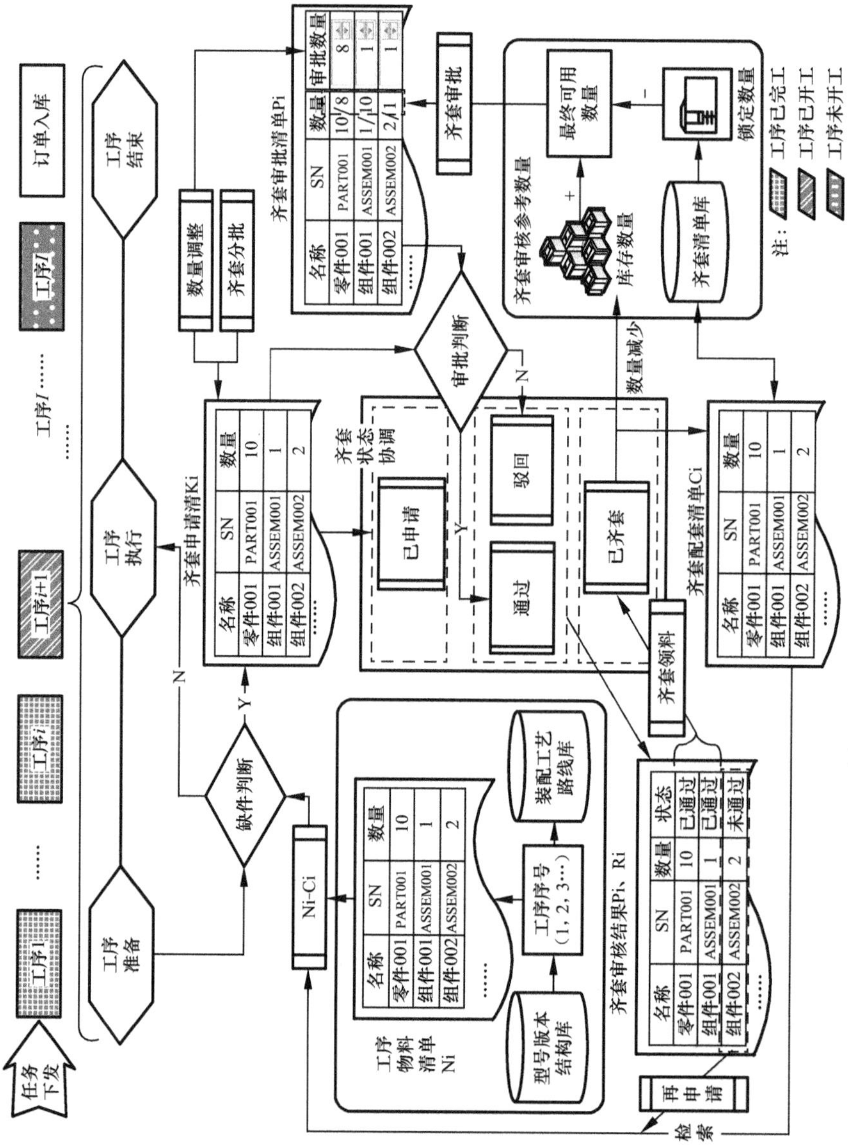

图 7.4 面向过程的齐套状态协调技术流程

$$\boldsymbol{K}_i = \boldsymbol{N}_i - \boldsymbol{C}_i =$$

$$\begin{bmatrix} a_1 & n_{a1} - c_{a1} \\ a_2 & n_{a2} - c_{a2} \\ a_3 & n_{a3} - c_{a3} \\ \vdots & \vdots \\ a_x & n_{ar} - c_{ar} \end{bmatrix} = \begin{bmatrix} a_1 & k_{a1} \\ a_2 & k_{a2} \\ a_3 & k_{a3} \\ \vdots & \vdots \\ a_x & k_{ar} \end{bmatrix} \xrightarrow{\text{（数量调整）}} \begin{bmatrix} a_1 & k'_{a1} \\ a_2 & k'_{a2} \\ a_3 & k'_{a3} \\ \vdots & \vdots \\ a_x & k'_{ar} \end{bmatrix}$$

那么 K_i 即此次工序准备需要申请的齐套清单列表,操作工人在此清单的基础上可以进行数量修改操作,然后发出齐套申请清单,申请清单所有条目状态初始化为"已申请",随后车间库存端通过对物料库存数量和齐套锁定数量做差求出齐套可用数量。

$$\boldsymbol{A}_i = \begin{bmatrix} a_1 & a_{a1} \\ a_2 & a_{a2} \\ a_3 & a_{a3} \\ \vdots & \vdots \\ a_x & a_{ar} \end{bmatrix}$$

遍历 A_i 每行,如果 $a_{ar} > 0$,则将所有对应物料 ax 在申请列表的申请数量 k'_{ax} 与其对比,选择相对较小的一个作为审批的默认数量,齐套管理员对 K_i 进行审核处理形成齐套审核通过清单 P_i,审核通过的清单的齐套状态转为"已通过"。

$$\boldsymbol{P}_i = \begin{bmatrix} a_1 & \min(a_{a1}, k'_{a1}) \\ a_2 & \min(a_{a2}, k'_{a2}) \\ a_3 & \min(a_{a3}, k'_{a3}) \\ \vdots & \vdots \\ a_x & \min(a_{ar}, k'_{ar}) \end{bmatrix} = \begin{bmatrix} a_1 & p_{a1} \\ a_2 & p_{a2} \\ a_3 & p_{a3} \\ \vdots & \vdots \\ a_x & p_{ar} \end{bmatrix}$$

另外如果在 A_i 中存在 $a_{ar} = 0$ 的行,那么则将这些行对应的物料形成齐套审批的驳回清单 R,驳回清单条目的齐套状态转为"已驳回"。

$$\boldsymbol{R}_i = \begin{bmatrix} a_1 & 0 \\ a_2 & 0 \\ a_3 & 0 \\ \vdots & \vdots \\ a_z & 0 \end{bmatrix}$$

　　这时齐套状态一部分变为"已通过",一部分变为"未通过",车间现场根据当前齐套请求的审批反馈状态,进行两方面操作:车间库存管理员对于已经通过的物料,采用条码标识的物料托盘技术进行领料出库操作;操作工人对被驳回的齐套申请,可以选择直接重置状态,再次申请最终完成工序级渐增齐套任务,驳回的物料在库存可用数量充足后会主动向现场做出提醒,以方便装配人员重新申请领料。齐套状态协调的最后一步实现三方面数据处理:在库存的物料数量中减去领取的数量;将扫码的物料齐套条目状态转为"已配套";将领料的数量累加到 C_i 清单中,完成工序物料配备的一次补充。

7.3.3　齐套状态协调过程中的物料申请数量管理

1. 考虑齐套锁定数量的齐套审批缺件

　　尽管"已通过"状态的齐套物料实际未出库配送到达现场,但名义上已经属于它的目标装配任务,其他生产任务不应当占用这部分库存资源,因此提出库存锁定数量的确定方法,用于作为判断齐套审批的定量标准和缺件标准,从而保证已经通过审核的齐套物料资源具有稳定的、完备的供应能力。根据锁定数量计算的物料可用数量如图 7.5 所示。

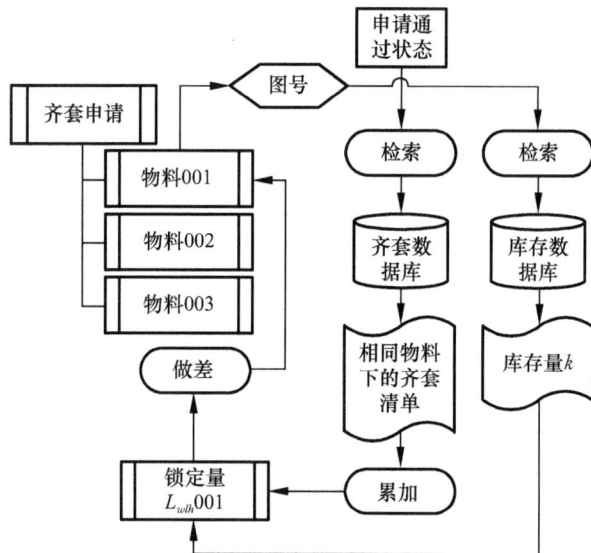

图 7.5　根据锁定数量计算的物料可用数量

如图 7.5 所示的,例如工序 P_i 所需的物料 WLH001 为 m 件,齐套申请 n 件,$n \leqslant m$,库存中实际有该物料 k 件,此时对于整个车间的在制订单中除工序 P_i,已经对物料 WLH001 提出了齐套申请并审核通过,但是还未出库的有 $L_{wlh001} = \sum_{j=1}^{h} \mu_j$ 件,其中 h 表示这些工序提出的齐套请求的总数量,μ_j 表示每个齐套请求所审核通过的数量,将 L_{wlh001} 称为 WLH001 的库存锁定数量。因此,库存中物料 WLH001 可以齐套的件数对于工序 P_i 的这次齐套申请,有如下三种可能。

(1) $k - L_{wlh001} \geqslant n$ 且 $L_{wlh001} \leqslant k$,库存可用数量充足,这个时候可以审核齐套通过。

(2) $k - L_{wlh001} < n$ 且 $L_{wlh001} \leqslant k$,库存可用数量不足,可以手动修改申请的数量 n,使得 $n \leqslant k - L_{wlh001}$,实现部分审核通过的操作。

(3) $L_{wlh001} < k$,库存缺件,一般是因为锁定的物料被意外动用所引起的,系统允许这种情况发生,但会在库存管理中提供缺件提醒,保证审核通过的物料能尽快补充。

2. 工序缺件检查的齐套分批物料配套机制

在以工序节点为标志的齐套状态的协调过程中,往往一道工序所需的物料类型复杂、数量庞大,可能无法一次完成全部齐套,因此一方面需要将齐套申请的物料结合库存数量分批申请;另一方面需要在齐套状态协调的循环过程中不断判断工序缺件的型号和数量,进行陆续的补充,通过两方面的协调实现工序物料的最终快速准确的齐套申请。工序缺件检测与齐套分批示意如图 7.6 所示。

如图 7.6 所示,检索产品装配结构数据,生成装配清单,然后

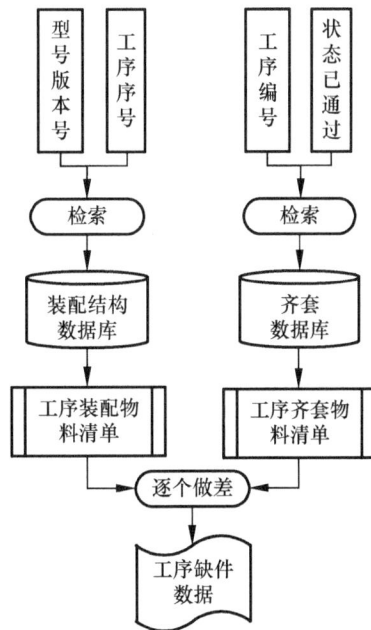

图 7.6　工序缺件检测与齐套分批

检索工序下的齐套清单,生成"已通过"、"已配套"清单,前者减去后者求得工序缺件清单。以缺件清单为基础,分析齐套申请的数据记录,为操作工人提供以装配物料为根节点的嵌套式齐套申请记录清单如表 7.3 所示,从而清

楚地了解曾经的申请次数,每次申请的件数,详细审核状态与达到工序装配要求的仍需件数。

表 7.3　物料齐套申请详细清单

物料型号	装配基数	申请总量	通过数量	累计次数	缺件数量
WLH01	10	8	4	3	N
齐套申请记录	申请时间	申请数量	通过数量	齐套状态	齐套批次
	12：00	2	2	已通过	1
	14：00	3	2	已通过	1
	17：00	3	0	未通过	2

假设 r_{ax} 为审核通过的数量, p_{ax} 为齐套需求总量如果 $r_{ax}=p_{ax}\neq 0$,则该次齐套申请中 a_{ax} 审核全部通过;如果 $0<r_{ax}<p_{ax}$ 则审核部分通过;如果 $0=r_{ax}<p_{ax}$ 则审核未通过申请被驳回;如果 $r_{ax}=p_{ax}=0$ 则表示该物料未在此次齐套清单中提出申请。当满足如下条件时,此道工序的物料的齐套审核状态已经达到领料即可开工的状态。

$$\sum_{j=1}^{z} r_{ax}^{j} \geqslant n_{ax},(x=\{1,2,3\cdots,X\}) \quad z \text{ 为审核通过的次数}$$

7.4　面向过程的物料齐套状态协调技术

生产计划是装配车间执行装配任务执行进度的重要依据,是车间调度对生产情况的预期安排,生产计划包括订单任务计划和齐套物料管理计划。

7.4.1　基于生产计划的主动式齐套审批优先级评价

车间库存和车间装配现场之间存在的物料资源供需矛盾是装配执行过程是否能够按计划有序进行的主要矛盾,在假设装配工人、装配工位和装配设备为无限能力资源的情况下,有限的物料资源要被各个任务的各道工序所争取,任何一种物料的缺件都可能造成一道或者多道工序甚至一项或者多项订单任务的停滞。从装配现场的角度分析,工人为了避免自己负责的工序因物料无法备齐而耽误开工,会尽早地提出齐套申请以保证工序按时开工。

1. 齐套优先级评价模型建模

针对这种供给与需求之间的矛盾,提出主动式齐套优先级模型,主要解决齐套审批的评价准则问题,以订单任务、工序计划、库存状态的依据,为齐套审核提供模型化主动式的控制机制,保证物料能够准时及时地配套到装配现场,同时考虑重要紧急订单任务的物料齐套的特殊需求,使得有限车间库存资源更灵活更有效地为装配生产服务。

齐套优先级模型的设定采用三级累加评价的原则,通过对任务和库存相关依据的定量描述生成输入参数,采用影响因子分别控制三级评价的影响权重,执行算法的遍历实现待审批齐套请求的优先级排序并输出结果,如图 7.7 所示。

2. 齐套优先级算法

对于 $\{A1,A2,A3,\cdots,Am\}$ 种物料分别有 $\{a1,a2,a3,\cdots,am\}$ 条齐套请求,如下:

$$\{KC_1^{A1},KC_2^{A1},KC_3^{A1},\cdots,KC_{a1}^{A1}\}$$
$$\{KC_1^{A2},KC_2^{A2},KC_3^{A2},\cdots,KC_{a2}^{A2}\}$$
$$\vdots$$
$$\{KC_1^{An},KC_2^{An},KC_3^{An},\cdots,KC_{an}^{An}\}$$

以 KC_1^{A1} 为例,描述模型的计算过程。

(1) 一级判定。设定订单的初始优先级 U_{Oi},包括四个等级:普通、A级、AA 级和 AAA 级,数值分别为 10、15、20、25;紧急加单系数 n_{Urg},包括三级:一般插单、重要插单、特急插单,分别对应系数为 2、5、10,因此计算一级判定数值公式(7-1)

$$U_1 = n_{Urg} \times U_{Oi} \tag{7-1}$$

另外可以自定义订单等级,实现动态扩展。

(2) 二级判定。当前时间为 T_{Cur},如果齐套所属工序的排产开工时间为 T_{Pi},车间出库到工序所在工位的时间为 T_{Tran},则在 T_{Pi} 不为空和为空的情况下,二级判定数值分别如公式(7-2)和公式(7-3)所示。

$$U_2 = \frac{1}{T_{Pi} - T_{Cur} - T_{Tran}} \tag{7-2}$$

$$(\text{其中 } T_{Pi} - T_{Cur} - T_{Tran} > 0)$$

$$U_2 = \frac{1}{(P_{Tar} - P_{Cur}) \times T_P - T_{Tran}} \tag{7-3}$$

$$(\text{其中}(P_{Tar} - P_{Cur}) \times T_P - T_{Tran} > 0)$$

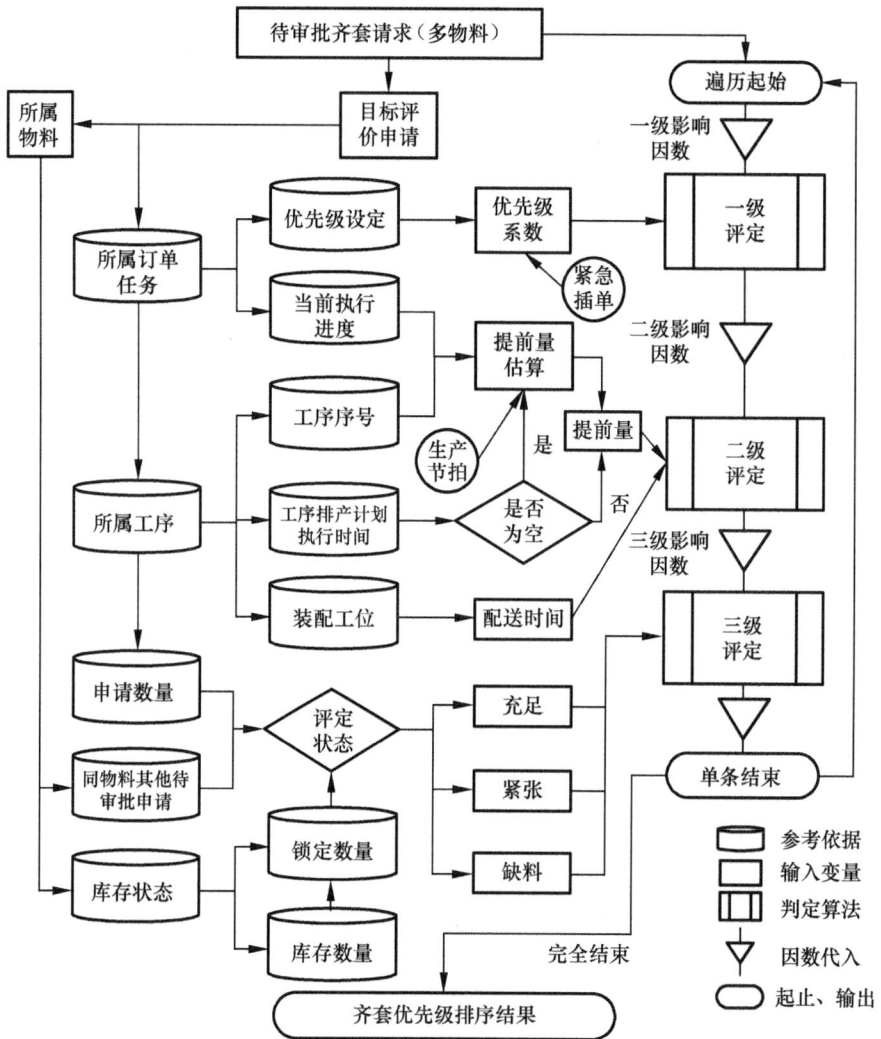

图 7.7　齐套优先级评价模型

其中 T_p 为生产节拍时间，P_{Tar}、P_{Cur} 分别为齐套所属工序序号和订单当前正在执行的工序序号(如果为开工则为 0)。

(3) 三级判定。将 $\{KC_1^{A1}, KC_2^{A1}, KC_3^{A1}, \cdots, KC_{a1}^{A1}\}$ 中的全部申请数量和为 $N^{A1} = \sum_{j=1}^{a1} N_j^{A1}$，该物料的库存实际数量为 S^{A1}，锁定数量为 L^{A1}，那么

　　如果 $S^{A1} - L^{A1} \geqslant N^{A1}$，表示库存充足；

　　如果 $N^{A1} \geqslant S^{A1} - L^{A1} \geqslant N_1^{A1}$，表示库存紧张；

如果 $S^{A1}-L^{A1}<N_1^{A1}$，表示库存不足，发出库存缺件提示，终止 KC_1^{A1} 优先级计算。

对于充足、紧张的情况，三级判定数值如公式(7-4)所示。

$$U_3 = \frac{N^{A1}}{N_1^{A1}} - \frac{(S^{A1}-L^{A1}-N^{A1})(S^{A1}-L^{A1}-N_1^{A1})}{(S^{A1}-L^{A1})} \tag{7-4}$$

综上所述，将三级判定数值通过权重系数相加得到最终的齐套优先级判定数值如公式(7-5)或公式(7-6)所示。

$$U = n_1 \times U_1 + n_2 \times U_2 + n_3 \times U_3 = n_1 \times n_{Urg} \times U_{Ori} +$$

$$\frac{n_2}{T_{Pi} - T_{Cur} - T_{Tran}} + n_3 \times$$

$$\left[\frac{N^{A1}}{N_1^{A1}} - \frac{(S^{A1}-L^{A1}-N^{A1})(S^{A1}-L^{A1}-N_1^{A1})}{(S^{A1}-L^{A1})^2}\right] \tag{7-5}$$

或 $$U = n_1 \times m_{Urg} \times U_{Ori} + \frac{n_2}{(P_{Tar}-P_{Cur}) \times T_p - T_{Tran}} + n_3 \times$$

$$\left[\frac{N^{A1}}{N_1^{A1}} - \frac{S^{A1}-L^{A1}-N^{A1}(S^{A1}-L^{A1}-N_1^{A1})}{(S^{A1}-L^{A1})^2}\right] \tag{7-6}$$

采用齐套优先级评价模型与算法，通过遍历输入当前待审理的齐套请求列表，输出相应的评价数值列表，按数值大小排序即齐套优先级由重到次的排序，为齐套审批提供合理高效的主动式的手段，有助于避免因审核人人为意愿造成的物料资源利用不均衡问题。

7.4.2 扁平式库存管理与齐套的配套管理

根据齐套业务的特点，避免具有相互组成关系的零件、组件、部件出现重复定义，将产品的装配结构数据进行扁平化处理，建立扁平式的车间库存数据库，同时在库存物料和产品装配结构数据之间建立具有唯一标识符定义的编号相互对应。

扁平式库存管理数据的建立及与齐套配套的管理技术如图 7.8 所示。

在对产品型号装配结构工艺数据定义的同时，系统采用结构树遍历方式采集全部节点数据，引入装配级别控制作为参数条件，如果是考虑总装流程，则仅处理第一层装配结构数据，如果考虑部装情况则进行第二层遍历，通过扁平化处理，将其形成无层次的装配物料数据，将物料的编号与库存物料唯一标识符对比判断是否为新增物料，如果为新增物料则将物料信息录入库存数据库中，同时根据物料信息生成二维码，用于车间库存出入库和齐套物料关联扫描使用。

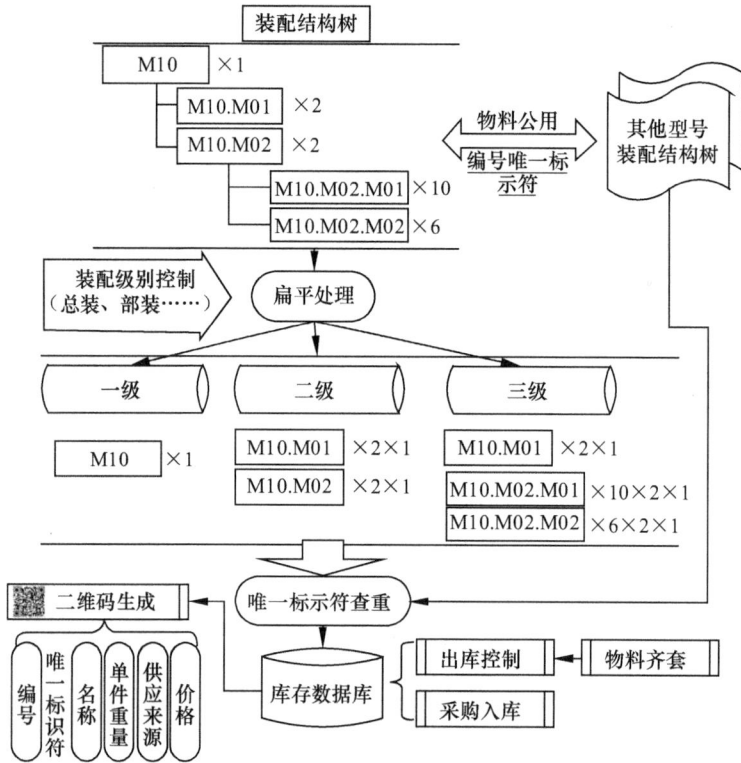

图 7.8 扁平式物料库存管理示意图

7.5 生产计划驱动的物料状态协调控制技术

齐套物料在审批通过后需要对其进行配送,才能到达现场被对应的工序所使用,齐套物料的出库采用组合方式,通过扫描二维码将齐套托盘与齐套物料集合建立关联,保证出库的准确和现场确认的方便快捷,同时在物料托盘在车间内部循环周转的过程中,系统通过二维码扫描跟踪物料的状态与去向建立齐套物料的跟踪与周转历史记录,最终实现服务型车间组合物料配送供应。

7.5.1 基于二维码的装配物料周转控制流程

二维码技术是随着电子技术的进步,尤其是数字化技术在现代化生产和管理领域中的广泛应用而发展起来的一门实用的数据输入技术。通常认为,二维码技术具有输入速度快、可以存储中文、容量较大(ASCII 格式一般可容纳 1 108 字节)、纠错力强、价格便宜、便于维护等诸多优点,结合装配车间物流的特点和存在的问题,采用基于二维码技术的装配周转控制来实现物料库存、物料准备以及现场确认方面的有效协调,实现车间大量复杂物料配送的及时、快速、准确的信息录入。

系统采用 GB/T 18482—2000 标准的 QR Code 二维码,并采用模式 20 纠错等级 M 的编码方式,通过对对象的唯一标示符和描述信息进行编码,实现对象的扫描确认和信息的查看。系统中主要使用二维码标签的地方有三个,如表 7.4 所示。

表 7.4　使用二维码标识的对象

对象	编码标识	编码内容	附着位置
工人	工号	姓名、工种、班组	工作牌/证
物料	图号	质量、来源	仓库货架对应位置
托盘	编号	最大载重量	托盘明显位置

二维码编码采用键值对的形式存储对象的唯一标示符和内容,例如图号为"DrawNo10010"质量为 25kg 来自"第三车间"的物料,编码为:

〈SN＝DrawNo10010;Weight＝25;Source＝第三车间〉

将字母和数字通过 ASCII 规则编码,汉字通过 GB/T 18030—2000 双字节编码,最终形成二维码标签,并将二维码标签封至于塑料套盒中贴附或挂置于托盘、货架等相应位置,避免工厂环境下玷污或损坏。

在对象二维码定义与准备的基础上,装配周转控制流程如图 7.9 所示,具体描述如下:

(1) 工序齐套物料托盘准备及车间物料周转。

齐套请求审核通过后,库存管理员根据齐套清单物料的编号在仓库中采集所需的物料,然后扫描二维码建立托盘和齐套物料的编号关联,实现快速的齐套托盘物料准备工作。同时实现数据库和仓库之间的协调统一,达到出/入库数量精确记录,物料周转过程透明可见。

(2) 物料抵达及现场确认。

托盘物料抵达车间装配现场,通过二维码扫描确认实际领得物料和齐套请求中的物料清单一致,并提交反馈给库存管理。托盘在完成一次物料周转任务之后返回库存端,并将其二维码关联的物料信息重置清空。

(3) 车间物流追溯和统计。

物料从入库、出库、配送到达确认都执行现场扫描操作,同时配送过程都与具体装配工序任务挂接,这些数据包含物料周转的全方位信息,保证车间管理人员可以实时了解各装配工序所需物料的准确情况,也可以从车间

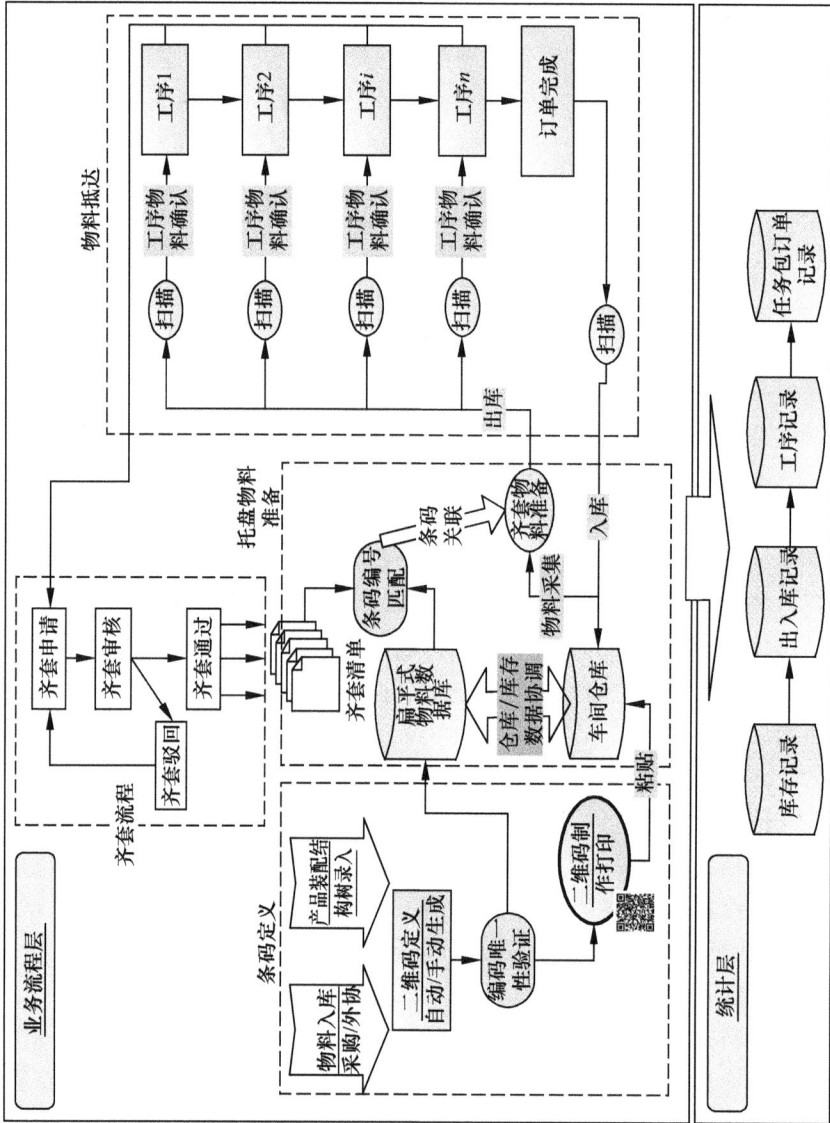

图7.9　基于二维码技术的装配周转控制流程模型

库存的角度了解物料在库情况与离库去向,能够及时发现问题、追溯源头、责任到人,促进生产过程的严格管理。

7.5.2　装配计划驱动的齐套物料托盘准备技术

订单在执行的过程中,在每一个工序开工前有不同种类和数量的齐套物料需求,为了保证工序的顺利开工,工序物料的准备任务需要保证快速、准确、统一。以装配计划作为物料准备的时间控制主线,将渐增式过程齐套控制技术和物流托盘的应用相结合,形成一套配合齐套的服务性物料准备技术,技术的业务流程如图 7.10 所示。

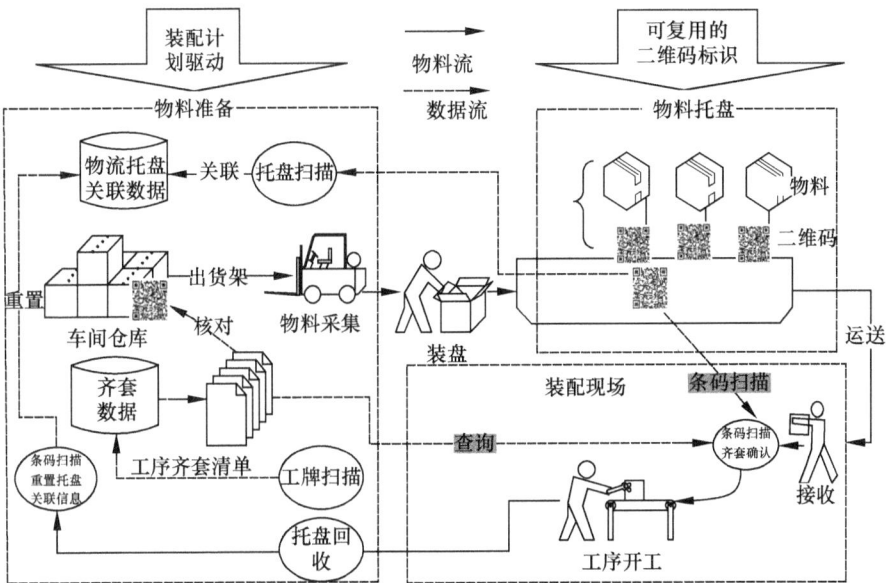

图 7.10　齐套物料托盘准备技术流程

(1) 配合齐套物料需求的托盘物料准备。

齐套申请审核通过后,车间仓库根据齐套清单的物料二维码编号和数量采集物料,扫描每个物料二维码和托盘二维码,建立具有时效性的物料和托盘二维码的对应关系,然后装盘出库运送至现场。

(2) 托盘二维码扫描代替整体式的现场确认。

物流托盘承载着工序齐套物料到达装配工位现场,接收人员随即扫描物流托盘的二维码,系统通过数据关联查询到托盘上全部物料的清单,再调取工序齐套请求的物料清单,前后对比来确定工序物料是否备齐,如果备齐即可工序开工。

（3）统一的托盘回收传送及物料关联重置。

托盘的回收统一采用传送带回收，配合车间的地理布局，在生产线的走向方向上布置托盘传回传送装置，方便工人尽快及时地回送物料托盘，实现车间的整洁有序。托盘回到车间库存后扫描二维码，将其与上一次的齐套物料的关联清空重置，以备二维码的反复使用。

7.5.3　基于条码的车间物流追溯与统计

车间物流追溯与统计建立在以二维码数据采集手段的物流节点控制基础上，在物料入库、出库、装盘到现场确认最后托盘归库这一业务流程中各节点实现精确的数据录入，配合渐增式齐套状态协调技术，通过对库存信息和物料关联信息的分析处理得到用户所需的透明化全过程的闭环物料流向追溯数据和统计报表，车间物流追溯与统计技术如图7.11所示。

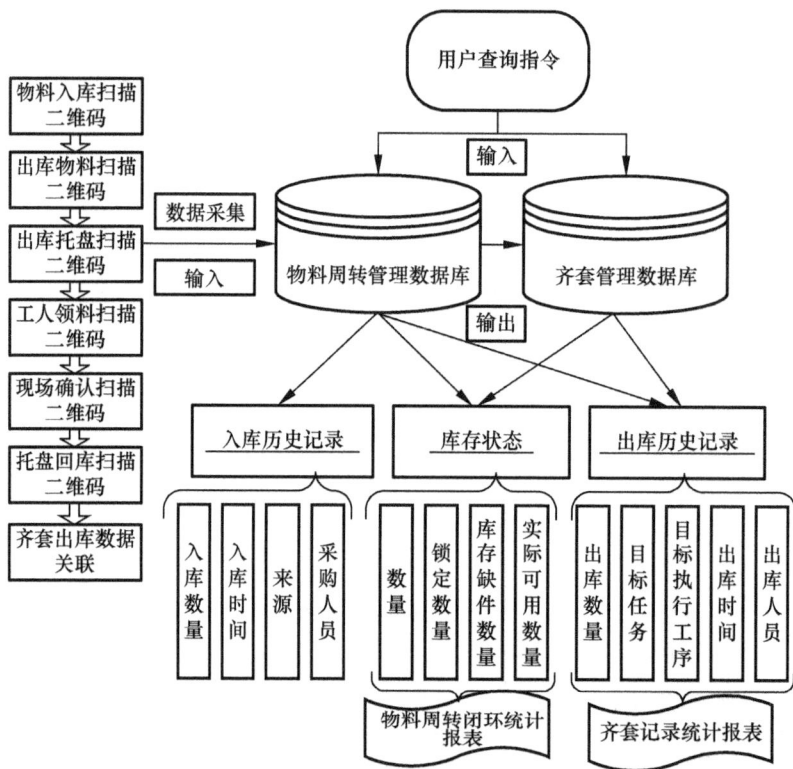

图 7.11　基于二维码的车间物流追踪与统计

　　系统根据数据采集和录入产生的物料动向信息,结合物料周转管理数据库和齐套管理数据库之间的数据关联,将物料的去向关联到具体的某项生产任务的某道工序,同时记录出入库数量、时间、负责人员,将装配工序与物料流动相互映射起来,保证装配资源的准确利用,另外实时有效地更新库存数量和锁定数量等信息,最后实现两个统计报表的直观显示,从而指导生产。

第 **8** 章

面向多品种变批量
混线生产的车间
生产调度技术

　　多品种变批量生产具有品种丰富和批量变化的特点,具有研制型产品与批产型产品共用制造资源的现象。面向多品种变批量生产的快速响应制造执行的核心之一是车间作业的优化调度排产。多品种变批量的运行形式主要体现为品种、批次、数量方面的变比例组成,也可以理解为单件、小批、中批、大批等不同作业模式的混合运行,对以制造资源优化配置为目标的作业调度提出了新的挑战。为了有效地化解批产型产品生产所追求的效率与研制型产品生产所追求的柔性之间的矛盾问题,以可重构制造系统思想为指导,以具有批量生产和加工质量一致性要求的产品在单元内形成流水式生产的形式解决效率问题,以普通零件在单元外展开离散式生产的形式解决柔性问题。以单元内外制造资源能力的共享配置与作业调度思想的统一为基础,形成了完整的混线生产作业调度技术思路。从作业类型而言,混线生产调度体现为单元内流水作业与单元外离散作业的混合,目前关于离散调度算法研究较多,但在关于流水式调度所强调的节拍、并行工序等方法的研究则比较缺乏,本书拟探索离散制造环境下的流水式运行机制,解决流水与离散的统一约束建模与作业调度问题。

　　多品种变批量生产中存在混线生产、工序并行加工等现象,使得车间内设备与设备之间、设备与零件之间的关系复杂,如果单独依靠车间人员的经验安排生产必然造成作业计划制订人员工作任务繁重、作业计划制订周期长等问题,使计划制订人员很难在规定的时间内生成合理的作业计划,因此借助计算机辅助实现成为混线生产作业调度的必备手段。但是传统的生产调度中单一生产模式的假设与混线生产的实际情况不相符,无法适应面向多品种变批量生产的要求。如何兼顾效率与柔性,在按期交货目标的指导下,保证单元内零件流水式作业和单元外零件柔性作业相混合情况下的资源优化配置,是混线生产作业调度必须解决的问题,也是传统调度技术中未曾研究的领域。并行设备加工虽然在传统调度中有所涉及,但研究内容与流水加工的节拍保障机制无关。因此需要建立一种新型的支持混线生产的作业调度技术,使其能够快速地生成符合要求的作业计划。

8.1　混线生产概念及其运行特点

混线生产概念是指多类型产品在同一条生产线上并行生产,在产品类型上体现为研制型产品与批产型产品的变比例组成,在生产组织上具有变批次、变数量的特点,其表现形式是单件、小批、中批、大批等生产任务混合进行,是多品种变批量生产模式的典型运行形式。在我国企业逐步转化为多品种变批量生产模式的趋势下,通过作业调度技术的研究解决资源的优化配置问题具有重要的理论和现实意义。混线生产运行形式与传统的生产组织相比,在机制、技术等方面具有更高程度的复杂性,具体描述如下:

(1) 效率与柔性兼顾的矛盾问题。

对于具有一定批量的产品,其理想运行形式是刚性的专业化流水生产线,能够发挥批量生产优势并实现效率上的提升;而对于单件小批的产品,其理想运行形式是机群式布局基础上的离散式制造,强调对多品种的适应性,追求的是柔性。因此,效率与柔性兼顾是混线生产的基础矛盾。

(2) 流水与离散作业模式的混合。

混线生产要求流水式与离散式两种模式的混合,流水式生产强调资源集合的逻辑组合以及生产节拍,离散式生产强调资源的柔性配置。在向多品种变批量生产模式转变过程中,传统的大批量型生产方式需要重视柔性,而以研制为主的单件小批型生产方法需要重视效率,最终都体现为流水与离散作业模式的混合。

(3) 复杂的制造资源优化配置问题。

首先需要解决在job-shop离散制造环境下,面向具有一定批量的产品生产任务,如何通过制造资源的逻辑组合形成一条虚拟的"短线"或者"小流水"生产线。并且由于当前制造工艺并非面向批产规划,所以存在工序作业时间不均的现象,还必须同时保证流水式生产节拍;另外,由于共用同一条生产线,还必须解决流水式生产所用设备与离散式生产所用设备能力共享分配问题。因此,面向流水与离散混合作业要求,为了解决资源的优化配置问题,对作业调度技术提出了新的挑战。

8.2　面向快速响应制造执行的生产调度基础理论

快速响应制造执行的驱动因素是多品种变批量的生产模式。多品种变批量生产模式不仅体现为品种的丰富和批量的变化,还体现为强调研制型产品与批产型产品的混线生产运行形式。由于研制型产品具有任务下发的突然性、工艺的不稳定性等,都会对批产型产品的生产带来冲击。同时,就我国现状而言,对于批产型产品而言,虽然工艺路线相对稳定,但同样存在任务分批交付的不确定性、工时等基础数据的不准确性、长期手工形式的生产管理导致的现场执行状态及其反馈信息的不完备性等问题。如何在非常规的动态制造执行环境下进行生产调度的决策就成为迫切需要解决的核心问题。多品种变批量生产模式需要化解的核心矛盾在于批产型产品的生产效率与研制型产品的生产柔性,提高批产型产品生产效率和加工质量一致性水平的理想形式是采用单元化制造的思想,实现在单元内形成短线或者小流水的生产运行效果,而提高研制型产品生产柔性是采用离散式制造形式,两者综合导致了多品种变批量生产组织具有单元内流水式生产与单元外离散式生产相结合的混合模式,为生产调度提出了新的技术挑战。

8.2.1　排产与调度的概念分析

排产是在考虑能力和设备的前提下,在物料数量一定的情况下,安排各生产任务的生产顺序、优化生产顺序、优化选择生产设备,使得减少等待时间,平衡各机器和工人的生产负荷。调度是基于既定的排产方案,面向生产现场的实际资源状态和执行进度信息,进行和调整作业派工。排产主要面向计划任务,而调度主要面向执行现场的动态调整,因此,一般可以称之为计划排产和动态调度。需要指出的是,有些行业或地区习惯将其称为排程,甚至笼统称之为计划、排产或调度,但其含义范围基本一致。

计划排产与动态调度的概念侧重点有一定的差异,总结如下:

(1) 应用时机差异。

计划排产一般偏重于开始执行前的全局统筹作业安排,动态调度强调过程执行中的执行现场实际调整,但一般而言,在车间已有任务在制执行的状态下,计划排产也必须考虑到现场任务的执行状态进行作业方案的更新,这种情况等同于动态调度,也是计划排产的常态。

(2)应用状态差异。

计划排产偏重于静态的总体评估,而动态调度偏重于动态的现场调整,两者维护的是同一个作业方案。

(3)应用重点差异。

不同类型的生产对于排产和调度的应用重点存在一定的差异,对于以机器设备为核心的多品种变批量生产,一般强调计划的权威性和指导性,体现为"重计划、轻调度",即一旦作业方案确定,尽量避免执行过程中的调整;对于以人力、场地资源为核心的大型、单件装配型生产,由于约束问题的复杂性以及人力资源的灵活性,导致难以获得精确意义上的计划排产作业方案,因此普遍采用"轻计划、重调度"的方式进行过程组织,即计划排产给出相对量化的作业方案,主要是按照交货期规定的时间节点,过程执行主要依靠现场的调度配置,这种形式具有一定的灵活性,但难以有效提升资源利用率和保证产品的交货期。

8.2.2　生产调度的内涵分析

生产调度性能的优劣直接制约了多品种变批量生产模式的运行效果,是能否落实快速响应制造执行的核心技术。传统的生产调度概念偏重于作业计划的优化排产,并衍生出了大量的优化调度算法,对于基础数据准确、业务流程稳定、少品种大批量的制造执行具有一定的适应性,但在我国无论是民品行业还是军工行业均向多品种变批量生产模式转变的趋势下,面临来自任务、流程、数据、执行等层面变动性影响,导致我国离散制造企业的制造执行水平总体上仍然处于手工管理阶段,虽然目前有大量的面向静态、理想执行的优化调度算法研究成果,但由于无法对动态的生产扰动事件进行快速响应,从而无法真正展开应用。总结而言,一方面是多品种变批量生产模式提出了混线生产柔性调度和动态调度的新挑战;另一方面是目前的调度研究由于假设过多而偏离实际,不能反映多品种变批量生产模式下的快速响应制造执行问题背景,如何解决两者之间的差距,就成为需要解决的核心问题。

针对传统的集中于作业优化排产调度算法研究无法解决多品种变批量生产模式快速响应制造执行的问题,本书认为必须突破仅仅局限于作业排产的生产调度概念,从生产的本质含义入手,从广义的角度,结合快速响应制造执行的需求,进行生产调度的定义和研究。

面向快速响应制造执行的生产涉及业务流、作业流、信息流三者之间的交互协作。业务过程协调和作业周转是信息流的载体,作业流对业务协调和信息传递具有驱动和牵引作用,业务过程协调指导工件流转并进而支持信息传递,三者关联协作,才能有效地支撑快速响应制造执行。面向快速响应制造执行的生产调度,必须综合考虑制造信息管理、业务过程协同、作业周转控制、作业执行状态采集、混线生产作业调度和动态调度等环节的关联关系,跳出为作业调度问题而研究调度算法的处理思路,从全局的角度,建立全面的生产调度解决方案,以解决多品种变批量生产模式所要求的快速响应协同调度问题。

面向快速响应制造执行的生产调度内涵可定义为:以多品种变批量生产模式为研究与应用背景,以支持快速响应制造执行为目标,以生产中的业务、信息和作业等的关联关系为基础,从广义生产调度的角度,通过业务过程协调、工艺过程驱动的周转控制、混线生产作业优化排产、生产扰动驱动的动态调度等环节系统化综合处理的思路,形成以作业优化排产与动态调度为核心、以业务协同与信息控制为支撑的生产调度技术体系,达到有序、协调、可控和高效的快速响应制造执行效果。

8.2.3　当前典型生产调度问题

生产调度的重要性已经得到了学术界和企业界的广泛认可,虽然目前在这方面开展了多方面的研究,但总体而言实际应用还存在较多的问题,也导致目前车间的生产调度问题一直是制约 MES 实施应用的核心瓶颈。当前典型生产调度问题主要体现为一些现象,下面对其进行总结并分析其产生的根源:

(1)"大干一百天"或"决战四季度"现象。

这种现象一般出现在每年的第四季度,是企业为保证完成年度生产任务而提出的一种口号。这种现象在军工企业更为普遍,体现的是一种"运动式生产"或者类似"政治式抢产"的生产形式。该现象出现的根源在于企业在进行生产组织时缺乏平衡规划,虽然与厂级计划较为模糊或者 ERP 系统应用不理想有关,但也与车间由于缺乏有效的排产调度软件而难以为上层计划提供有效的决策支持数据,比如车间难以给出量化的生产能力评估结果等。

(2)"计划赶不上变化"现象。

目前,车间各种调度主要是通过频繁的"例会"形式进行生产计划的调整和协调,普遍反映"计划赶不上变化",导致作业方案在现场执行过程中始终处于"边执行、边调整"的状态。该现象出现的根源在于车间制造执行过程中存在大量的生产突发事件,其来源多种多样,如计划任务的分批、插单、废品重投等,如现场执行的物料、刀具、夹具、量具和人员等资源不到位等,如研制型产品在生产过程中的工艺修改或者划改等,如由于基础工时数据不准确导致的计划开工和完工时间与实际开工和完工时间存在较大的差异等,这些生产突发事件都会导致已经制定的作业方案在现场执行中出现"走样"或"偏差",使得作业排产方案与现场实际执行状态出现不一致和不相符,从而导致作业排产方案难以再对实际执行过程进行指导,这也是必须要应用动态调度的根本原因。

(3)"各自为战、争抢资源"现象。

在传统的手工作业模式下,企业一般采用多种形式的调度组织,如负责某个产品或型号跟踪生产的产品调度、如负责某个区域/班组/工段的区域调度等,基本形成了分调度与总调度相配合的调度组织形式。这种组织下的制造执行过程存在一些问题,如某产品调度为了保证自身负责的型号能够按期生产,而直接进入现场指派工人变更作业任务,如某区域调度根据自身工段任务情况,自主安排设备和人员完工某项作业任务,但这项作业任务可能的交货期并不紧急或者交货期紧急的作业并且下个区域等待上游流转过来的作业却不能及时安排。这些现象属于典型的"产品竖井式"或者"自主区域式"的生产现象,严重冲击了车间进行制造资源统筹优化配置的职能。这种现象的根源在于长期而传统的手工作业形式"以经验为主、以人员协调为主"的管理方式,但对于车间而言,凡是进入车间的生产任务应该从全局、统一的角度进行资源的优化配置,实现多任务并行、混线生产下的统一排产调度,这么做不仅有利于提高资源利用率,也通过有序、协调、可控和高效的执行保证各个任务能够在交货期限内完工。

(4)"随波逐流"现象。

车间对作为制造执行过程协调中枢环节的排产调度给予了充分的重视,也一直期望能够形成作业方案指导下的"指哪打哪"式有序生产,但由于大量突发生产事件的影响,需要频繁地对作业方案进行调整,而当前缺乏有效的支撑工具,因此在实际生产过程中逐步演变为"打哪指哪"式生产,突出表现为车间生产计划受制于现场的逆向控制,呈现出"随波逐流"下的趋势性定性生产组织,作业方案对生产现场的指导性逐渐涣散。产生这种现象的根源同样是由于缺乏有效的工具软件或者响应机制实现对作业方案的及时有效调整以保证对现场的指导性。

8.2.4　生产调度问题解决思路

多品种变批量生产模式的典型特点之一是动态性,从而对生产调度提出了快速响应、柔性协调的要求,必须采取系统、综合的方法。其核心目标是构建具有鲁棒性特点的系统化的生产调度解决方案。鲁棒性来源于英文单词"ROBUST",意为健壮、稳定。衡量生产调度问题处理方案鲁棒性的准则主要有以下三个方面。

(1) 能否消除问题发生的根源,即系统的运行能够有效地规避可能发生的问题。

(2) 能否降低问题的影响范围和程度,或者改变问题的性质,使得问题只在小范围内发生,即实现问题的有效隔离,降低问题影响的波及程度,避免对系统运行形成致命的冲击。

(3) 能否针对出现的问题,实现快速的响应处理。

因此,解决生产调度问题,也必须遵循上述准则,形成系统化的解决思路。本书提出以下基本方法。

(1) 加强协调,消除根源:通过业务过程快速定制实现对变化的业务流程、功能和数据的响应,从根源上为快速响应制造执行提供柔性协同环境支持;通过业务过程的快速协调,减少调度问题的发生和提高问题的处理速度。

(2) 预先防范,防止发生:通过作业周转过程控制,实现全面的制造执行状态信息的采集,防止出现遗漏,以保证作业计划能够得到及时有效的调整;通过具有柔性调度约束的混线生产作业排产技术,基于作业方案的优化可初步防范作业执行中可能出现的问题。

(3) 问题隔离,缩小影响:通过计划任务的动态管理,如采用分批等策略,隔离任务、工艺的变化对生产调度问题的影响;针对各种生产扰动事件对作业计划影响范围分析,建立模块化的组合处理机制,减少作业计划的调整范围,提高作业计划的稳定性。

(4) 快速响应,处理得当:在问题发生之后,通过快速响应动态调度实现对生产扰动事件的处理,保持作业计划与实际现场执行状况的同步,保证作业计划的权威性。

在制造执行过程中的业务流、作业流和信息流复杂关联分析的基础上,以加强协调为目标建立复杂生产环境下制造执行过程协调技术;以预先防范为目标建立混线生产作业调度技术;以问题隔离和快速响应为目标建立面向生产扰动的快速响应动态调度技术。面向快速响应制造执行的生产调度问题基本解决思路如图 8.1 所示。

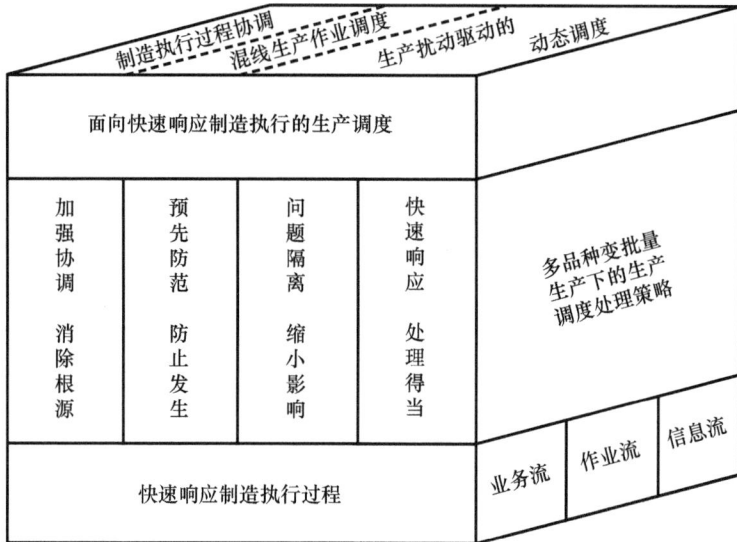

图 8.1　面向快速响应制造执行的生产调度问题基本解决思路

8.2.5　生产调度问题处理策略

基于生产调度内涵与问题解决思路,从系统综合的角度,从协调、防范、隔离和快速响应四个层次,进行面向快速响应制造执行的生产调度问题处理策略分析。

1. 通过协调能够解决的问题

(1) 主制与协作信息不畅引起的问题:例如对于军品生产,其生产管理大量采用主制车间负责的思路,从而导致其负责的生产零件在周转到外车间后无法控制的问题存在,因此,需要建立双方的有效沟通机制,如提前将需要外车间协作的生产任务告知对方,让对方能够提前准备。

② 计划组长与计划员的沟通不足问题:由于项目型管理的要求,不同的计划员负责不同的型号项目,各个计划员为了保证自身负责产品能够顺利完成,必然通过各种措施干扰预定的生产计划正常进行,会频繁出现争抢设备的现象,因此,要求计划组长与计划员能够建立有效的沟通机制,实现在统一设备资源能力的基础上进行有序的作业排产安排,提高制造执行的协调性,从而促进作业的有序进行,为高效运行提供支持。

③ 技术问题的协调需要快速协商机制:在制造执行过程中,会出现各种各样的技术问题,如需要工艺人员、编程人员现场处理的问题,应该提供有

效的保证机制,建立双方的快速协调,如通过作业执行看板对需要重点工艺关注的生产环节建立现场生产与相关人员的协调。

（4）计划任务—作业调度—执行反馈脱节的问题:计划任务的变更或者调整能否快速反映到对作业计划进行实时更新,作业调度能否及时获得执行反馈信息,都是影响制造执行有序运行的关键问题,建立模块化的体系结构,形成各模块之间良好的互动协调机制,是解决这一问题的关键。

2. 通过预先防范可以解决的问题

（1）数据集成与协调不一致性的问题:数据的集成与协调是制造执行过程必须面对的问题,为了保证双方的数据能够保持一致,必须尽可能地采取统一数据源的方法,或采用通用的中间数据格式。

（2）急件任务频繁插入的问题:制造执行过程中,任务是影响系统顺畅运行且必须解决的核心和源头问题,为了避免频繁的急件任务插入现象的发生,需要在生产任务动态管理中,进行综合的协调,尽量为作业顺畅执行提供充足的时间,降低对有序生产的冲击,如采取提前发放任务、任务均衡发放等方法,实现生产任务的综合协调处理。

（3）生产准备不足的问题:建立生产准备管理功能模块,并与制造执行看板进行关联,根据作业执行情况,合理规划生产准备任务,为生产准备任务规划合理的提前期,保证生产准备能够满足生产作业的要求。

3. 能够采取有效措施隔离的问题

无论多么完善的技术措施都无法全面涵盖制造执行中出现的全部生产扰动,生产中还是可能出现多种多样的扰动,从而干扰作业计划的正常执行,对于这些扰动事件应采取问题的隔离措施,尽量减少受影响范围。

（1）实际执行与作业计划不符、生产任务插入的问题:建立受影响工序集合和偏差容忍度概念,在保证作业计划与生产实际基本一致的前提下,尽量减小由于扰动事件对作业计划造成的影响。

（2）生产计划插入、追加和工序更改的问题:建立设备空闲时间遍历方法,将添加的生产工序在满足交货期的前提下,尽量安排在设备上的空闲时间进行加工。

4. 通过快速响应动态调度处理问题

扰动事件中的一些虽然可以通过问题隔离有效地减小影响范围,但是依然会对今后的生产任务造成影响。因此必须建立一套快速响应机制对生产扰动进行快速的、有效的处理。在生产过程中将这些影响到生产而必须快速响应的生产扰动称为扰动事件。根据对扰动事件的处理策略可以分为:

（1）自动响应的扰动事件：计划安排的工序作业时间由于种种原因导致开工时间、完工时间与计划时间不一致，造成作业计划无法与生产现场保持同步，通过短时间的积累，即可使得作业计划无法再对生产现场具有指导意义或者指导偏差加大，采用自动响应策略按照生产设备及顺序不发生变化的原则对生产执行中的这一情况进行响应。

（2）人机交互响应的扰动事件：虽然自动调度算法能够快速地生成作业排产计划，但很难考虑工序执行时不同人员技能、设备状态的差异等，这些都会严重影响作业计划的可执行性，因此，有必要建立人机交互的调度机制，能够为调度人员提供充分发挥其经验的功能。

（3）采用重调度方法响应的扰动事件：采取动态调度的机制，对任务插入、分批、设备故障等问题，利用重调度算法，进行快速的作业计划的调整，实现对该类问题的快速响应。

8.2.6 生产调度理论基本特征

通过对生产调度内涵、解决思路和处理策略的分析，形成如下的面向快速响应制造执行的生产调度理论基本特征。

（1）建立模块化的生产调度管理系统以提高系统的适应性。

通过合理划分生产调度的功能模块，形成具有相对独立业务处理能力的业务功能模块，不仅能够理顺各功能模块之间的业务和信息交换关系，而且有利于未来软件功能的扩充，支持生产调度系统的可集成、可配置和可适应，有效地隔离问题并缩小问题的影响范围，解决数据集成的一致性、业务流程调整的问题。

（2）建立有效的业务协同机制以降低问题发生的概率。

制造执行过程中存在大量的集成业务、技术准备业务、制造执行业务的沟通与协调要求，因此，需要建立有效的业务协同机制，通过有效的沟通与协调消除问题的发生，形成有序生产的制造执行效果。

（3）通过混线生产作业调度实现作业计划快速优化生成。

以基于规则的调度算法为核心，针对多品种变批量生产所具有的流水与离散混线生产的特点，建立统一的调度规则与调度约束，形成适应性的混线生产作业调度算法，实现作业计划的快速生成。

（4）通过人机交互调度方法以提高问题处理的有效性。

任何调度系统都无法完全发挥调度人员的经验，因此采用人机交互调度方法，为制造执行中的作业计划安排提供具有极强灵活性的调度手段，能够有效地规避和解决自动调度算法可执行性的问题。

（5）建立支持柔性调度的机床动态工作日制安排技术。

机床动态工作日制安排是当前研究比较薄弱的技术,但其对于提高调度柔性,形成满足交货期要求的作业计划具有基础支撑的作用,能够有效地提高制造执行的灵活性,支持形成完善的作业计划。

（6）建立生产扰动事件驱动的快速响应动态调度技术。

针对制造执行中大量任务变动、工序执行、生产准备不足、设备资源故障/维修的问题,建立快速响应动态调度机制,实现对生产扰动问题快速处理,实现作业计划与现场执行的同步生产。

（7）建立支持制造资源动态重组的动态调度技术。

制造资源的动态重组技术是在不改变设备物理属性的基础上对制造资源进行动态的逻辑组合与调整。生产工艺成熟、加工批量大的产品主要在逻辑制造单元所包含的设备上完成加工,逻辑制造单元内的设备形成一个类似于"小流水"的专业生产线。而研制产品和生产批量小的产品则主要利用单元外设备进行生产。制造资源的动态重组技术在实现高效生产的同时保证了生产线的柔性,是一种能够有效解决多品种变批量生产模式下柔性与效率不能兼顾问题的方法。

从上述内容可以看出,采取通过业务协同减少问题的发生、通过模块化与柔性的系统有效地隔离问题减少影响范围、通过动态调度提高问题的处理响应速度,建立了完善的快速响应制造执行生产调度理论体系。上述面向快速响应制造执行的生产调度理论基本特征之间的关系,如图 8.2 所示。

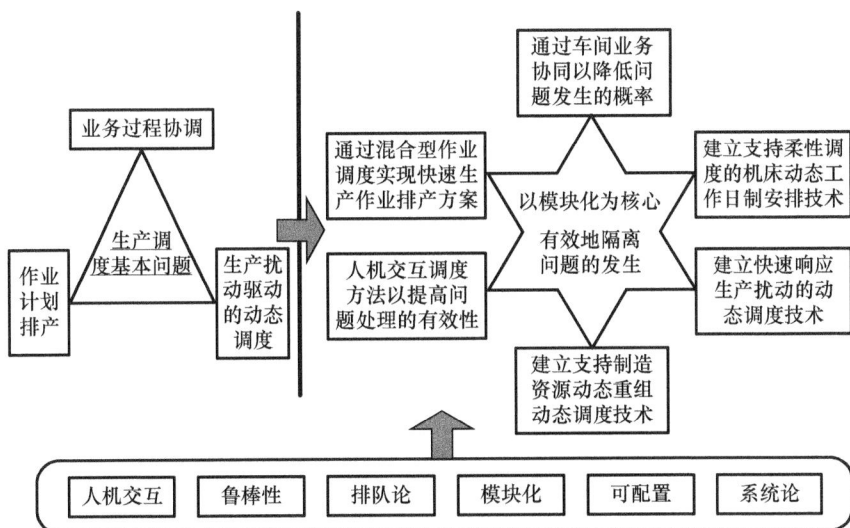

图 8.2　面向快速响应制造执行的生产调度理论基本特征

8.3 面向快速响应制造执行的生产调度技术思路

生产调度的目标是达到作业有序、协调、可控和高效的运行效果,作业计划的快速生成以及面向生产扰动事件的快速响应处理是生产调度系统的核心和关键。为了顺利生成作业计划,需要为调度系统提供完整的产品和工艺信息,生成作业计划后以友好的界面进行呈现,制造执行过程中的实际执行数据通过系统采集后反馈作为动态调度算法的输入,由动态调度算法形成新的作业计划,实现闭环的生产调度控制。

8.3.1 生产调度技术框架

生产调度流程的主线是"生产任务信息读取—作业调度—生产状态采集—快速响应动态调度",因此将面向快速响应制造执行的生产调度技术体系分为三部分:制造执行过程协调、混线生产作业调度、生产扰动事件驱动的动态调度等,三者之间的关系如图 8.3 所示。

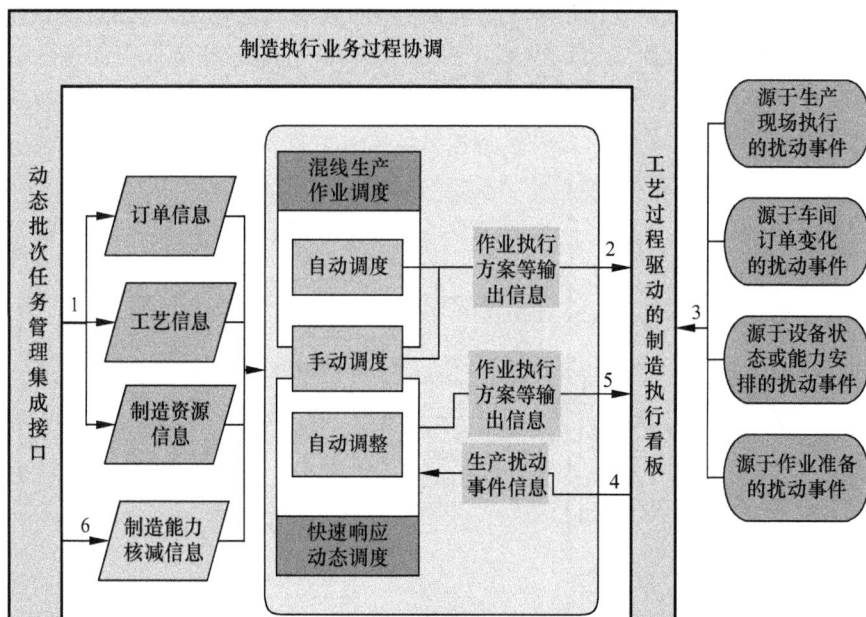

图 8.3 多品种变批量生产下的生产调度技术体系

如图 8.3 所示,其中 1～6 标识了信息的来源、去向及其顺序,描述了制造执行过程协调、混线生产作业调度、快速响应动态调度三者之间的关联关系。

（1）为了实现作业计划的安排，必须通过集成接口与动态批次任务管理获得订单信息、工艺信息和制造资源信息等，即接口"1"。

（2）综合利用自动调度和手工调度的形式，实现混线生产作业执行方案等信息的输出，即接口"2"。

（3）工艺过程驱动的制造执行看板接收作业调度方案，进行面向现场的作业周转控制，并在这个过程中收集源于生产现场执行的扰动事件、源于订单变化的扰动事件、源于设备状态或能力安排调整的扰动事件以及源于作业准备的扰动事件，即接口"3"。

（4）将收集到的生产扰动事件信息反馈到快速响应动态调度，进行作业计划的调整，即接口"4"。

（5）快速响应动态调度将更新的作业排产方案等信息输出到制造执行看板，即接口"5"。

（6）在有新任务下达时或者基于企业的调度窗口范围，基于已有的作业调度方案，进行持续的滚动窗口作业排产，通过接口"6"获得上次已经安排但尚未执行的作业工序集，通过制造资源的能力核减，进行作业计划排程。

8.3.2　多品种变批量混线生产作业调度

多品种变批量混线生产作业调度的目的是综合考虑零件交货期、有限制造资源基础上，建立以逻辑制造单元为核心的批产型关键件零件的流水式与普通零件离散式生产相结合的混合运行机制，实现基于设备能力共享的单元内外制造资源的持续优化配置，快速形成优化的作业排产方案。就技术分类而言，多品种变批量混线生产作业调度主要包括：流水与离散相结合的混线自动调度和人机交互模式下的作业计划生成与调整。综合利用自动调度和人机交互技术，可以生成一个较为合理的作业计划以指导实际生产。

（1）基于规则的自动调度。

主要功能是在读入数据后根据零件的工艺路线、交货期、工时等信息在工序选择规则的协助下，从众多待调度工序中选取唯一一个调度工序，利用混线生产中的动态优先级算法，根据零件采用的加工模式，调整其零件内后续工序的加工优先级，在设备选择规则和逻辑制造单元信息的协助下，从调度工序对应的可选加工设备中选取合适的加工设备，利用的动态优先级算法对该单元内设备加工该零件剩余工序的加工优先级进行调整，然后根据混线生产中的统一调度规则和约束规则将调度工序以紧前或者插入的方式添加到设备的加工序列中。如此循环,直至所有待调度工序完成调度,生成作业计划。

(2)人机交互的作业调度。

主要功能是一方面在当前工序没有调度时,通过人机交互界面为调度人员提供当前工序的最早可开始时间、当前工序所属零件的交货期和当前工序的可选设备以及设备的利用率等信息,调度人员在这些辅助信息的帮助下利用自身的经验并参考企业的生产习惯,通过人机交互界面对当前工序进行手动调度。另一方面,当工序已经完成调度,但是当前工序的作业计划由于不符合生产习惯等原因要进行调整,则系统通过人机交互界面为当前工序提供工序的可选设备及设备使用情况等信息,调度人员根据自己的需要调整当前工序在设备内的加工位置或者调整当前工序的加工设备,然后系统对当前工序的后续工序进行搜索,根据具体情况对受影响的后续工序的计划开始/结束加工事件进行调整。

8.3.3　快速响应动态调度

快速响应动态调度的主要目标是对制造执行过程中出现的各种生产扰动事件进行快速的作业计划调整处理,以保证作业计划能够始终保持与生产现场实际状态的高度一致性,避免出现计划与现场脱节的问题,通过动态调度保证作业计划始终能够对实际生产具有指导性。快速响应动态调度的输入来自于过程协调所采集到的扰动事件及其信息,并将结果在制造执行看板中进行更新。主要采用两种处理形式:自动响应和人机交互响应。

(1)自动响应方式。

自动响应方式是指当扰动事件上报后,动态调度模块一旦探测到扰动事件发生,则根据扰动事件的种类自动对作业计划进行调整。在调整过程中遵循的原则是不影响工序加工设备和尽量保持加工设备内的加工序列不变。自动调度有利于快速响应,快速生成新的作业计划。

(2)人机交互响应的方式。

人机交互响应的方式是指给出未处理的扰动事件列表,由操作人员决定是否处理这些扰动事件,操作人员通过人机交互界面根据生产情况和个人经验选择要处理的扰动事件,并给出扰动事件处理约束,计算机辅助完成受影响工序调整工作,生成重调度结果,下达到生产现场。人机交互的扰动事件处理可以有效地发挥调度人员的经验。

8.4　混线生产车间作业调度分析

8.4.1　混线生产作业调度问题分析

任何企业在进行制造执行时,对于精密件、关键件、重要件以及大批量生产件等,都会采取重点关注的处理策略。典型的应用如汽车生产行业,对于批量较大、关键、重要或者共用零件的生产,采取组织专用或准专用的设备集合的方法,实现准流水式的连续生产,而其他零件的生产则采用离散式生产;在军工领域中的典型应用体现为应急动员批产,其构建目标是支持在短时、不确定生产环境下实现多品种变批量武器装备的快速生产,采取的方法主要是以武器装备中关键、重要或者精密的零件为核心分配制造资源,形成流水式连续生产专线以提高重点关注零件的生产效率和加工质量的一致性水平,具有流水式制造单元的思想,其他的普通零件则基于设备能力的共享进行穿插、协调生产,总体上则表现为流水式生产和离散式生产的结合,并且形成"战场需求变化＞生产任务调整＞制造资源优化配置"的快速调整、协调运行的机制和效果。

综上所述,多品种变批量混线生产作业调度具有复杂的内涵,体现了流水式与离散式两种运行模式的综合。而我国的现状是车间大多采用机群式布局,如何在离散制造环境下实现流水式生产、如何解决流水式与离散混合式运行模式下的资源优化配置、如何建立面向混线生产的统一调度约束等,都对作业调度提出了新的挑战。

8.4.2　离散制造环境下的流水生产方式

传统的 Job-shop 作业调度方式认为同一工序下多个零件是一个整体,在前一工序的零件没有全部完成加工时后续工序无法开始加工,Job-shop作业调度的这种假设使得作业方案中零件内各工序之间的生产并不连贯。Job-shop 作业调度方式生成的作业方案具有较高的柔性,但生产效率和加工质量一致性水平较低,车间物流周转复杂,从第一个零件开始加工到最后一个零件完成加工的制造周期(Make-Span)较长。

在混线生产中对于大批量生产的零件,或精密、关键等零件需要协调安排形成"短线"或"小流水"的生产,同时在车间中仍然存在大量的以离散生产方式进行生产的零件。因此,如何在离散制造环境下,在制造资源物理位置不变的情况下,通过制造资源的逻辑关系合理分配形成某种程度的流水式运行效果,对于提高车间生产效率和改善加工质量具有重要的促进作用。离散制造环境下的离散生产和流水生产方式的对比分析如图 8.4 所示。

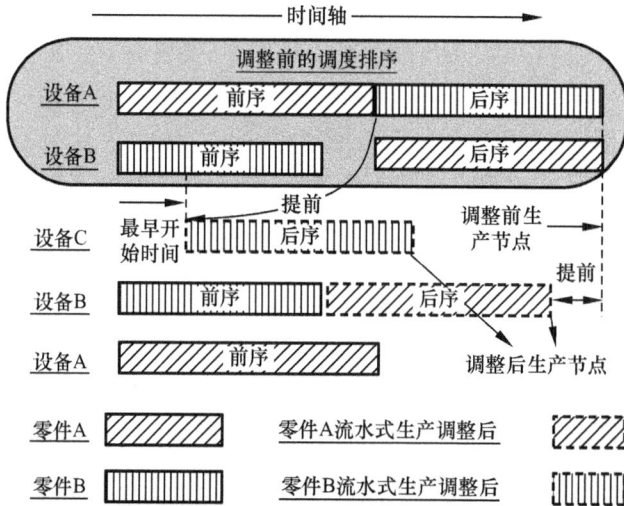

图 8.4　离散与流水生产方式的比较

　　流水式生产的核心是按照节拍进行生产。传统的流水式生产中由于订单相对固定,多采用刚性的固定生产线来实现,零件的工艺路线制定的依据之一即流水生产节拍,零件内各个工序的加工时间几乎相等,保证了生产的平顺性。但对于多品种变批量生产而言,在制造执行过程中不仅要保证采用流水式生产零件的平顺性,还要考虑订单中存在采用离散方式进行生产的零件,需要保证车间的柔性。同时,订单的品种、批次和数量是持续发生变化的,所以无法为一个生产任务中采用流水方式生产的零件建立生产专线,必取综合考虑两种作业形式。同时,在工艺路线制定时,对连续生产考虑存在明显的不足,各个工序的加工时间普遍存在一定程度的差异。这些都为离散制造环境下的流水式生产提出了技术挑战。

　　基于上述原因分析,就形成了混线生产下流水生产需要解决的问题:①工时差别大,采用流水方式生产的零件,其工序间的加工时间差别较大;②在设备共享方面,采用流水方式生产的零件没有专用的生产线,需要与采用离散方式生产的零件共享制造资源;③保证混线生产中采用流水方式进行生产的零件能够保持平顺。

8.4.3　面向混线生产的资源优化配置方法

离散生产模式将车间的设备按照类型分别组织,适合多品种、小批量的生产,生产柔性高,但生产效率低下;而流水生产模式中车间内存在固定生产线,具有生产效率高、加工质量一致性水平高,但缺乏柔性的特点。对于多品种变批量的混线生产,其关心的重点是提高生产效率,保证按时交货,同时保证关键、重要、精密、大件等关注零件即关重件的加工质量的一致性水平,形成综合关重件流水式生产和普通零件离散式生产的混线运行形式。因此,结合实际情况,针对流水式生产运行要求,引入逻辑制造单元的概念,作为资源优化配置的基础。

逻辑制造单元的表现形式为基于任务和制造资源动态组合下的作业计划,体现了与调度思想的融合。但需要指出的是,由于生产任务的不稳定性,制造资源的逻辑组合并不稳定,此时的制造资源组合并不对设备的物理位置进行调整,而是采取逻辑关联的方式展开。混线生产机制综合离散生产模式与流水生产模式的优点,其本质上是对制造资源进行合理的逻辑关系组织以适应多品种、变批量、研产并重的混线生产模式,即针对关重件生产任务综合考虑后续工序的资源占用情况,实现多制造资源的协同分配,进行设备的逻辑组织重组,保证资源调度分配的连续占用,形成流水式运行效果;而对于普通零件则进行离散式生产,由于采用流水方式生产的零件工序间加工时间存在差异,导致生产节拍无法实现完全、纯粹的流水式运行机制,因此用于流水式生产的制造资源会出现空闲,普通零件可以穿插在资源的空闲时段展开,同时一些生产设备不会被规划进逻辑制造单元,普通零件也可以使用这些设备进行生产。

在获取生产任务后,根据零件的工艺特性和加工特性,将零件分为关重件和普通零件,以工艺相似为基础,建立若干流水式生产零件集合,根据组合情况和设备情况将生产车间的生产设备在逻辑角度分为若干个流水生产单元,不同的零件集合在不同的流水式生产单元中生产,而不属于流水式生产零件集合的普通零件则可以在不同生产单元间或者生产单元外寻找设备的空闲时间进行生产。流水式生产零件集合是随任务而变化的,逻辑制造单元的构成也是随动变化的,如图 8.5 所示。在进行生产任务 1 时设备的逻辑关系如图 8.5 中分组方式 1,而在进行生产任务 2 时设备的逻辑关系如图8.5 中分组方式 2。

由此可见混线生产下的逻辑制造单元的特点是:

(1) 逻辑组合:设备不进行物理属性的变化,只是打破原行政组织进行

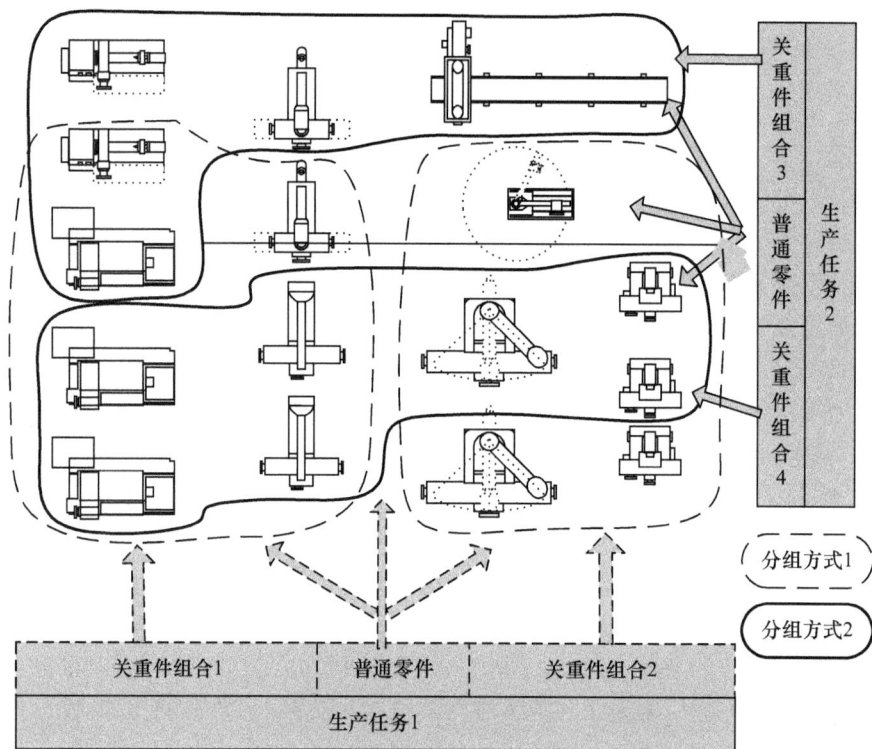

图 8.5　面向混线生产的逻辑制造单元变化

逻辑组合。

② 动态性:对于不同的生产订单设备可能采用不同的逻辑关系形成制造单元。

③ 资源能力共享:对于一类流水式生产零件尽量在一个逻辑制造单元内完成生产,逻辑制造单元内的设备以生产节拍保证为最重要的任务,只在设备空闲时才进行采用离散方式生产的零件。

8.4.4　混线生产作业调度约束问题分析

采用不同作业模式进行生产的零件,其所包含的作业调度约束有较大的区别,由于混线生产中流水作业与离散作业共用统一的制造资源集合,资源的优化配置也是以能力共享分配为基础的,因此,需要建立统一的作业调度约束,为作业调度算法提供良好的数据基础。流水式作业与离散式作业调度约束的区别主要表现在以下几个方面:

(1)工序间约束:对于采用离散方式生产的零件,工序之间存在着严格的先后关系,零件内两个相邻的工序间一次性完成零件的周转;对于采用流水生产的零件,在零件内的前驱工序完成一定数量的生产后,当前工序就可以开始加工,随着生产的进行,前驱工序完成加工的零件不断流入当前工序。因此需要寻找统一的最早可开工时间计算方法,建立统一的生产调度工序间约束。

（2）工序加工设备约束:采用离散方式生产的零件,每一道工序只能在一台指定的设备上进行生产加工;而对于采用流水方式进行生产的零件,为了保证流水生产的平顺性,需要追求零件工序间具有相似的加工工时,对于加工时间较长的工序,采用加工设备组方式进行加工,因此需要建立并行设备加工与普通加工统一的工序加工设备约束。

（3）工序选择加工设备约束:采用离散方式生产的零件,其加工工序在选择加工设备时所有的可选设备都是可以进行自由选择的;而对于采用流水方式进行生产的零件,其首道工序同样可以不受约束地进行选择,而后续工序尽量在首道工序所在加工单元的设备集合内进行选择,或者以当前形成的逻辑制造单元内的设备集合为核心进行优先选择,使零件能够实现单元内的流水加工。因此需要建立统一的工序选择加工设备约束,实现混线生产作业调度。

（4）加工工序选择约束:采用离散方式生产的零件的工序,在选择加工工序时所有的可调度工序都是相同的。而对于流水生产调度为了保证生产的连续性,已经开始加工零件的可调度工序应具有较高的选择优先级。因此需要建立一种新的加工工序选择约束条件,保证调度过程中采用流水生产方式生产零件的连续性和生产节拍。

8.5　混线生产作业调度约束建模

8.5.1　统一数学参数说明

统一的数学描述能够更加有效地透析问题的本质,系统中约束条件采用数学公式描述,可以使作业计划更加严谨与合理,调度目标函数的建立则为调度算法明确了作业计划优化的目标。为了确保表达式中符号含义的统一,对本书中涉及的数学符号集中在此处进行解释。

$TE = \{te_1, te_2, \cdots, te_T\}$:加工类型列表,其中的元素 te_t 表示一种加工类型,如车、铣、钳等,下标 $t \in (1, 2, \cdots, T)$ 是加工类型的唯一标识。

$M=\{m_{1,t},m_{2,t'},\cdots,m_{N,t'}\}$：加工设备列表，列表中的元素 $m_{n,t}$ 表示一台加工设备，下标 $n\in(1,2,\cdots,N)$ 表示设备的唯一标识，$t\in(1,2,\cdots,T)$ 与加工类型列表 TE 中的元素相关联，表示设备所属的加工类型。

$PT=\{pt_1,pt_2,\cdots,pt_K\}$：加工任务列表，列表中的元素 pt_k 表示一个加工任务，下标 $k\in(1,2,\cdots,K)$ 是加工任务的唯一标识。

$$PP=\begin{Bmatrix}pp_{1,k},pp_{2,k},\cdots,pp_{r1,k}\\pp_{3,k'},pp_{4,k'},\cdots,pp_{r2,k'}\\\cdots\cdots\cdots\cdots\cdots\cdots\\pp_{5,k''},pp_{6,k''},\cdots,pp_{r3,k''}\end{Bmatrix}$$：加工零件列表，零件列表中的每一个元

素 $pp_{r,k}$ 表示一个加工零件，下标 $r\in(1,2,\cdots,R)$ 是加工零件的唯一标识，下标 $k\in(1,2,\cdots,K)$ 与任务列表 PT 中的元素发生关联，表示该零件所属的生产任务。

$$PS=\begin{Bmatrix}ps_{1,r},ps_{2,r},\cdots,ps_{s1,r}\\ps_{1,r'},ps_{2,r'},\cdots,ps_{s2,r'}\\\cdots\cdots\cdots\cdots\cdots\cdots\\ps_{1,r''},ps_{2,r''},\cdots,ps_{s3,r''}\end{Bmatrix}$$：加工零件的工序信息列表，列表中的每一

个元素 $ps_{s,r}$ 表示某个加工零件内的加工工序，下标 $s\in(1,2,\cdots,S_r)$ 是工序在加工零件 r 内的唯一标识，S_r 表示加工零件 r 加工工序的数量，下标 $r\in(1,2,\cdots,R)$ 与加工零件列表 PP 中的元素发生关联，表示该零件所属的生产任务。

$$PS_p=\begin{Bmatrix}ps_{s1,r1,n1,1},ps_{s2,r2,n1,2},\cdots,ps_{s3,r3,n1,l}\\ps_{s4,r4,n2,1},ps_{s5,r5,n2,2},\cdots,ps_{s6,r6,n2,l'}\\\cdots\cdots\cdots\cdots\cdots\cdots\cdots\cdots\cdots\\ps_{s7,r7,N,1},ps_{s8,r8,N,2},\cdots,ps_{s9,r9,N,l'}\end{Bmatrix}$$：已经安排到设备上的工序信

息列表，列表中的每一个元素 $ps_{s,r,n,l}$ 表示某个加工零件内的加工工序，下标 r，s 的含义与加工零件的工序信息列表中的元素的下标相同，表示该工序为零件 r 内的第 s 道加工工序，下标 $n\in(1,2,\cdots,N)$ 表示该工序所在加工设备的设备标识，与工序设备列表 M 中的元素发生关联，下标 $l\in(1,2,\cdots,L_n)$ 是工序在加工设备 n 内的加工顺序标识，L_n 表示加工设备 n 上加工的工序的数量。

在建立基础数据模型的基础上需要建立生产的条件、约束和生产的衡量函数、目标函数，为生产监控和生产调度提供良好支持。

DR_r：零件 $pp_{r,k}$ 的下达日期；

DD_r：零件 $pp_{r,k}$ 的交货日期；

$NP_{s,r}$:零件 $pp_{r,k}$ 所含的工序 $ps_{s,r}$ 的计划加工数量;

$AM_{s,r}$:零件 $pp_{r,k}$ 所含的工序 $ps_{s,r}$ 的可选用加工设备;

$TS_{s,r,n}$:零件 $pp_{r,k}$ 所含的工序 $ps_{s,r}$ 在加工设备 $m_{n,t}$ 上的单件加工时间,由于操作者生产熟练度差异、设备差异等原因可能造成同一道工序在不同设备上单件加工时间不同,因此为每一道工序针对每一台可选加工设备建立一个单件加工时间;

$TA_{s,r,n}$:表示零件 $pp_{r,k}$ 所含的工序 $ps_{s,r}$ 在加工设备 $m_{n,t}$ 上的生产准备时间,在加工中生产首件的时间往往较长,这主要是由于调试设备和卡具需要一定的时间造成的,而且由于设备、人员、卡具差异等原因造成同一道工序在不同设备或不同操作者之间生产准备时间不同。因此,为了提高生产计划的准确程度,为每一道工序针对每一台可选加工设备建立一个生产准备时间;

工序 $ps_{s,r}$ 在加工设备 $m_{n,t}$ 上的加工时间表示为 $TW_{s,r,n} = TA_{s,r,n} + TS_{s,r,n} \times NP_{r,s}$;

工序 $ps_{s,r}$ 在加工设备 $m_{n,t}$ 上的计划开始时间表示为 $PB_{s,r,n}$,在加工设备 $m_{n,t}$ 上的计划结束时间表示为 $PE_{s,r,n}$;

工序 $ps_{s,r}$ 在加工设备 $m_{n,t}$ 上的实际开始时间表示为 $EB_{s,r,n}$,在加工设备 $m_{n,t}$ 上的实际结束时间表示为 $EE_{s,r,n}$;

$NF_{s,r}$:工序 $ps_{s,r}$ 在流水生产过程中的压件数量或成为最小初次流转数量,即从该零件的下一道工序 $ps_{s+1,r}$ 在开始加工前本工序完成加工的最少数量;

$DC_{s,r}$:工序 $ps_{s,r}$ 的最早可开始加工时间,即工序只能在该时间之后才能开始加工,早于这一时间即使设备上存在空闲也不能进行加工该工序,影响最早可开是加工时间 $DC_{s,r}$ 的主要因素,包括工序所述零件的下达日期 DR_r 以及其零件内工序之间的约束,计算公式如下:

$$DC_{s,r} = \begin{cases} DR_r & s = 1 \\ PE_{s-1,r} & s > 1 \end{cases}$$

$MS_{s,r}$:工序 $ps_{s,r}$ 的最晚开工时间,即该工序必须在该时间之前开始加工,否则该工序所述的零件必然无法在交货期 DD_r 前完成,导致零件延期;

UL_n:加工设备 $m_{n,t}$ 的设备利用率,即 $UL_n = \dfrac{\sum\limits_{PE_{r,s,n} > T_1}^{PB_{r,s,n} < T_2} (PE_{s,r,n} - PB_{r,s,n})}{CU(T_1, T_2)}$,

式中 T_1, T_2 表示计算的开始和结束时间,$CU(T_1, T_2)$ 表示时间 T_1, T_2 之间的工作时间；

$\Delta(O)$：变量 O 是否发生变化，如果变化取值为 1，否则取 0。

$\Delta_w(O_w)$：变量 O 是否因其参数 w 发生变化而变化，如果变化取值为 1，否则取 0。

建立调度目标函数能够更加有效地寻找到较优的作业计划，通过对生产实际的需求分析，制定出如下所述的目标函数。

延期零件数量最少的表达式为 $\min(\sum_{r=1}^{R}DL(pp_{r,k}))$，公式中 $DL(pp_{r,k})$ 表

示零件 $pp_{r,k}$ 是否延期，其计算公式为 $DL(pp_{r,k})=\begin{cases}1\max_{s}(PE_{s,r,n})>DD_r\\0\max_{s}(PE_{s,r,n})\leqslant DD_r\end{cases}$；

延期时间总和最短，即所有超期零件的超期时间之和最短，具体表达式为：$\min(\sum_{r=1}^{R}(DL(pp_{r,k})\times(\max_{s}(PE_{s,r,n})-DD_r)))$；

设备平均利用率最高：$\min(\max_{n\in(1,2,\cdots,N)}(UL_n)-\min_{n\in(1,2,\cdots,N)}(UL_n))$；

设备尽量集中使用：$\min_{n}(U_n)$，在作业计划中加工设备 $m_{n,t}$ 上安排存在未加工工序则 $U_n=1$，否则 $U_n=0$。

8.5.2　混线生产作业调度统一约束建模

通过分析离散和流水两类作业形式可以看出，这两种作业在调度中的作业调度存在一定的差别。下面对这两种作业进行分析比较，建立统一的作业调度约束模型。

（1）加工设备约束。

传统调度算法中一般认为零件的每一道工序的加工设备只有一台，不存在加工设备组的问题。而在面向多品种变批量混线生产时，工序间工时普遍存在大量非同期代现象，采用设备组并行展开一个工序以支持流水生产节拍是十分常见的。因此，本书提出如下的处理思路以支持设备组调度：在数据库的作业计划表中添加是否采用加工设备组加工字段，默认值为"0"，即不采用加工设备组方式进行加工。当需要进行设备组加工时，通过人机交互的方式确定采用哪几台设备进行加工，向作业计划表中添加新设备，将是否采用加工设备组加工字段值设为"1"。

（2）工序间约束。

工序间约束主要分为零件内工序间约束和设备内工序间约束。所谓零件内工序间约束是指同一个零件相邻工序间关于开工时间和开工先后顺序

的约束;设备内工序间约束是指在一台设备上相邻的两个工序之间关于开工时间和加工先后顺序的约束。

离散生产方式下,零件内工序间约束条件比较简单,采用完工式工序间约束,即对于零件的第一道工序,其最早可开工时间是生产准备完成时间与工件下达时间中较晚的时间;对于除第一道工序以外的工序,则以其零件内前驱工序的完成时间作为最早可开工时间;流水式生产方式下,其零件内工序间约束就更加复杂,工序间排产具有一定的重叠,即体现为工序间的压件关联,因此将其命名为压件工序间约束,其具体定义是:一个批次下的一种零件的第一道工序最早可开工时间同样是生产准备完成时间与工件下达时间中较晚的一个;而对于第一道工序以外的工序,则需要基于压件平顺生产的思想,经过计算压件数量才能得出最早可开工时间,保证在加工过程中后序不会出现生产等待现象。

由此可见,通过对压件数量的控制就可以形成统一的工序间约束,约束公式如公式 8-1 所示。当零件采用离散式生产时,压件数量为工序的计划加工数量,当零件采用流水式生产时,则基于压件数量进行计算,从而形成持续生产的效果。

$$DC_{s,r} = (PB_{s-1,r,n,l}) + TA_{s-1,t,n} + (TS_{s-1,r,n} \times NF_{s-1,r})$$
$$= \begin{cases} (PB_{s-1,r,n,l}) + TA_{s-1,t,n} + (TS_{s-1,r,n} \times NP_{s-1,t}) \text{ 离散生产} \\ (PB_{s-1,r,n,l}) + TA_{s-1,t,n} + (TS_{s-1,r,n} \times NF_{s-1,r}) \text{ 流水生产} \end{cases}$$

$$(8-1)$$

设备内工序约束则比较简单,无论是采用离散生产方式还是采用流水生产方式,一台设备在同一时间只能进行一种零件的生产,因此设备内工序间约束的最早可开始时间为当前工序的设备内前驱工序的加工完成时间。

(3) 待调度工序选择与工序选择设备约束。

为了保证混线生产中流水式作业零件生产的连续性,在零件的首道加工工序进行调度后,应该尽早对后续工序进行排产,即对于流水式作业零件具有作业安排上的优先。同时,在选择加工设备时,也尽量将后续加工工序与首道加工工序安排在同一个逻辑制造单元内进行生产,即具有设备选择上的优先控制,这同样是为了保证流水作业零件生产的连续性。

无论是选择待调度工序时,还是工序选择设备时,都以选择优先级算法作为重要的选择方法之一,因此,只需要在进行流水式生产零件的首道加工工序排产结束后,对工序的选择优先级和设备的选择优先级性调整即可,通过优先级的动态调整为流水式生产零件的连续性执行提供保障。

(4) 交货期约束。

离散和流水型作业方式的交货期约束较为一致,只要生产任务中的零件能够在交货期之前完成加工即可。为了保证生产任务能够及时完成,采取余量控制方法,为交货期约束设置提前期。在离散型作业方式中,生产的零件为生产工艺方案不成熟且生产批量小的产品,生产中可能出现的异常事件也比较多,因此为离散型生产方式提供一个较长的交货提前期,一般为加工时间的 10%;在流水型作业方式中,生产的零件为生产工艺成熟且批量较大的产品,生产的节拍性较强,在生产工程中出现的异常事件较少,因此为流水型作业方式提供的交货提前期较短,一般为加工时间的 3%~5%。综合两种作业方式给出统一的交货期约束定义如公式 8-2 所示。

$$DD'_r = DD_r - \sum_{s=1}^{S_r} TS_{s,r,n} \times \delta = \begin{cases} DD_r - \sum_{s=1}^{S_r} TS_{s,r,n} \times 10\% \text{ 离散生产} \\ DD_r - \sum_{s=1}^{S_r} TS_{s,r,n} \times 4\% \text{ 流水生产} \end{cases} \quad (8\text{-}2)$$

(5) 生产准备约束。

生产准备约束是制约零件最早可开始加工时间的重要约束条件。无论是在离散型生产还是在流水型生产方式中,只有做好生产准备的零件才是可以开始进行加工的零件。生产准备约束主要包括刀具/工装准备、生产物料准备、数控程序准备以及生产工艺文件准备等。生产准备约束的处理思路为:在数据库的零件信息表中添加一个生产准备完成时间字段,记录与生产相关的所有生产准备工作完成的时间或预计完成的时间,零件的首道加工工序只有在这个时间之后才可以被选入可执行加工工序集,零件才有可能被调度。

8.5.3 混线生产作业调度约束关联机制

离散型作业中的每一个工序对应一个调度块,每个调度块含有一个零件内的前驱工序和后驱工序,分别对应前驱和后驱调度块;当采用流水型作业时,由于采用了面向设备组的调度形式,每一个工序可对应一个或者一个以上的调度块,每个调度块同样含有一个零件内前驱工序和后驱工序,但可能存在多个前驱和后驱调度块,因此,本书提出工序与调度块相分离的技术,以支持混线生产作业调度中的柔性约束关联。以零件内的前驱定义为前驱工序、排产方案中工序的前驱定义为前驱调度块的形式,设计了如图 8.6 所示的约束关联机制。

在数据结构上,工序 $ps_{s,r}$ 的零件内前驱工序是唯一的 $ps_{s-1,r}$,但是由于

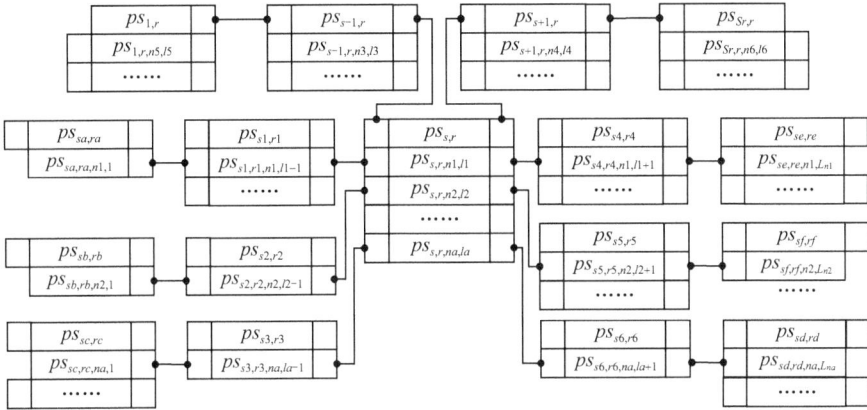

图 8.6　工序间约束关系

$ps_{s-1,r}$ 可能被安排到多台设备上进行加工,而且调度后属于同一工序的不同调度块可能具有不同的计划开始加工时间和计划结束加工时间。因此,在建立工序间关联约束时,就需要分别对零件内前驱工序的每一个调度块进行考虑。为了保证生产的连续性,以零件内前驱工序中最晚开工的调度块为参照,以其计划开始时间作为基准,计算当前工序的最早可开始加工时间。针对并行设备加工的情况,必须对最早可开始加工时间计算公式(8-1)进行修改,修改后的结果如公式(8-3)所示。$\max\limits_{n}$ 表示对变量 $PB_{s-1,r,n,l}$ 随设备标识 n 求取最大值。

$$DC_{s,r} = \begin{cases} \max\limits_{n}(PB_{s-1,r,n,l}) + TA_{s-1,r,n} + (TS_{s-1,r,n} \times NP_{s-1,r}) & \text{离散生产} \\ \max\limits_{n}(PB_{s-1,r,n,l}) + TA_{s-1,r,n} + (TS_{s-1,r,n} \times NF_{s-1,r}) & \text{流水生产} \end{cases}$$

$$(8\text{-}3)$$

设备内调度块的前驱是其他工序调度到该设备上该调度块之前的调度块,如图 8.6 中工序 $ps_{s,r}$ 在设备 $n1$ 上的调度块为 $ps_{s,r,n1,l1}$,其设备内前驱调度块为 $ps_{s1,r1,n1,l1-1}$,则调度块 $ps_{s,r,n1,l1}$ 在设备 $n1$ 上的最早可开始时间为 $PE_{s1,r1,n1,l1-1}$。调度块 $ps_{s,r,n1,l1}$ 在设备 $n1$ 上的开始时间计算按照公式(8-4)进行。

$$PB_{s,r,n1,l1} = \max(DC_{s,r}, PE_{s1,r1,n1,l1-1}) \qquad (8\text{-}4)$$

对于同一个工序调度到不同设备上的调度块,其零件内前驱工序决定的最早可开始时间 $DC_{s,r}$ 是相同的,而由设备内前驱调度块决定的设备可用时间则不同,从而造成了相同工序在不同设备上的计划开始时间不同,因此,通过工序与调度块之间关系模型的而建立,实现了工序约束的关联控制。

8.6 连续性生产保证机制

8.6.1 压件生产策略

压件技术不仅实现了混线生产中零件内工序约束的统一建模问题,同时也保证了混线生产中流水式作业的连续性。混线生产中流水零件的生产一般具有多个连续的工序,各个工序有粗、精之分,各工序的执行时间也不同,为了保证零件能够串行流出,必须结合工序间的时间差异,在某些工序环节设定一定数量的在制品,形成压件生产的形式,从而化解了工序加工时间不均匀的问题。

压件生产对于零件加工周期突出的影响,为了能够更清楚地展示压件生产机制,下面对三种典型的零件加工周期计算方法进行介绍。

(1)顺序移动。

所谓顺序移动是指一批零件在上道工序全部加工完毕后,才整批转移到下道工序继续加工。顺序移动方式的优点是零件运输次数少、设备利用较为充分以及管理简单等,其缺点主要体现为加工周期比较长。顺序移动是传统的离散式加工生产最常见的移动生产方式,尤其在对于质量要求比较严格,要求批次工序零件全部检验后才能周转到下道工序进行生产。

顺序移动的加工周期为:$T_{顺} = n\sum_{i=1}^{m} t_i$,其中 n 为零件的加工批量,m 为零件的加工工序数,t_i 为工序 i 的单件工序时间。

(2)平行移动。

所谓平行移动是指每个零件在上道工序加工完毕后,立即转移到下道工序去继续加工,形成前后工序交叉作业。平行移动方式的优点是加工周期短,其缺点主要体现为运输频繁、设备空闲时间多而零碎且不便利用。对于平行移动的调度处理比较复杂,一般是将一批平行移动的批量拆分为同等数量的订单进行计划排产,但在设备选择方面优先选择某道工序第一个工件所选择的设备,可以近似拟合出平行移动的生产效果。

平行移动的加工周期为:$T_{平} = \sum_{i=1}^{m} t_i + (n-1)t_l$,其中 t_l 为最长的单件工序时间。

(3)平行顺序移动。

所谓平行顺序移动是指既要求每道工序连续进行加工,但又要求各道工序尽可能平行地加工的周转移动方式。平行顺序移动的优点是设备利用率高,其缺点是管理复杂。平行顺序移动是介于顺序移动和平行移动之间的一种中间过渡移动方式,能够有效地降低计划排产的复杂性,同时避免了出现设备空闲时间零碎的现象。

$$T_{平顺} = n\sum_{i=1}^{m} ti - (n-1)\sum_{j=1}^{m-1} \min(tj, tj+1)$$

具体做法:

当 $t_i < t_{i+1}$ 时(前道工序单件时间小于后道工序单件时间),零件按平行移动方式转移;

当 $t_i \geqslant t_{i+1}$ 时,以该工序最后一个零件的完工时间为基准,往前推移$(n-1) \times t_{i+1}$ 作为零件在 $(i+1)$ 工序的开始加工时间。

示例:一只某零件的加工批量为 4,需要经过 4 道工序加工,每道工序的单件加工时间分别为 10、5、15、10 分钟。则按上述三种移动方式下的加工周期分别为:

$$T_{顺} = n\sum_{i=1}^{m} t_i = 4 \times (10+5+15+10) = 160 \ 分钟;$$

$$T_{平} = \sum_{i=1}^{m} t_i + (n-1)t_l = (10+5+15+10) + (4-1) \times 15 = 85 \ 分钟;$$

$$T_{平顺} = n\sum_{i=1}^{m} ti - (n-1)\sum_{j=1}^{m-1} \min(tj, tj+1) = 4 \times (10+5+15+10) - (4-1) \times (5+5+10) = 100 \ 分钟$$

由上述计算可知,平行顺序移动是一种可行且较为简便的保证连续生产的机制,但对于复杂的作业工序而言,其可能出现多个相对于前道工序而言工序加工时间较长的工序,对于调度处理而言,一般通过计算压件额度来保证严格的连续性生产机制。

压件生产额度直接影响到零件的流转效果,当压件过多时,造成在制品过多,无法实现零件的流转;当压件数量过少时,后序可能存在等待现象,从而使得生产无法连续进行,扰乱了生产节拍。因此压件额度的计算对混线生产中的流水式作业至关重要。通过工序间零件加工完成数量的流转控制可以实现压件生产策略,具体方法如下:

设工序 $ps_{s,r}$ 和工序 $ps_{s+1,r}$ 是零件内两道相邻的工序,分别在设备组$(n_s', n_s'', \cdots, n_s''')$ 和 $(n_{s+1}', n_{s+1}'', \cdots, n_{s+1}''')$ 上进行加工,且设备组内的设备数量分别表示为:$Size(n_s', n_s'', \cdots, n_s''') = SN_s$ 和 $Size(n_{s+1}', n_{s+1}'', \cdots, n_{s+1}''') = SN_{s+1}$。工序 $ps_{s+1,r}$ 在单台设备上完成加工第 j 个零件时,工序 $ps_{s,r}$ 在单台设备上至少完成了 $\left\lceil \dfrac{(j+1) \times SN_{s+1}}{SN_s} \right\rceil$ 个零件的加工,式中$\lceil \cdot \rceil$表示对符号间的数值向上取整。

PB_{s,r,n_s,l_s} 表示工序 $ps_{s,r}$ 在设备组 $(n'_s, n''_s, \cdots, n'''_s)$ 上最晚开始加工的时间,即公式(8-5);$PB_{s+1,r,n_{s+1},l_{s+1}}$ 表示工序 $ps_{s+1,r}$ 在设备组 $(n'_{s+1}, n''_{s+1}, \cdots, n'''_{s+1})$ 上最早开始加工的时间,即公式(8-6);PB_{s,r,n_s,l_s} 与 $PB_{s+1,r,n_{s+1},l_{s+1}}$ 间的关系如公式 8-7 所示

$$PB_{s,r,n_s,l_s} = \max_{n_s \in (n'_s, n''_s, \cdots, n'''_s)} (PB_{s,r,n_s,l_s}) \tag{8-5}$$

$$PB_{s+1,r,n_{s+1},l_{s+1}} = \min_{n_{s+1} \in (n'_{s+1}, n''_{s+1}, \cdots, n'''_{s+1})} (PB_{s+1,r,n_{s+1},l_{s+1}}) \tag{8-6}$$

$$PB_{s+1,r,n_{s+1},l_{s+1}} + j \times TS_{s+1,r,n_{s+1}} + TA_{s+1,r,n_{s+1}} \geqslant PB_{s,r,n_s,l_s} +$$
$$\left[\frac{(j+1) \times SN_{s+1}}{SN_s} \right] \times TS_{s,r,n_s} + TA_{s,r,n_s} \tag{8-7}$$

工序 $ps_{s+1,r}$ 在设备设备组 $(n'_{s+1}, n''_{s+1}, \cdots, n'''_{s+1})$ 上最早开始加工的时间必须满足公式(8-8)

$$PB_{s+1,r,n_{s+1},l_{s+1}} \geqslant PB_{s,r,n_s,l_s} + \left[\frac{(j+1) \times SN_{s+1}}{SN_s} \right] \times$$
$$TS_{s,r,n_s} - j \times TS_{s+1,r,n_{s+1}} + TA_{s,r,n_s} - TA_{s+1,r,n_{s+1}} \tag{8-8}$$

设 $PB(s,r,n,j) = PB_{s,r,n_s,l_s} + \left[\frac{(j+1) \times SN_{s+1}}{SN_s} \right] \times TS_{s,r,n_s} - j \times$

$TS_{s+1,r,n_{s+1}} + TA_{s,r,n_s} - TA_{s+1,r,n_{s+1}}$,则 $\frac{\partial PB(s,r,n,j)}{\partial j} = \frac{SN_{s+1}}{SN_s} \times TS_{s,r,n} -$

$TS_{s+1,r,n_{s+1}}$,可见 $PB(s,r,n,j)$ 对于变量 j 为单调函数,当 $\frac{SN_{s+1}}{SN_s} \times TS_{s,r,n} >$

$TS_{s+1,r,n_{s+1}}$ 时为单调递增函数,当 $\frac{SN_{s+1}}{SN_s} \times TS_{s,r,n} < TS_{s+1,r,n_{s+1}}$ 时为单调递减函数。则工序 $ps_{s+1,r}$ 的最早可开始时间如公式(8-9)所示,压件数量的计算如公式(8-10)所示。

$$PB_{s+1,r,n_{s+1},l_{s+1}} =$$
$$\begin{cases} PB_{s,r,n_s,l_s} + \left[\frac{SN_{s+1}}{SN_s} \right] TS_{s+1,r,n_s} + TA_{s,r,n_s} - TA_{s+1,r,n_{s+1}} \\ PB_{s,r,n_s,l_s} + \left[\frac{NP_{r,s} \times SN_{s+1}}{SN_s} \right] \times TS_{s,r,n_s} - (NP_{r,s} - 1) \times TS_{s+1,r,n_{s+1}} + TA_{s,r,n_s} - TA_{s+1,r,n_{s+1}} \end{cases}$$
$$\tag{8-9}$$

$$NF_{s,r} = \left[\frac{PB_{s+1,r,n_{s+1},l_{s+1}} - PB_{s,r,n,l}}{TS_{s+1,r,n_{s+1}}} \right] =$$
$$\left[\frac{\max\left(\left[\frac{SN_{s+1}}{SN_s} \right] \times TS_{s,r,n_s} + TA_{s,r,n_s} - TA_{s+1,r,n_{s+1}}, \left[\frac{NP_{r,s} \times SN_{s+1}}{SN_s} \right] \times TS_{s,r,n_s} - (NP_{r,s}-1) \times TS_{s+1,r,n_{s+1}} + TA_{s,r,n_s} - TA_{s+1,r,n_{s+1}} \right)}{TS_{s+1,r,n_{s+1}}} \right]$$
$$\tag{8-10}$$

8.6.2　基于资源组的能力分配算法

对于军工企业而言,在长期的研制性生产模式影响下,普遍存在工序间加工时间差异较大的现象。在流水式作业中,零件的某道工序占用生产设备的时间相对于零件其他工序过长时,如果仍然只是用一台设备加工,造成大量的半成品堆积于工序前,而后续设备因没有流转零件而闲置,形成瓶颈工序,导致无法实现节拍式的运行效果。解决该问题的思路是根据不同工序环节加工时间的长短,合理分配设备资源组。

设备资源组分配是面向工序间加工时间差异而制定出的节拍保障机制,其核心就是将流水生产中可能造成瓶颈的工序分配到一个设备组上加工,从而消除瓶颈保证生产节拍,如图 8.7 所示。图 8.7 中零件的加工数量为 4,工序 1、2、3 的加工时间分别为 10 小时、30 小时和 13 小时。工序 2 的加工工时远远大于其他工序的加工时间,如果采用传统的单台设备生产方式进行调度,必然导致工序 2 成为瓶颈工序。因此在工序 2 处使用资源组配置方法,使用两台设备对该工序进行加工。调整后工序 2 的平均单件完成时间为 15 小时,与 30 小时相比大大缩短了,零件的 make-span 也从 143 小时缩短到 106 小时,有效地平顺了工序间的流转关系。

瓶颈工序的判断是面向节拍平衡的设备组分配技术的核心问题,以加工时间的加权平均值为依据可以有效地判断瓶颈工序,其计算过程如下:

由于相同工序在不同设备上的加工工时可能不同,因此采用工序平均公式进行计算,将工序 $ps_{s,r}$ 平均时间记作 $TW_{s,r}$,通过公式(8-11)计算获取。

$$TW_{s,r} = \frac{\sum\limits_{n=1}^{N} TW_{s,r,n}}{\sum\limits_{n=1, TW_{s,r,n} \neq 0}^{N} 1} \tag{8-11}$$

当零件为 $pp_{r',k}$ 时,令 $TW_{a,r} = \underset{r=r'}{Max}(TW_{s,r})$,$TW_{i,r} = \underset{r=r'}{Min}(TW_{s,r})$,$q$ 为计算过程中的最大、最小加工时间的权值,q_s 为判别瓶颈工序的加工时间权值,则加权平均值的计算公式如公式(8-12)所示

$$A = \frac{q \cdot (TW_{a,r} + TW_{i,r}) + \sum\limits_{s=1, s \neq a, s \neq i}^{R} TW_{s,r}}{2 \cdot q + (R-2)} \tag{8-12}$$

当 $TW_{s,r} \geqslant q_s \cdot A$ 时则认为工序 $ps_{s,r}$ 为需要采用设备组进行加工的工序,设备组内所包含的设备数量则以公式(8-13)的运算结果作为基准。

$$\left[\frac{TW_{s,r}}{A} \right] \tag{8-13}$$

Make-span=143h

单台设备生产	设备1	工序1 工序1 工序1 工序1			
	设备2	工序2 工序2 工序2 工序2			
	设备3	工序3 工序3 工序3 工序3			

工序1　可选加工设备1　加工数量4　单件工时10h

↓

工序2　可选加工设备2,4　加工数量4　单件工时30h

↓

工序3　可选加工设备3　加工数量4　单件工时13h

Make-span=106h

设备组生产	设备1	工序1 工序1 工序1 工序1
	设备2	工序2 工序2
	设备3	工序3 工序3 工序3 工序3
	设备4	工序2 工序2

工序1　可选加工设备1　加工数量4　单件工时10h

↓

工序2　可选加工设备2　加工数量2　单件工时30h　　并行工序 多设备加工　　工序2　可选加工设备4　加工数量2　单件工时30h

↓

工序3　可选加工设备3　加工数量4　单件工时13h

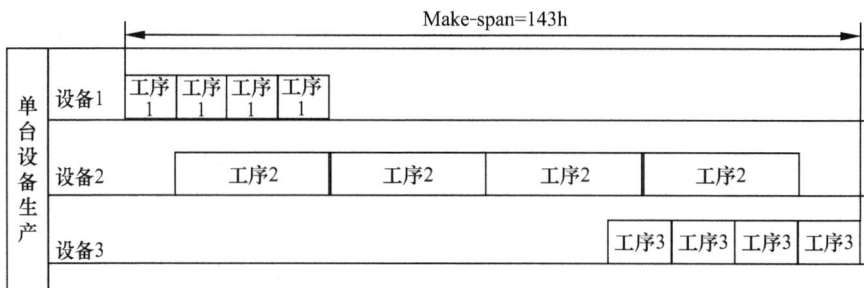

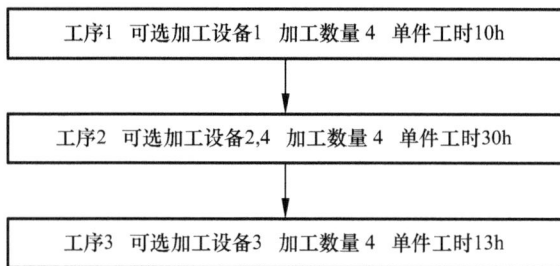

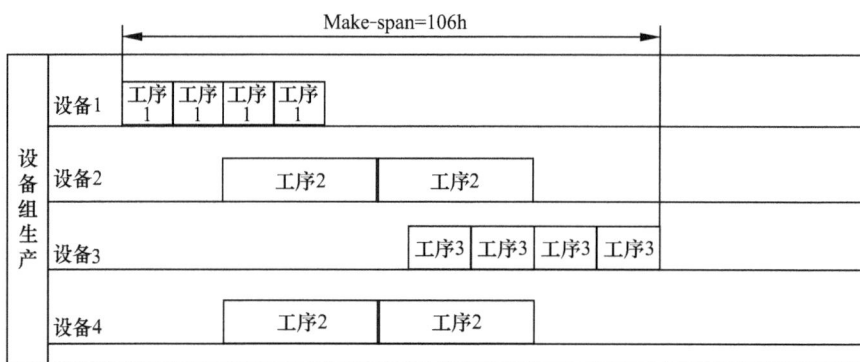

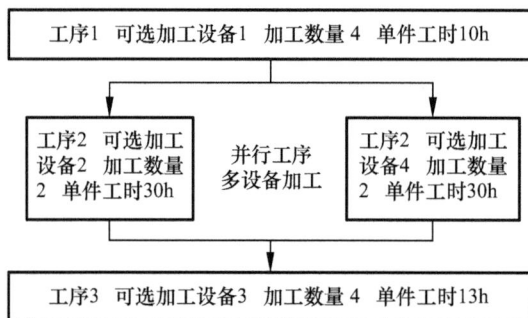

图 8.7　基于设备资源组并行加工的调度示意

8.6.3　动态优先级机制

在流水件开始加工后,可以利用动态优先级调整机制,保证流水件生产的连续性。其核心在于工件的优先级和设备选择的优先级的动态调整。设 $a<b<c$,普通优先级的存在区域为 $[a,b)$,调整后的优先级的存在区域为 $[b,c)$,c 为最高优先级,只有插入的急件才可以使用该调度优先级。如果原优先级为 d,且 $d\in[a,b)$ 则由普通优先级向调整优先级过渡后的优先级为 $d'\in[b,c)$,计算如公式(8-14)所示。

$$d' = \frac{b \cdot d + a \cdot c - b^2 - c \cdot d}{a - b} \tag{8-14}$$

调整后的优先级高于原优先级,因此经过优先级调整后,具有已调度工序的流水件的后续工序被优先调度,同时通过优先级调整优先选择单元内设备进行加工。在调度过程中,每当完成一个工序的调度时,就启动优先级调整过程,对该调度工序的优先级和所用设备的优先级进行相应的调整,调整过程如图 8.8 所示。

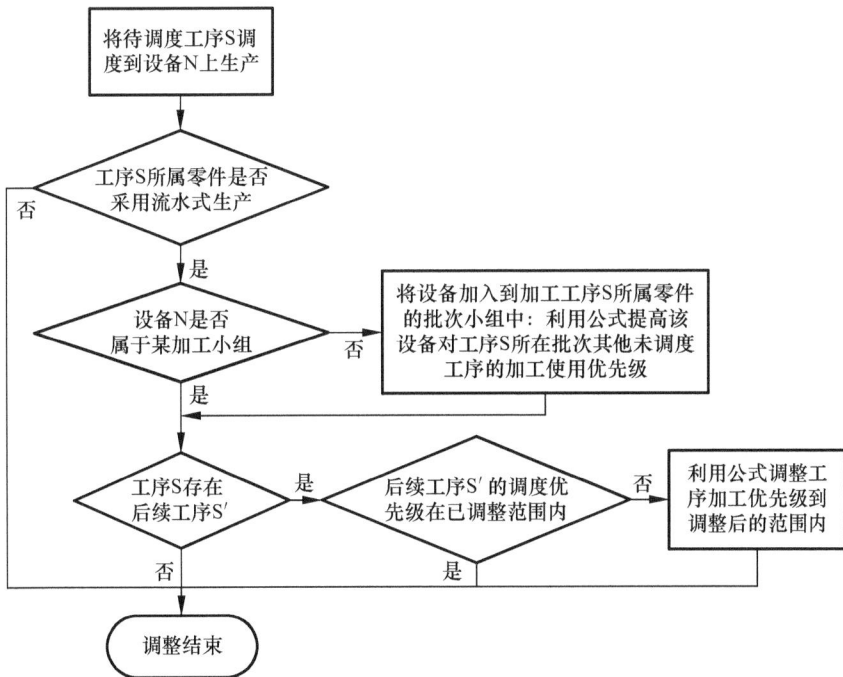

图 8.8　优先级调整方式

8.7　混线生产车间作业调度算法

通过对混线生产作业调度内涵的分析,在混线生产作业调度资源优化配置、约束分析以及节拍保障技术的基础上,提出了混线生产作业调度算法。由于调度方式具有不同的策略,因此将调度算法分为人机交互调度算法和自动调度算法。

8.7.1　混线生产作业调度流程

在调度过程中,首先通过企业数据总线从不同的系统读取基础数据,基础数据包括零件信息、工序及工时信息、设备信息、工作日历/日制信息和人员信息等。然后进行生产能力核减,其步骤是读取设备上正在加工的工序信息和已经安排到设备上准备进行生产的工序信息,根据派工信息将正在加工的工序和已经派工的工序按照计划,从加工设备、计划加工时间和派工顺序的角度,以调度块的形式添加到设备的加工队列中。完成生产能力核减后,在此基础上根据需求,综合采用自动调度和人机交互调度方式对生产计划进行调度,调度流程如图 8.9 所示。

在人机交互调度中,一次只能完成一个工序的调度,因此在人机交互调度处建立循环,从而实现在一次读入基础数据后持续进行多次人机交互调度。而且在调度过程中可以通过人机交互调度首先安排重要零件或工序后,启动自动调度完成剩余工序的调度,提供了一种柔性的自动与手工交互的操作机制。

8.7.2　人机交互调度算法

人机交互调度并不是完全由操作人员手动生成作业计划,而是通过计算机辅助计算得到工序的顺序、最早可开始时间以及可用设备等约束信息,以此辅助操作人员做出决策,人机交互调度核心技术环节如图 8.10 所示。

人机交互调度算法流程如图 8.11 所示。

步骤 1:操作者通过人机划交互的界面以鼠标点选的方式选择待调度工序,将待调度工序设定为 $ps_{s,r}$。

步骤 2:在操作者选择待调度工序后需要由计算机辅助计算待调度工序的最早可开始加工时间和待调度工序的可选设备。通过对基础调度数据中待调度工序所关联的加工工种进行搜索就可以获得待调度工序的可选设

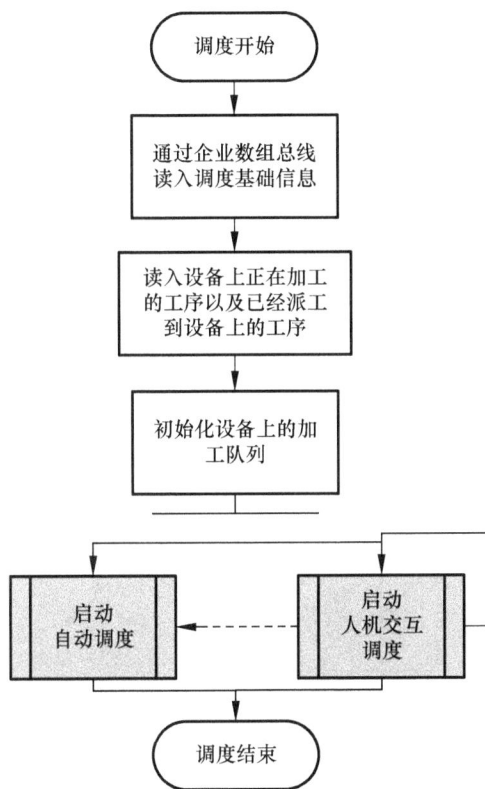

图 8.9 混线生产作业调度流程

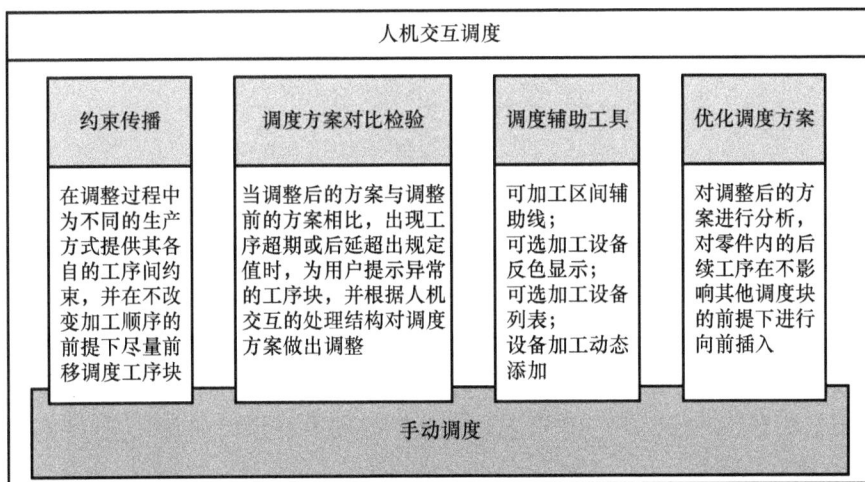

图 8.10 人机交互调度核心技术环节

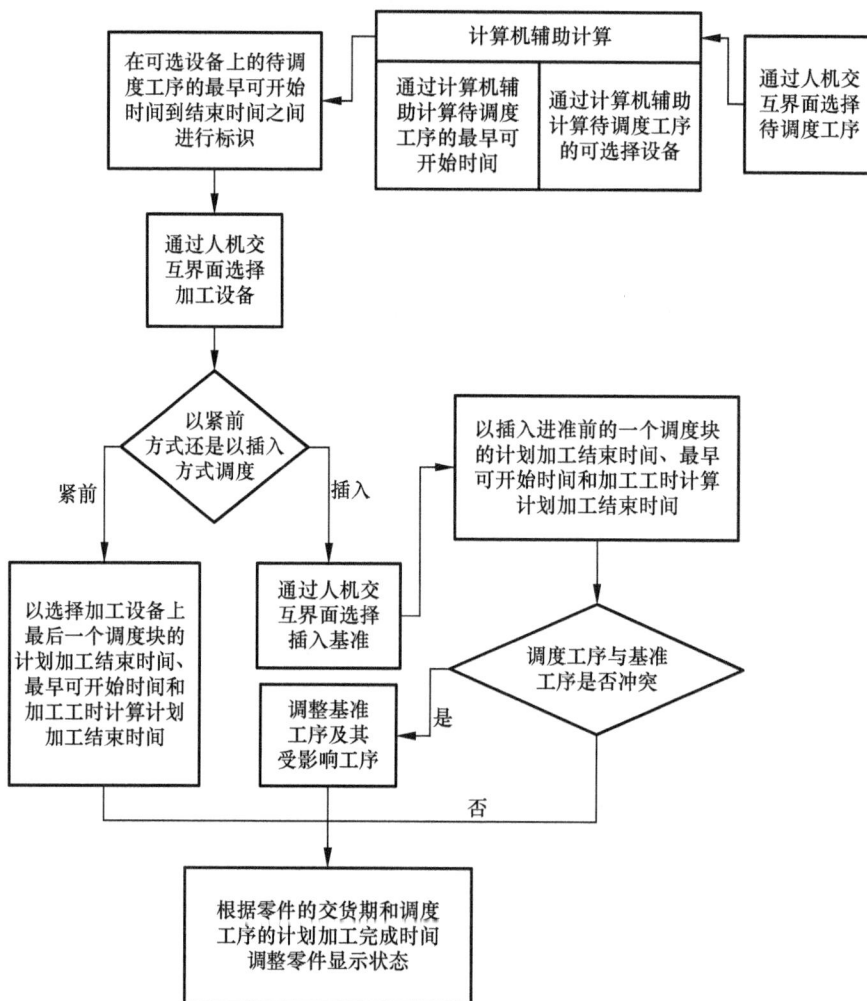

图 8.11　人机交互调度算法流程

备。计算待调度工序的最早可开始加工时间则较为复杂：

当 $s=1$ 时，工序的最早可开始时间等于零件的下达日期，即 $DC_{s,r}=DR_r$。

当 $s>1$ 时，首先计算工序的压件数量，当该零件采用离散方式生产时压件数量等于工序的计划加工数量，$NF_{s,r}=NP_{s,r}$；当采用流水方式生产时采用公式(8-10)进行计算。根据待调度工序单件加工时间、辅助生产时间、压件数量和零件内前驱工序计算待调度工序的最早可开始加工时间，计算如公式(8-15)所示。

$$DC_{s,r} = \max_{n_{s-1} \in (n'_{s-1}, n''_{s-1}, \cdots, n'''_{s-1})} (PB_{s-1,r,n_{s-1},l_s-1}) + TA_{s,r,n} + TS_{s,r,n} \times NF_{s,r} \quad (8-15)$$

步骤 3:通过人机交互界面将计算结果传达给操作者。通过对可选设备的反色显示为操作人员提供可选设备信息。通过在可选设备上最早可开始时间到待调度工序所属零件的交货期之间画线的方式为操作人员提供可用加工时间区域。

步骤 4:通过人机交互界面由操作者选择加工设备和调度方式,如选择的设备为 $M_{n,t}$。

步骤 5:根据操作者选择的调度方式由计算机辅助选择处理策略,如果选择的调度方式为紧前方式调度则转至步骤 6,如果选择调度方式为插入方式则转至步骤 7。

步骤 6:获取设备 $M_{n,t}$ 上最后一个调度块的计划加工结束时间 PE_{s',r',n,L_n},采用公式(8-16)计算工序 $ps_{s,r}$ 的计划加工开始时间 $PB_{s,r,n,l}$,采用计划完成时间算法计算工序 $ps_{s,r}$ 的计划加工完成时间 $PE_{s,r,n,l}$,转至步骤 11。

$$PB_{s,r,n,l} = \max(PE_{s',r',n,L_n}, DC_{s,r}) \tag{8-16}$$

步骤 7:为操作者提供插入准则选择界面,操作者通过该界面选择插入基准工序 $ps_{s'',r'',n,l'}$。

步骤 8:获取设备 $M_{n,t}$ 上基准调度块的设备内前驱工序的计划加工完成时间 $PE_{s'',r'',n,l'-1}$,采用公式(8-17)计算工序 $ps_{s,r}$ 的计划加工开始时间 $PB_{s,r,n,l}$,采用计划完成时间算法计算工序 $ps_{s,r}$ 的计划加工完成时间 $PE_{s,r,n,l}$。

$$PB_{s,r,n,l} = \max(PE_{r'',s'',n,l'-1}, DC_{s,r}) \tag{8-17}$$

步骤 9:将基准工序和零件内后续工序在加工序列中的位置后移动一位,即基准工序从 $ps_{s'',r'',n,l'}$ 变更为 $ps_{s'',r'',n,l'+1}$,将 $ps_{s,r}$ 插入到原 $ps_{s'',r'',n,l'}$ 的位置上,$ps_{s,r}$ 变更为 $ps_{s,r,n,l}$;采用计划完成时间算法计算工序 $ps_{s,r,n,l}$ 的计划加工完成时间 $PE_{s,r,n,l}$。

步骤 10:计算机辅助判断待调度工序调度后产生的调度块是否与基准调度块冲突,如果 $PE_{s,r,n,l} > PB_{s'',r'',n,l+1}$ 则对后续调度工序进行调整,否则转至步骤 11。

步骤 11:判断该工序的调度是否导致零件延期,如果没有延期即 $PE_{s,r,n,l} \leqslant DD_r$ 则完成调度,否则零件延期,即 $PE_{s,r,n,l} > DD_r$,标记该零件已经延期。

8.7.3　自动调度算法

自动生产调度过程不需要操作者对调度过程进行任何的操作,由计算机根据制造资源、生产计划信息和当前设备的生产队列等信息,在调度规则、调度约束和混线调度节拍保障机制的支持下,完成作业计划的排产,自动调度算法如图 8.12 所示。

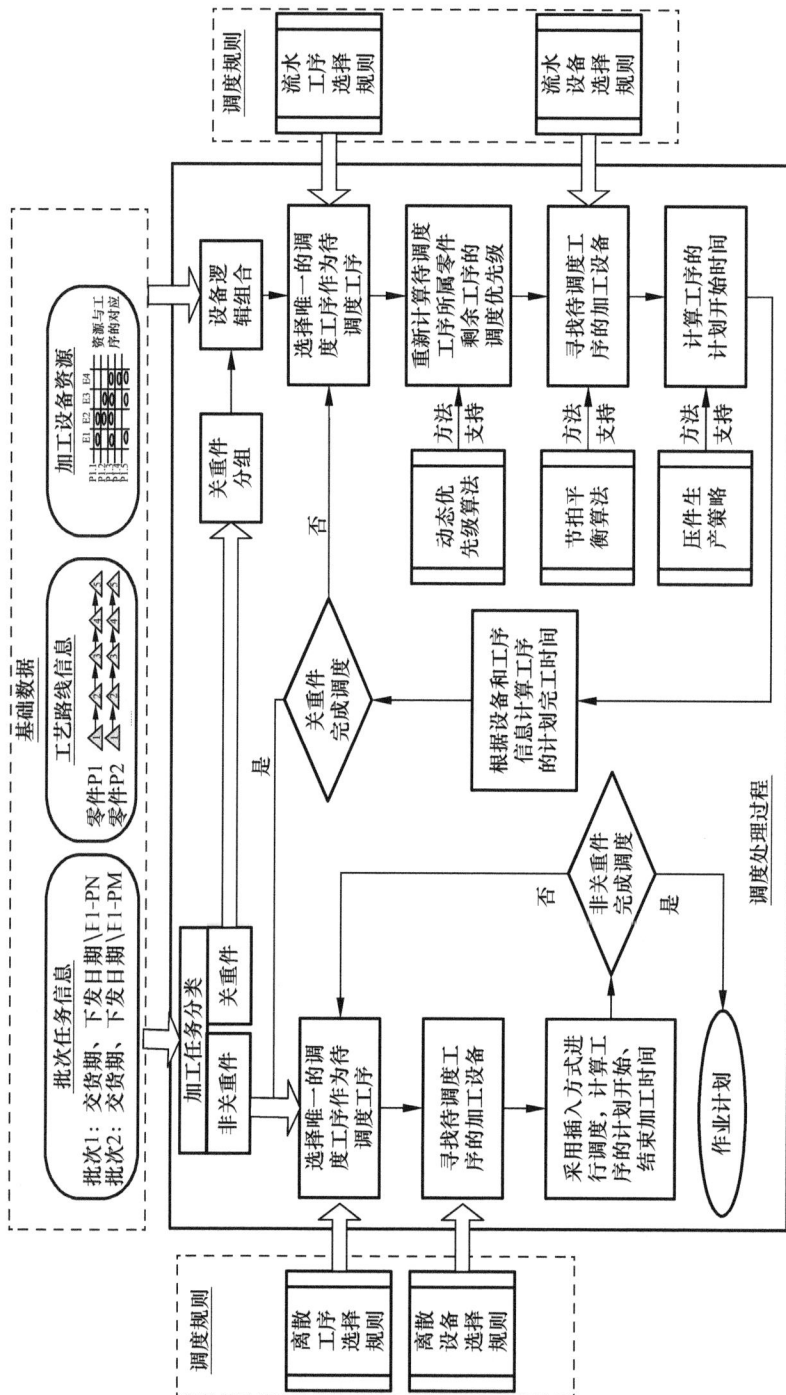

图 8.12 自动调度算法流程

首先,从基础数据中读取生产计划信息,而后判断生产计划内是否含有关重件,如果含有关重件,则首先采用混线生产流水调度算法完成对关重件的调度,随后采用混线生产离散调度算法完成非关重件的调度,最后生成作业计划。

可调度工序集是两种调度算法中都使用的一个概念,可调度工序集即指所有没有零件内前驱工序或者零件内前驱工序已经调度的工序的集合。只有属于可调度工序集的工序才是可以进行调度操作的。

(1) 混线生产流水调度算法。

步骤 1:从调度资源基础信息处获取采用流水方式生产的零件和带有逻辑制造单元信息的设备信息。

步骤 2:采用以优先级筛选规则为首要规则的工序选择规则从可调度工序集合中选择唯一一个待调度工序,如果可调度工序集合为空则转至步骤 7。

步骤 3:如果待调度工序的工序选择优先级位于普通优先级范围内,则采用公式(8-14)为待调度工序所属零件的未调度工序进行工序选择优先级调整。

步骤 4:采用公式(8-13)计算该调度工序所需要的加工设备数量,利用以优先级筛选规则为首要规则的设备选择规则从所有可选设备中选取规定数量的加工设备。

步骤 5:通过公式(8-10)计算工序的最早可开始时间,结合加工工时利用计划完工算法计算工序的计划加工结束时间。

步骤 6:转至步骤 2。

步骤 7:调度结束。

(2) 混线生产离散调度算法。

步骤 1:从调度资源基础信息处获取采用离散方式生产的零件和设备信息。

步骤 2:采用以优先级筛选规则为首要规则的工序选择规则从可调度工序集合中选择唯一一个待调度工序,如果可调度工序集合为空则转至步骤 7。

步骤 3:采用公式(8-13)计算该调度工序所需要的加工设备数量,利用以优先级筛选规则为首要规则的设备选择规则从所有可选设备中选取唯一一个加工设备。

步骤 4:通过公式(8-10)计算工序的最早可开始时间,结合加工工时利用计划完工算法计算工序的计划加工结束时间。

步骤 5:转至步骤 2。

步骤 6:调度结束。

8.7.4　动态逻辑制造单元调整算法

在首次运行调度系统时如果存在初始的逻辑制造单元,则读入本系统中,作为调度的依据。如果不存在,则以生产任务中的关重件为依据,采用"设备尽量集中使用"作为调度规则对关重件进行调度,按设备的使用情况划分设备逻辑分组,并将分组情况储存起来作为以后系统运行中的初始逻辑制造单元。

在以后的系统运行过程中为了适应不同生产任务的需求,逻辑制造单元是持续变化的,因此需要规范逻辑制造单元形成过程及其形成方法。在调度过程中利用设备所属逻辑制造单元属性,采用"设备尽量集中使用"作为调度规则,对流水式生产零件在逻辑制造单元内进行预排。预排的结果有三种情况,对于每一种结果有其不同的处理方法,具体流程如图 8.13所示。

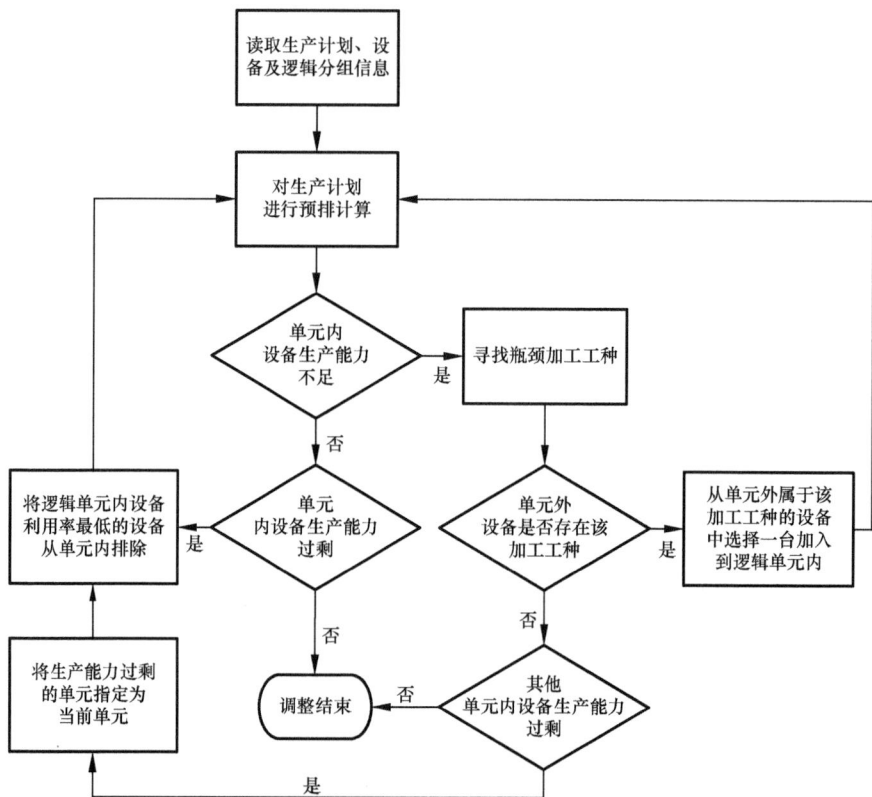

图 8.13　逻辑制造单元动态调整流程

（1）逻辑制造单元内的设备生产能力过剩：逻辑制造单元内存在设备空闲或设备利用率过低,此时将单元内设备利用率最低的设备从单元内排除,然后重新计算单元生产能力,直至单元内的加工能力调整到合适的范围之内;

（2）逻辑制造单元内的设备生产能力不足,导致关重件延期并超出允许范围：此时首先需要寻找到单元内的瓶颈工种,然后对单元外属于该工种的设备进行搜索,如果仍然存在设备未被划分到单元内,则将一台该加工类型的设备划分到本单元中,否则如果其他单元内存在空闲设备,则将其他单元内空闲的设备从单元中排除后重新计算,如果其他单元内无空闲设备则放弃调整;

（3）逻辑制造单元内的设备生产能力与生产任务相符：不需对单元内的设备进行调整。

8.7.5 作业计划完成时间算法

计划完成时间算法是在获取工序信息和设备信息后,根据工序的最早可开始时间、设备上当前加工队列和加工工时等信息,对计划开始时间和计划完成时间进行计算的过程。由于操作人员需要休息、设备需要维护和设备可能发生故障等原因,计划完工时间的计算不能使用计划开工时间与加工工时相加这种简单的方法进行。由于设备上存在不连续的不可用时间,其上的可用时间就形成了一个时间段序列,将其表示为 $\bigcup_{b=1}^{B_n}$ ($TBB_{b,n}$, $TBE_{b,n}$),计划完工时间具体算法如图 8.14 所示。

步骤 1：获取要调度的工序信息和设备信息,工序信息包括工序的最早可开始时间 $DC_{s,r}$,工序的加工数量 $NP_{s,r}$,单件加工时间 $TS_{s,r,n}$,压件数量 $NF_{s,r}$ 和划分好调度块的计划加工数量 $NP_{s,t,n}$ 和加工工序需设备数量,设备则是选定的设备集合和对应设备上的加工队列。

步骤 2：是否存在未调度的调度块,如果存在至步骤 3,否则至步骤 13。

步骤 3：如果采用流水方式生产则至步骤 4,如果采用离散方式生产则至步骤 5。

步骤 4：在当前工序下多个未调度的调度块中选择一个调度块作为当前调度块 $ps_{s,t,n}$,并在选定的设备集合内随机选择一个未使用的设备 $M_{n,t}$。如果设备上加工队列不为空,则取得设备上最后一个调度块的计划加工结束时间 PE_{s',t',n,L_n},并将 PE_{s',t',n,L_n} 和 $DC_{s,r}$ 代入公式(8-4)得到当前调度块的计划开始时间 $PB_{s,t,n,l}$,如果设备加工队列为空,则 $PB_{s,t,n,l} = DC_{s,r}$,转至步骤 10。

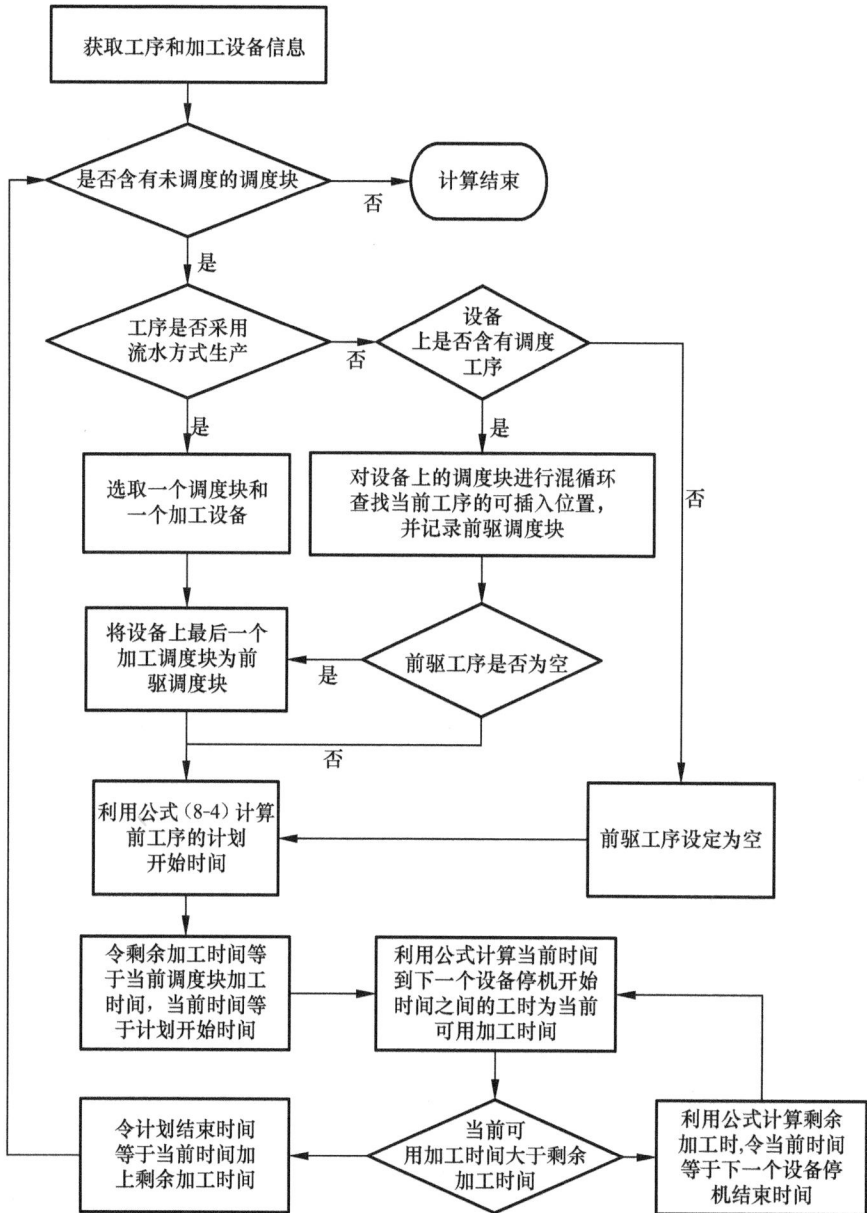

图 8.14　计划加工完成时间计算流程

步骤 5：由于只有一个调度块和一台加工设备，因此选择这个调度块作为当前调度块 $ps_{s,t,n}$，并选择该设备 $M_{n,t}$ 为当前设备。如果设备加工队列为空，则令 $PB_{s,t,n,l} = DC_{s,r}$ 转至步骤 10，否则转至步骤 6。

步骤 6：令 $PB_{s,t,n,l} = DC_{s,r}$，计算计划加工结束时间 $PE_{s,t,n,l}$，如果 $PE_{s,t,n,l} \leqslant PB_{s'',t',n,1}$，则 $PB_{s,t,n,l} = DC_{s,r}$，转至步骤 10，否则令 $i = 1$ 并转至步骤 7。

步骤 7：如果 $i < L_n$ 将 $PE_{s''',t'',n,i}$ 和 $DC_{s,r}$ 代入公式（8-4）得到当前调度块的计划开始时间 $PB_{s,t,n,l}$，计算计划加工结束时间 $PE_{s,t,n,l}$，如果 $PE_{s,t,n,l} \leqslant PB_{s''',t''',n,i+1}$ 则转至步骤 10，否则转至步骤 8；如果 $i = L_n$ 则转至步骤 9。

步骤 8：令 $i = i + 1$，转至步骤 7。

步骤 9：取得设备上最后一个调度块的计划加工结束时间 PE_{s',t',n,L_n}，并将 PE_{s',t',n,L_n} 和 $DC_{s,r}$ 代入公式（8-4）得到当前调度块的计划开始时间 $PB_{s,t,n,l}$。

步骤 10：使用单件加工时间 $TS_{s,r,n}$、辅助加工时间 $TA_{s,r,n}$ 和调度块的计划加工数量 $NP_{s,t,n}$ 计算剩余加工时间 $TPW_{s,r,n} = TA_{s,r,n} + TS_{s,r,n} \times NP_{s,r,n}$（8-18），设定中转时间 $TTe = PB_{s,t,n,l}$。

步骤 11：对 $\bigcup\limits_{b=1}^{B_n} (TBB_{b,n}, TBE_{b,n})$ 进行循环，寻找 $b1$ 满足 $TBE_{b1-1,n} \leqslant TTe \leqslant TBB_{b1,n}$，如果 $TBB_{b1,n} - TTe < TPW_{s,r,n}$ 则令 $TTe = TBE_{b1,n}$，$TPW_{s,r,n} = TPW_{s,r,n} - (TBB_{b1,n} - TTe)$ 转至步骤 10，否则转至步骤 12。

步骤 12：获取调度块的计划结束时间，$PE_{s,r,n,l} = TBE_{b1-1,n} + TPW_{s,r,n}$，转至步骤 2。

步骤 13：计算工序结束时间过程结束。

第 **9** 章

生产扰动驱动的
快速响应动态
调度技术

　　面向多品种变批量生产模式的快速响应制造执行环境具有不确定性、不准确性和不完备性等特点,制造执行中存在来自生产计划、周转过程以及设备物料等多个方面的生产扰动。通过混线生产作业调度算法生成的作业计划不论如何优化,也只是保证了计划层次的合理性,而由于制造执行过程的动态性,存在大量的诸如生产时间/顺序变化、设备故障、生产准备和订单变化等扰动因素,这些生产扰动导致作业计划不能真实反映实际的生产现场情况。如果对这些扰动事件置之不理,则会出现作业计划与生产制造执行现场的脱节,从而使得作业计划的指导意义大幅度丧失。因此,必须对扰动事件做出响应,实现作业计划方案的更新。目前关于动态调度响应方式的研究主要是增量调度和重调度,增量调度不能综合考虑所有订单的紧急程度进行安排,只是一种简单的追加调度,而重调度会引起作业计划变化过大,甚至影响按照原作业计划顺序已经完成的生产技术准备。因此,迫切需要结合实际的生产需求,在对扰动事件进行分析的基础上,建立一种扰动事件驱动的快速响应机制,使作业计划能够针对生产扰动进行快速的调整,以适应新的要求与环境,保证尽量多的零件能够按照要求的交货期完成加工以及作业计划稳定性的前提下,实现作业计划与现场的同步。

9.1　动态调度的驱动因素分析

在复杂生产环境下,面向多品种变批量的生产扰动是驱动车间进行动态调度的根本动力。生产扰动种类和来源都较为复杂,根据扰动因素的发起类别,可以将生产扰动分为 4 个层次,分别来自计划任务层、生产工艺层、物料资源层、生产执行层,如图 9.1 所示。

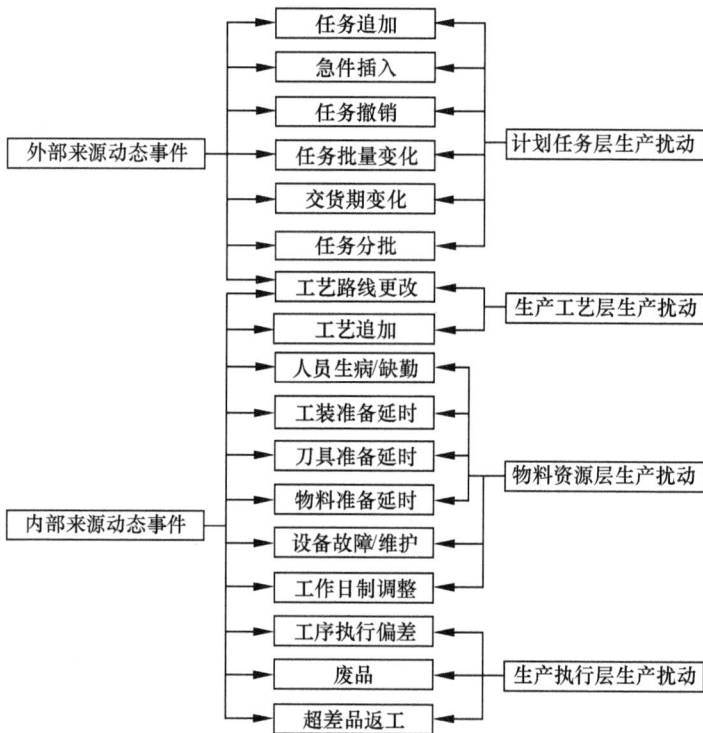

图 9.1　扰动事件分类

9.1.1　计划任务层生产扰动

复杂生产环境下的生产任务具有动态、多变的特点,由于生产订单的快速变化带来生产任务不可预测的动态调整,包括生产任务的追加与插入、生产任务撤销、生产任务更改。

1. 生产任务追加与插入

在激烈的市场竞争与快速的需求变化中,企业接收到新生产订单的密度越来越大。对企业接收到的新生产订单,通过生产任务追加或插入的方式下发给车间,从而对作业方案提出了调整要求。生产任务的追加或插入属于不同的调整形式,在目标要求和处理流程上都有极大区别。

(1) 生产任务追加:由于新添生产任务的加工工时相对于该任务的下达日期到交货期之间的时间段相对较短,即 $\dfrac{\sum_s TS_{s,r,n}}{CU(DA_r,DD_r)}$ 较小,一般情况下只要将其安排到已有生产计划的尾部就可以在交货期之前完成加工,因此采用任务追加的方式进行动态调度以确保作业计划与生产计划在生产订单上的统一。

(2) 生产任务插入:由于试制或者紧急任务的需要向生产计划中新增加的加工任务,由于新添的加工任务交货期较近,生产任务十分紧急,要求接收到订单后尽早安排开始生产和尽早完成生产,需要插入到已有的作业调度方案中,而设备上原有的未加工工序则向后顺延。

2. 生产任务撤销

生产任务撤销体现为已经下达到车间并生成作业计划的订单由于暂时不要求执行,从而要求在不改变加工顺序的前提下将其从作业计划中删除,并对作业计划进行调整。

3. 生产任务更改

生产任务更改主要包括分批、加工数量修改和交货期调整。

(1) 生产任务分批:在生产计划下达后,要求一个订单下部分数量的零件先于该订单下其他零件交货,因此要求对生产任务进行分批。分批后两个批次的零件作为两个独立的订单进行生产,两个批次的交货期不同,相互之间不存在生产约束,但两个批次的数量、时间需要进行相应的调整。

(2) 生产任务加工数量修改:主要是由于计划层生产任务的变更对已经下达到生产车间的生产任务中某一个或者多个订单进行加工数量修改。因此需要在不改变作业计划中设备内工序加工顺序的前提下,对相关的加工工序进行计划开始加工时间和计划完成时间调整。

(3) 交货期修改:当生产任务已经下达到生产车间后,根据生产订单变化的需求对生产任务中部分订单的交货期进行修改。当交货期提前时,比较作业计划中对应零件的计划加工完成时间 $(\max_{r=r'}(PE_{s,r,n}))$ 和新的交货期 $DD'_{r'}$,如果 $\max_{r=r'}(PE_{s,r,n}) \leqslant DD'_{r'}$ 则不需要对作业计划进行调整;如果 $\max_{r=r'}(PE_{s,r,n}) > DD'_{r'}$,则需要将属于零件 r' 的调度工序以插入方式进行重新调度。

9.1.2 生产工艺层生产扰动

(1) 非完整的片段工序持续追加。

企业在生产组织中普遍存在主制车间和跨车间加工的现象,当工序发生外协时,主制车间很难控制其加工进度,因此每次下达给车间的生产任务只包括当前连续在该车间生产的工序,属于非完整的片段工序集合。当零件完成外协加工转入车间时,该零件的工序不能作为一个新的任务添加,否则会造成生产计划与作业计划不统一,必须采取工序追加的形式展开,如图9.2中零件A的工序要分3次下达给主制车间,当第一次下达时是生产任务正式下达,当第二次和第三次下达时则属于生产任务工序级追加。工序的追加要求在保证零件交货期的前提下采用以追加方式对新添的调度工序生成作业计划。

零件A的执行阶段划分

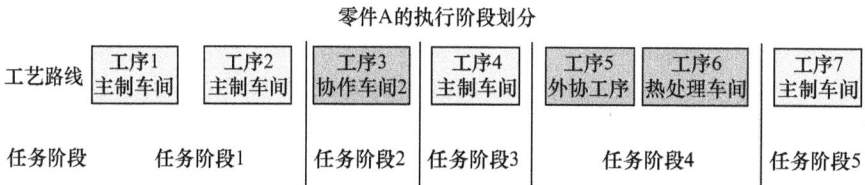

图 9.2 零件 A 的执行阶段划分

(2) 工艺路线的动态修改。

企业制造执行过程中会存在一定数量的仍处于试制阶段的零件,这些零件的工艺十分不稳定,随时可能根据功能或者加工的需要对零件的工艺路线进行调整。发生工艺路线调整后引起作业方案中工艺路线不正确,需要对作业计划进行相应的修改。当发生工艺路线调整时,需要在保证多数订单按时交货的前提下对工艺路线发生变更的零件的未加工工序进行重调度。

9.1.3 物料资源层生产扰动

(1) 生产准备不足。

当生产任务已经生成作业计划后,发现其中部分零件由于工装、刀具或者图纸不到位,数控加工代码未编制完成,物料未准备完成等生产准备不完全不能开始加工,则需要对作业计划进行调整,从中删除生产准备不足的生产工序。将生产准备不足的工序及其零件内后续工序的调度状态变为不可调度,将设备上原用于加工这些工序的加工时间恢复为空白,并调整作业计划。

（2）设备故障/维修。

在生成作业计划后，由于设备的故障/维修的原因造成设备上的可用加工时间发生变化，因此必须在保证作业计划尽量少变化的前提下，对作业计划进行调整，以保证工序的工时与在设备上占用的可用加工时间保持一致。

（3）工作日历与日制变化。

当作业方案生成后，由于零件超期或企业运行机制调整等原因，存在对设备的工作日历或者日制调整的需求，相当于调整了两个时间点之间的设备可用工作时间，要求对作业方案中的工序开工和完工时间节点按照新的工作模式进行调整。

9.1.4　生产执行层生产扰动

（1）制造执行时间偏差。

生产执行过程中存在大量不可预知的原因，造成生产中实际开工/完工时间与作业方案中的计划开工/完工时间不一致，需要在保证作业计划中工序的加工设备和加工顺序不变的基础上，按照实际开工/完工时间对作业计划进行调整。

（2）制造执行数量偏差。

生产执行过程中不可避免地会出现废品现象，致使作业计划中的计划生产数量与实际不一致，需要对作业计划进行调整。在保证作业计划中工序的加工设备和加工顺序不变的基础上，按照合格数量重新计算工序的计划开工/完工时间。

（3）超差品返工。

检测过程中发现一些完成加工的零件虽然不符合要求，但是经过工艺判断确定返工加工后该零件仍然能够使用。返工零件的加工也需要占用设备的可用加工时间，因此必须对作业方案进行调整。返工零件应该尽早完成加工，以便与已经检测合格的零件一起流转到下一个工序。

9.2　生产扰动事件的动态调度处理技术思路

9.2.1　车间作业动态调度的基本处理过程

车间作业动态调度的基本处理过程如图 9.3 所示。所谓动态调度就是基于原作业方案的基础上,在考虑各种层次生产扰动的基础上,在对车间实际执行进度状态采集的支持下,通过调度技术和算法实现作业计划方案的调整。

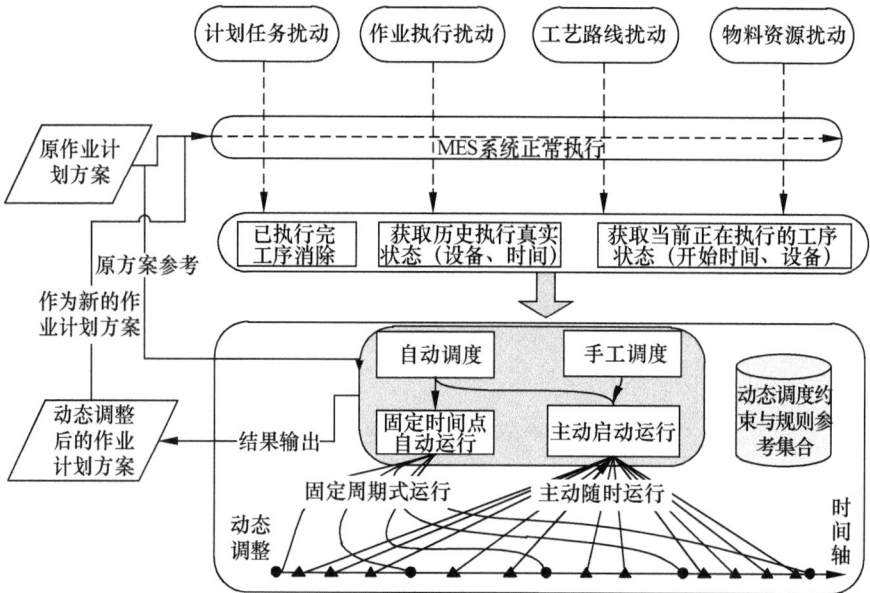

图 9.3　车间作业动态调度处理机制

在调整过程中需要注意三个方面的处理:一是对于已经执行完工的工序,将其从原作业方案中消除;二是获取当前正在执行的工序的状态,包括开始时间和所占用的设备等信息,以实现对该工序已经完成的工作量的核减,保证调整后作业方案能够贴近实际需求,如原规划工序作业周期为 10 小时,如果已经开工完成了 20% 的工作量,则对其调整为尚需 8 小时的工作量进行作业方案调整。

由于制造企业的制造执行过程中存在大量的生产扰动,对于扰动事件的响应一般有两种形式:一是实时响应;二是按需响应,即按照时间间隔进行相应。

由于车间作业执行过程中的生产扰动事件数量太过庞大,如由于工时不准,以具有典型代表某车间生产任务为例,其一周需要完成 800 道工序(800 次周转)的通常情况而言,最少具有 1 600 次(开始和结束时间均不准)的生产扰动事件,如果每次均实时响应,则响应时间间隔为:(5×8×60)/1 600=1.5 分钟/次,一般的应用服务器或调度用终端机的计算能力难以满足该种强度的计算要求。因此,实时响应一般难以做到,一般都是采用按需响应形式进行处理,存在两种方式:一是采取主动运行,即调度人员根据实际需要,比如有一定批量的任务新进入车间而原作业方案尚未考虑,或者经过一定时间后根据车间实际状态认为已经影响到原作业方案,可以主动进行动态调度,实现作业方案的修正;二是按照时间间隔进行处理,比如设定晚间特定时间作为计算机系统的一项任务进行定时自动运行,读取当前的实际执行状态进行作业方案的修正;或者采取两种形式相结合的形式,实现灵活的动态调度调整。

9.2.2　生产扰动事件驱动的调度调整目标

首先,生产扰动事件驱动的调度调整目标是在利用执行过程监控实时掌握生产现场设备状态、工序执行信息的基础上,通过对作业计划的动态调整,使作业计划与生产现场的实际制造执行状态保持一致,保证作业方案对实际现场的指导意义。

与混线作业调度相同,所有生产扰动事件的处理目标是"使尽可能少的订单发生延期交货",或者有针对性地保证关重件能够按期交货。

其次,不同的生产扰动事件对作业计划调整的目标存在着不同:一部分首先要求保持原有作业计划尽量少变动,即最大限度地保持原有作业计划的稳定性和权威性,在此基础上对生产作业计划进行调整,除生产任务分批、超差品返工和急件插入外的扰动事件调整都可以归为这一类;另一部分则要求为了尽早完成某些订单的加工而可以改变原有的作业计划,这部分扰动事件主要包括生产任务分批、超差品返工和急件插入,这一类扰动事件的处理中也会考虑到尽量减少对原有调度计划影响,只是将保持原有计划稳定性放到次要位置上,并且这种处理过程是受调度人员主观控制的。

根据不同生产扰动事件对作业计划影响及其调整目标的差异,可见如果针对每一类生产扰动事件都采取专用的处理过程,无疑将大大增加技术问题解决的复杂性。各种生产扰动事件对作业计划的调整目标的影响分析如表 9.1 所示。

表 9.1　生产扰动事件驱动的作业方案调整目标分析

扰动来源	生产扰动事件	动态调度的目标要求
计划任务 层扰动	任务追加	在保留原作业计划的基础上追加任务,新任务的工序作业安排主要体现为插空和尾部添加操作
	急件插入	在时间节点后插入新任务,调整时间节点后的作业计划,原有的作业计划也会受到影响

续表

扰动来源	生产扰动事件	动态调度的目标要求
计划任务层扰动	生产任务撤销	将对应的生产任务从作业计划中删除后移动受影响工序
	任务分批	一个批次按原开始时间重新计算结束时间后前移受影响工序,另一个批次以插入方式添加到作业计划中
	任务批量变化	按原计划开始时间重新计算结束时间后前移受影响工序
	交货期或优先级变化	将发生改变的生产任务从原作业计划中删除后,以插入或者追加的方式再将其添加到作业计划中
生产工艺层扰动	工艺添加	以追加方式将新添加工艺增加到作业计划中
	工艺修改	将原有工序从作业计划中删除,前移受影响工序,以追加方式将新添加工艺增加到作业计划中
物料资源层扰动	生产准备不足	将原有工序从作业计划中删除,前移受影响工序
	设备故障/维护调整、工作日制/日历调整	对受影响工序的开始和结束加工时间进行重新设置,包括前移和后移等调整操作
生产执行层扰动	执行时间、数量偏差	对受影响工序的开始和结束加工时间进行重新设置,包括前移和后移等调整操作

9.2.3 动态调度约束数学模型

为了达到动态调度的目的必须建立动态调度约束模型,以对动态调度过程中的调整操作进行合理性限制,以保证得到有效、优化的作业计划。

首先,与在混线生产下调度约束相同,调整过程中所有工序都必须遵循工序间加工顺序的约束[公式(9-1)]和加工设备约束[公式(9-2)]:

$$PB_{s,r,n} > PB_{s-1,r,n'} \tag{9-1}$$

$$ps_{s,r,n,l} \text{ 中} M_{n,t} \in CM_{s,r} \tag{9-2}$$

其次,保证尽量少的零件延期,具体为公式(9-3):

$$\min\left(\sum_{r=1}^{R} DL(pp_{r,k})\right) \tag{9-3}$$

对于尽量保持原有作业计划不变的条件和部分零件优先完工的约束条件分别如公式(9-4)和公式(9-5)所示:

$$\min\left(\sum_{s,r} \underset{PB,PE}{\Delta}(ps_{s,r,n,l})\right) \tag{9-4}$$

$$\min_{r=I}(\max_{s}(PB_{s,r,n})) \tag{9-5}$$

9.2.4 动态调度总体处理思路

动态调度处理分为两类:生产扰动事件驱动的自动动态调度和人机交互动态调度,其具体的处理思路如图 9.4 所示。

生产扰动事件驱动的自动动态调度首先读取扰动事件信息,建立扰动

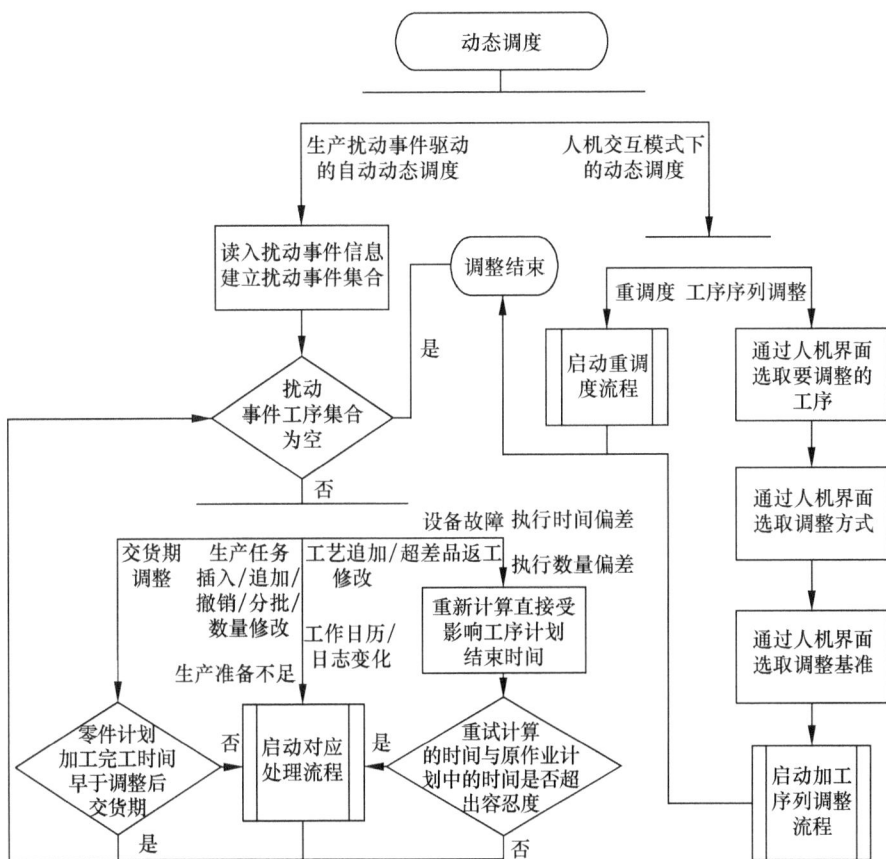

图 9.4　动态调度调整流程图

事件发起工序集合,处理操作只针对集合中的工序及其受影响工序进行。生产任务追加、插入、撤销、分批,以及工艺追加与修改、生产准备不足、设备故障和工作日历/日制变化等扰动事件,直接调用对应的处理流程。对于生产任务数量修改、执行时间偏差、执行数量偏差和超差返工等生产扰动事件,则需要根据改变后的变量重新计算扰动事件发起工序的加工结束时间,如与其原计划加工结束时间之间的差值在容忍度之内则不调整,否则调用对应的处理流程;对于交货期调整则需要判断发生调整的零件是否能在调整后的交货期内完成加工,如能完成则不必调整,否则启动交货期调整处理流程。

　　人机交互动态调度具有两个流程分支:首先判断是否重调度,如果"是",则在获取重调度时间后直接启动重调度流程;否则判断是否是设备上的工序序列调整操作,如果"是"则从人机交互界面读取等待调整的工序信息,获取调整的方式是设备内调整还是设备间调整,而后通过人机交互界面获取调整基准,而后启动加工序列调整流程。

9.3 生产扰动事件驱动的自动动态调度技术

通过对扰动事件的分类和处理技术思路的分析可知,生产扰动事件的处理流程、受影响工序集遍历方法以及工序撤销、工序插入、工序追加和工序移动四类基本处理算法是动态调度的核心。

9.3.1 计划任务层生产扰动处理流程

不同的扰动事件有不同的处理流程,图9.5所示的是计划任务层产生的六种生产扰动处理流程,分别是生产任务追加、生产任务插入、生产任务撤销、生产任务分批、生产任务加工数量变更和生产任务交货期变更。图中颜色较深的处理步骤是预先定义的基本算法,可见每一种扰动事件的处理流程都应用了工序撤销、工序插入、工序追加和工序移动等四类预先定义的基本处理算法中的一种或几种。

对于生产任务追加、插入和撤销,在处理流程的循环中,分别使用了工序的追加、插入和撤销。生产任务分批,是将一个批次看作原批次,并对加工设备和加工序列进行处理,只是修改了所占用设备的有效工作时间,而另一个批次的任务由于要求提前交货,采取插入的方式加入到作业计划中,其中应用了工序移动和工序插入两类预先定义的算法。在加工任务、加工数量修改中,通过对数量发生变化的零件相关工序的计划开始结束时间重新进行计算,而后遍历作业计划中所有受影响加工工序并对其进行调整。对于交货期调整是将相关工序从作业计划中删除,而后利用插入方法安排零件的作业计划,以保证在交货期前完成生产任务。

9.3.2 生产工艺层生产扰动处理流程

来自工艺层次的扰动事件处理流程如图9.6所示,图中分别描述了工艺追加和工艺修改两个处理流程,处理中同样使用了工序的撤销、插入、追加和移动四类预先定义的基本处理算法。工序追加中,对追加的工序选择合适的加工设备后,采用工序追加算法将工序添加到作业计划中。修改时首先要将工序从作业计划中删除,然后采用工序插入算法,将这些工序添加到作业计划中,在工序插入过程中,原工序所占用的加工设备的选择优先级较高,以保证原作业计划不变。

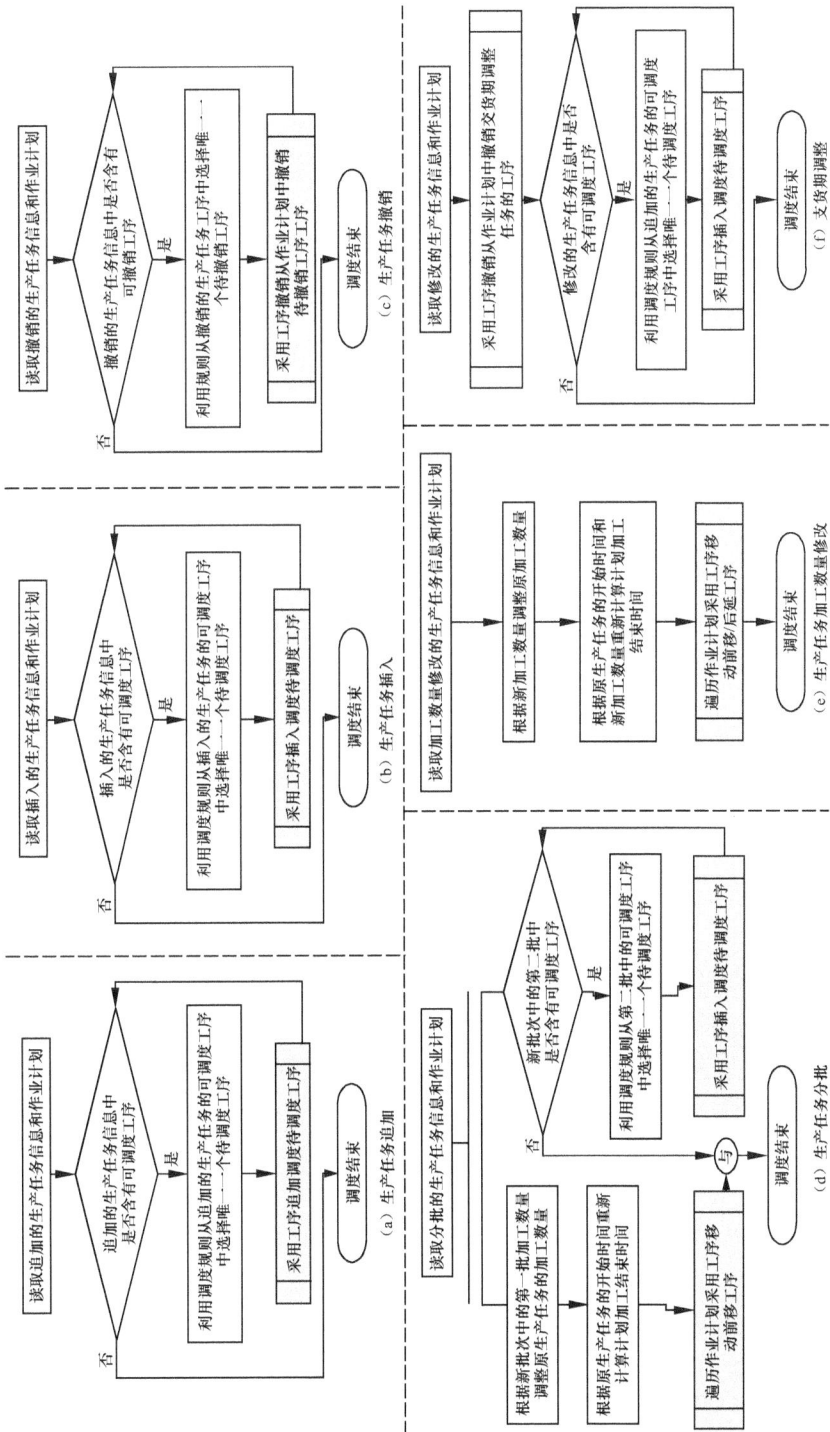

图 9.5　任务计划层扰动事件处理流程

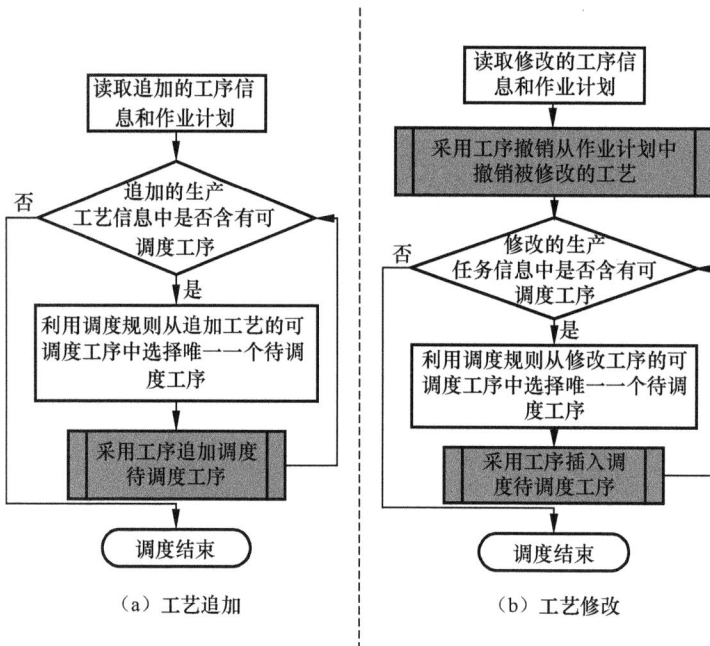

图 9.6　生产工艺层扰动事件处理流程

9.3.3　物料资源层生产扰动处理流程

　　来自物料资源层次的扰动事件处理流程如图 9.7 所示,图中分别描述了生产准备不足、设备故障和工作日历或工作日制变化三个处理流程,由于工作日历变化和工作日制变化处理流程完全相同,所以采用同一个流程图进行表示。对于生产准备不足事件,只需采用预先定义的工序撤销算法即可;设备故障事件则需要对工序计划加工时间发生变化的零件内和设备内后续工序采用工序后延算法进行调整。当工作日历或日制发生变化时,需要重新计算所有工序的计划加工开始/结束时间,而后利用工序前移、后延算法调整作业计划。

9.3.4　生产执行层生产扰动处理流程

　　来自生产执行层次的扰动事件处理流程如图 9.8 所示,图中分别描述了执行时间偏差、执行数量偏差和超差品返工三个处理流程,其处理流程近似,都是重新计算受影响工序的计划开始加工时间和计划结束加工时间,采用工序移动算法对作业计划进行调整。

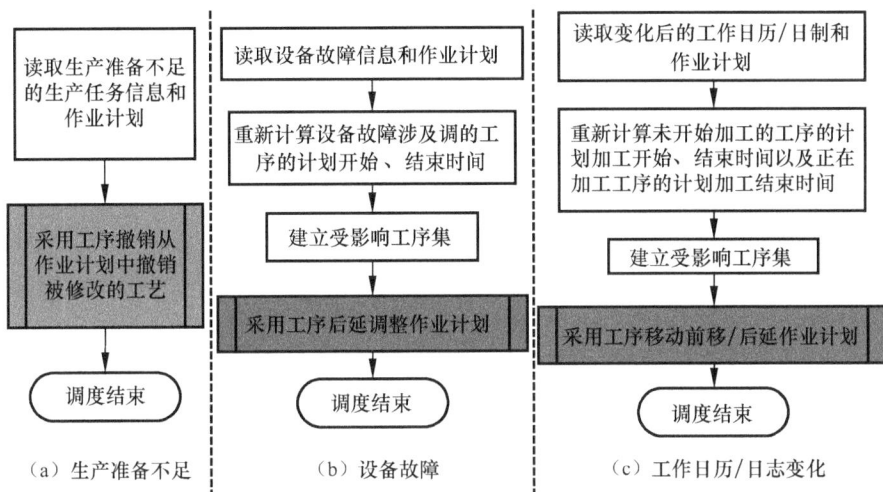

图 9.7　物料资源层扰动事件处理流程

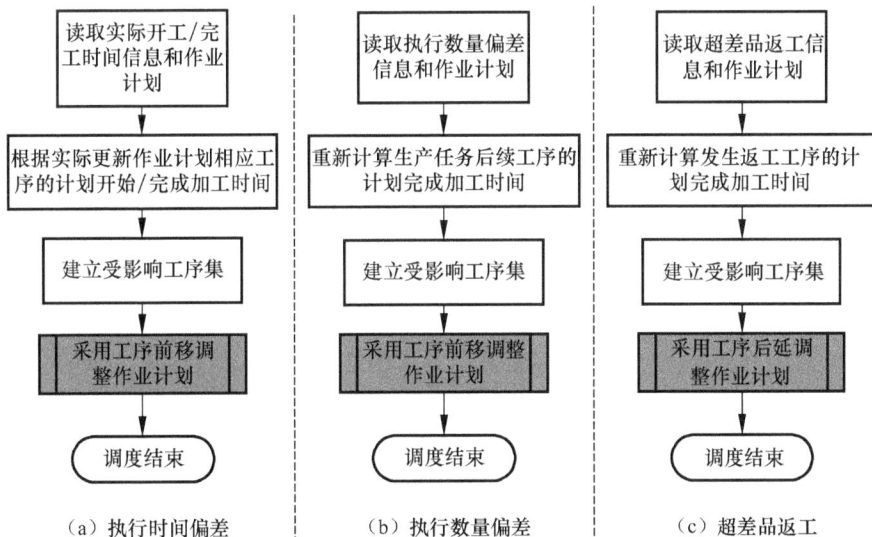

图 9.8　生产执行层扰动事件处理流程

9.3.5　分类模块化组合的处理思路

通过对各种层次生产扰动事件处理流程分析,可知四类基本处理算法是动态调度的基础,将生产扰动处理流程中的四类基本处理算法分别定义如下:

（1）工序移动：在不改变加工设备和设备内加工队列的前提下，前后移动调度工序的计划开始时间和计划结束时间。

（2）工序撤销：将生产计划中某个零件没有开始加工的工序从作业计划内删除。

（3）工序追加：将新添加的生产计划或者工序以追加的方式添加到设备加工队列的尾部。

（4）工序插入：将新添加的生产计划或者工序以插入的方式添加到设备加工队列的中。

通过使用预先定义的工序撤销、工序插入、工序追加和工序移动四类基本处理算法，可以有效地降低扰动事件的处理难度，提高代码重用度和设计重用度。扰动事件分类模块化组合技术为今后系统新添扰动事件的响应打下良好的基础，生产扰动事件与四类基本处理算法之间的关系如表 9.2 所示。

表 9.2　扰动事件分解表

扰动事件	工序撤销	工序追加	工序插入	工序移动
生产任务追加		√		
生产任务插入			√	
生产任务撤销	√			
生产任务分批		√		√
生产任务数量修改				√
交货期调整	√		√	
工艺追加		√		
工艺修改	√		√	
生产准备不足	√			√
设备故障				√
工作日历/日制变化				√
执行时间偏差				√
执行数量偏差				√
超差品返工				√

9.4　基于人机交互调整的动态调度技术

为了提高调度作业计划的实用性以及可行性水平，必须重视调度排产中人员经验及其介入机制和方法。人机交互的调度方式能充分利用调度人员在实际生产中所积累的经验，同时，人机交互调度方式也能对实际生产过程中出现生产扰动做出及时的反应。

9.4.1　人机交互作业计划调整过程

人机交互调度过程是一个从人机交互界面读取数据和计算机辅助计算交互进行的过程,如图9.9所示。人机交互作业计划调整是在手工调度的基础上,提出了智能判断和作业计划智能优化的需求,同时为调度块的移动提供了辅助工具。约束传播不仅仅是工序间加工约束的级联传播,同时还包括了在不影响加工顺序的基础上将调度工序块自动前移。在调度调整的开始阶段,操作者通过人机交互界面输入需要调整的工序,即待调度工序;计算机为待调度工序计算调度约束,这些约束包括:待调度工序的可使用设备、工序的最早可开始时间和交货期等,通过人机交互界面将约束的计算结果通过人机交互界面显示给操作者;操作者根据人机交互界面的约束信息对待调整工序进行调整;调整信息传入到系统中后,计算机辅助判断调整是否符合约束条件,如果调整后的作业计划违反调度约束则放弃该调整,如果符合调度约束,则在计算机通过受影响工序搜索算法生成受影响工序集合,利用工序移动算法对受影响的工序按照调度约束进行持续的传播式调整。

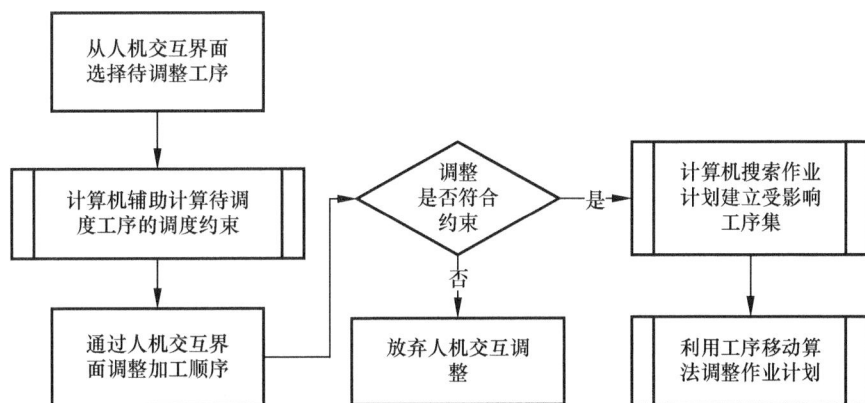

图9.9　人机交互作业计划调整流程

9.4.2　图形化调度工序块的离散化处理技术

传统的人机交互调整操作将每一个调度到设备上的调度工序看成一个整体,即一个调度块,每一个调度块存在一个计划加工开始时间和一个计划加工结束时间,即调度块加工时间为$[PB_{s,r,n}, PE_{s,r,n})$。对于传统人机交互调度中的离散调度或是固定压件数量的流水调度,这样的数据结构完全能够满足要求。但是对于混线生产方式下的流水作业零件,其压件数量不确定,难以迅速地得到由工序间约束而产生的最早可开始加工时间。如果要在混线生产方式下迅速获得最早可开始加工时间,必须记录一个调度工序块中每一个零件计划开始加工时间和计划完成加工时间。将调度工序块进行离散化,能够实现对每一个零件进行记录的要求。离散化后一个工序的调度工序块含有多个子块,每一个子块代表一个零件,每一个调度工艺块的加工时间是所有该调度工艺块下所有子块的加工时间的累计。将调度工艺块 $ps_{s,r,n,l}$ 中每一个子块表示为 $sps_{u,s,r,n,l}$,下标 $u \in (1,2,\cdots,NP_{s,r})$ 表示子块在调度工艺块中的唯一标识;s,r,n,l 与调度工艺块 $ps_{s,r,n,l}$ 中下标的含义相同,分别为工序标识、零件标识、设备标识和设备内加工位置标识。$PSB_{u,s,r,n}$ 和 $PSE_{u,s,r,n}$ 分别表示子块 $sps_{u,s,r,n,l}$ 的计划开始加工时间和计划完成加工时间,则子块的计划开始加工时间和计划完成加工时间与调度工艺块的计划开始加工时间和计划完成加工时间关系如公式(9-6)所示,式中 $PB_{s,r,n} = PSB_{1,s,r,n}, PE_{s,r,n} = PSE_{NP_{s,r},s,r,n}$。

$$[PB_{s,r,n}, PE_{s,r,n}) =$$
$$[PSB_{1,s,r,n}, PSE_{1,s,r,n}) \cup [PSB_{2,s,r,n}, PSE_{2,s,r,n}) \cup \cdots \cup [PSB_{NP_{s,r},s,r,n}, PSE_{NP_{s,r},s,r,n})$$
$$(9-6)$$

调度工序块的离散支持了每个零件计划完成加工时间的记录,为混线生产中通过零件内工序约束获取工序的最早可开始时间提供了方便。例如工序 $ps_{s,r,n,l}(s \geqslant 2)$ 的压件数量为 $NF_{s,r}$,则其通过零件内工序约束获取工序的最早可开始时间计算公式如公式(9-7)所示。

$$PSE_{NP_{s,r},s-1,r,n} \qquad (9-7)$$

9.4.3 手工调度操作的标准化处理技术

人机交互动态调度主要分为设备内加工顺序修改、更换加工设备和重调度三种操作。加工顺序修改和更换加工设备虽然在操作上不相同,但在处理流程上都表现为工序序列调整,即将调度工序从设备加工队列删除后再做插入处理;但两者也有不同之处:加工顺序修改是将调度工序插入到原加工设备的加工队列中,而更换加工设备操作则是将调度工序插入到其他可用加工设备的加工队列中。重调度则是将指定时间之后的所有调度工序在无视原作业方案的前提下进行重新调度。

(1)工序序列调整。

该算法中以工序的前移/后延算法作为子算法,以降低算法的复杂性和提高算法的模块化。具体调度过程如图9.10所示,将设备3上的调度块2-2转换到设备1上,队列位置位于设备1上的调度块1-1和调度块3-2之间。

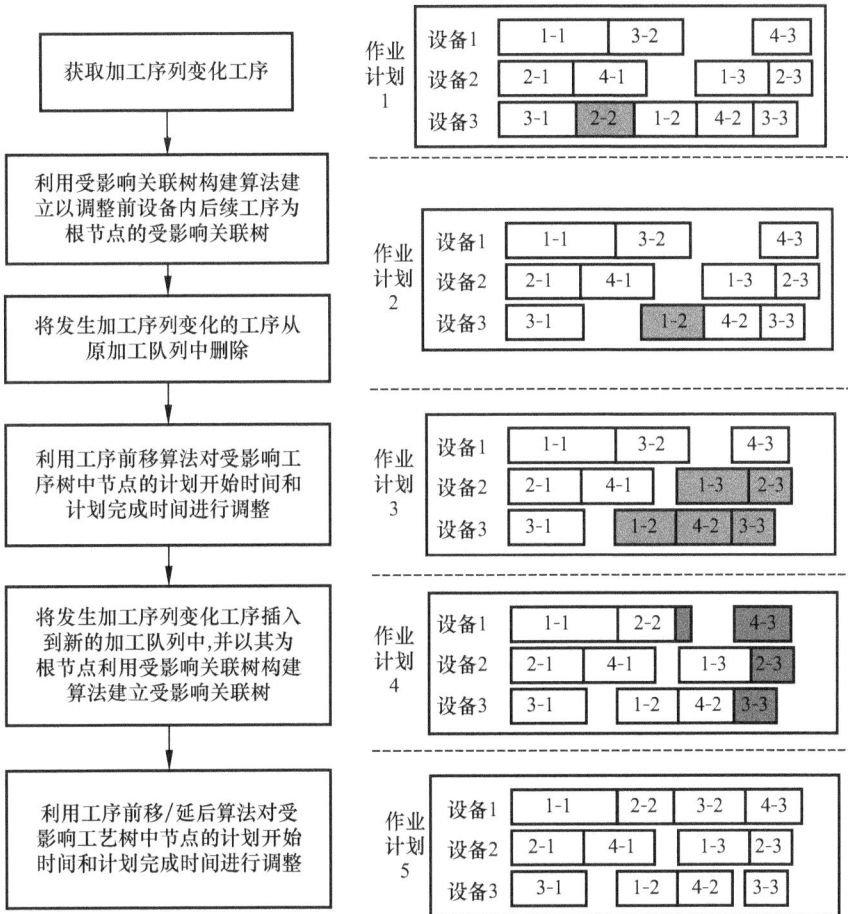

图 9.10　加工序列变化处理算法

步骤 1：获取发生加工顺序变化的工序 $ps_{s,r,n,l}$，如图 9.10 中作业计划 1 中颜色较深的调度块。

步骤 2：将 $ps_{s,r,n,l}$ 从设备 n 的加工队列中删除，调整加工队列，将该工序标记为 $ps_{s,r}$。

步骤 3：以更改后的工序 $ps_{s',r',n,l}$ 为根节点建立受影响关联树，如图 9.10 中作业计划 2 中颜色较深的调度块。

步骤 4：利用工序移动算法对受影响工序进行前移处理，形成的作业计划如图 9.10 中作业计划 3 所示；

步骤 5：将工序 $ps_{s,r}$ 插入到指定设备的指定位置，修改该设备的加工队列,工序 $ps_{s,r}$ 转变为 $ps_{s,r,n',l'}$。

步骤6:以工序 $ps_{s,r,n',l'}$ 为根节点建立受影响关联树,如图9.10中作业计划4中颜色较深的调度块。

步骤7:利用工序移动算法对受影响工序进行后延处理,形成的作业计划如图9.10中作业计划5所示。

步骤8:完成调整。

(2)重调度算法。

重调度是对特定时间点之后的所有作业工序进行完全的重排,与静态调度不同,参加调度的工序并不是全部的工序,而是特定时间点之后的部分零件加工工艺路线的片段。为此必须建立一个可调度工序集,而后针对可调度工序集进行重调度。因此,针对上述要求,提出了基于片段工序集与启发式规则相结合的面向特定时间点之后的重调度算法,如图9.11所示。

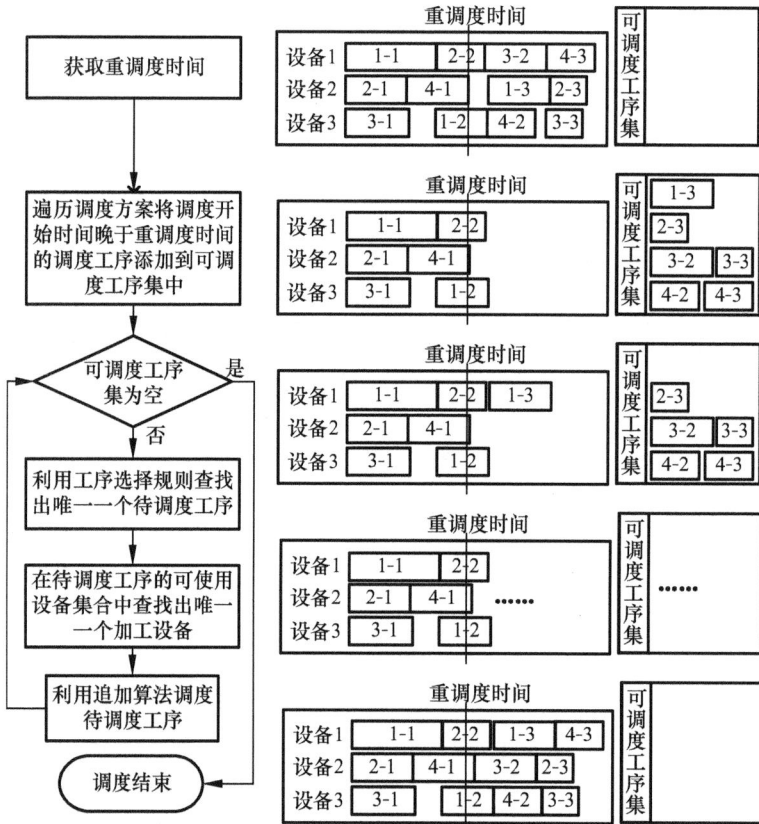

图9.11　重调度处理算法示意图

步骤 1：获取重调度时间 T_r，清空可调度工序集 CS。

步骤 2：对作业计划中的调度工序进行循环如果 $PB_{s,r,n,l} > T_r$，则将 $ps_{s,r,n,l}$ 从设备队列中删除，将 $ps_{s,r,n,l}$ 恢复为 $ps_{s,r}$，将 $ps_{s,r}$ 添加入 CS。

步骤 3：如果 $Size(CS)=0$，则转至步骤 7，否则转至步骤 4。

步骤 4：利用工序选择规则从可调度工序集中筛选出唯一待调度工序 $ps_{s,r}$。

步骤 5：利用设备选择规则为 $ps_{s,r}$ 查找加工设备 $M_{n,t}$。

步骤 6：利用追加算法将工序 $ps_{s,r}$ 追加到作业计划中的设备 $M_{n,t}$ 上，工序 $ps_{s,r}$ 变更为 $ps_{s,r,n,l}$，将工序 $ps_{s,r}$ 从 CS 中删除，转至步骤 3。

步骤 7：调度结束。

9.5　分类模块化的动态调度实现算法

9.5.1　受影响工序分析与处理机制

1. 工时偏差容忍度技术

在当前定额工时普遍不准确的现实情况下，工时实际执行中的偏差是实际中最为庞大的生产扰动事件，如果每一道调度工序都根据实际执行情况进行处理，则必然造成对作业计划的频繁调整，因此必须建立一种缓冲机制，减少影响甚微的扰动事件对作业计划造成影响。这种缓冲机制既可以防止小幅度扰动事件对作业计划的影响，又可以杜绝由多个小幅度扰动事件合成的需响应扰动事件但可能未被响应的情况。

由于各个工序的加工时间长短不一致，因此相同时间的偏差对各个工序的影响程度不相同，为此建立工时偏差容忍技术，其具体表达式如公式(9-8)所示：

$$\left| \frac{EB_{s,r,n}(or EE_{s,r,n}) - PB_{s,r,n}(or PE_{s,r,n})}{TW_{s,r,n}} \right| \tag{9-8}$$

当公式(9-8)计算值小于工序调整临界值(L_d)时，调度系统则不响应该生产扰动事件，否则对以事件为驱动进行相应的调整。例如两个工序的加工工时分别为 25 小时和 5 小时，如果工时偏差为 2 小时，则所占比例分别为 8％和 40％。假定 10％为容忍度设置，则工时为 25 小时工序的完工时间不需调整，工时为 5 小时工序的完工时间需要进行调整，以保证后序的开工时间符合实际要求，从而有效地隔离了对后序关联工序的影响，降低了关联调整的复杂度。

2. 受影响工序遍历及其关联树构建算法

由数据组织结构可见,当一个工序发生扰动事件时,其后续的受影响工序包括零件内后驱工序和设备内后续工序。因此将受影响工序组织为受影响工序关联树的形式,以发生动态调度的工序为根节点,以其零件内后驱工序和设备内后续工序为一阶子节点,逐层建立后续的多阶受影响工序节点,直至作业计划中不存在受影响后续工序。受影响工序遍历及其关联树的构建是动态调度调整的核心,决定了调整的范围和深度。

步骤1:建立工序关联树堆栈 DT,并进行初始化。

步骤2:查找到发生扰动事件的工序 $ps_{s,r,n,l}$,将 $ps_{s,r,n,l}$ 设置为当前工序。

步骤3:将当前工序压入堆栈 DT。

步骤4:查找当前工序是否存在零件内后续工序 $ps_{s+1,r,n',l'}$,如果不存在则转至步骤5;否则判断是否超过容忍度,如果超过容忍度则将 $ps_{s+1,r,n',l'}$ 压入堆栈 DT 后转至步骤5;否则直接转至步骤5。

步骤5:查找当前工序是否存在设备内后续工序 $ps_{s',r',n,l+1}$,如果不存在则将 $ps_{s,r,n,l}$ 标识为已搜索转至步骤6;否则判断是否超过容忍度,如果超过容忍度则将 $ps_{s',r',n,l+1}$ 压入堆栈 DT,将 $ps_{s,r,n,l}$ 标识为已搜索至步骤6;否则将 $ps_{s,r,n,l}$ 标识为已搜索转至步骤6。

步骤6:对堆栈 DT 中的元素进行循环查找到首个未搜索工序,将其设定为当前工序,转至步骤4,如果不存在未搜索工序则结束工序关联树节点添加过程。

通过算法建立的关联树形式如图9.12所示,图中 $ps_{s,r,n,l}$ 为发生扰动事件的工序,其余为受影响的工序集。

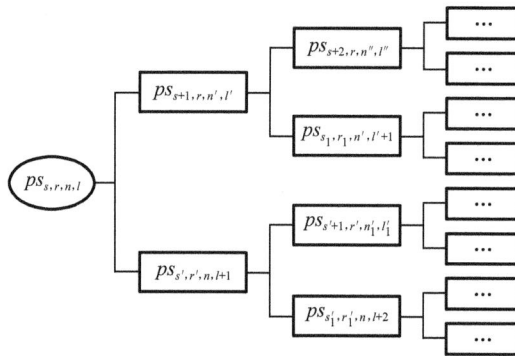

图 9.12 受影响工序关联树

9.5.2　车间作业动态调整算法

四类预先定义的基本处理算法是动态调度过程的基础，也是动态调度算法的核心，各种生产扰动事件的动态调度处理可以通过四种算法的组合实现。下面对四类预先定义的基本处理算法进行逐一的详细介绍。

1. 工序移动调整算法

工序移动调度算法分为工序后延调整算法和工序前移调整算法两类，其处理流程相似，但在处理过程中采用不同的计算公式，因此分别进行介绍。工序后延调度算法的核心是将发生推迟的工序及其相关工序的计划开工完工时间进行调整，而不改变设备内工序的加工顺序，其处理算法如图 9.13 所示。

步骤 1：获取发生工序后延的工序 $ps_{s,r,n,l}$，利用受影响关联结构树构建方法建立受影响关联树，如图 9.13 中颜色较深的工序块。

步骤 2：如果发生的事件为开工时间后延，则计算完工时间后转至步骤 3，否则直接转至步骤 3。

步骤 3：调整工序 $ps_{s,r,n,l}$ 计划开工/完工时间，设定 $ps_{s,r,n,l}$ 为父节点。

步骤 4：如果父结点不含有子节点则转至步骤 7；否则转至步骤 5。

步骤 5：如果子节点的调整幅度小于容忍，即 $\left|\dfrac{EE_{s,r,n,l}-PB_{s+1,r,n',l'}}{TW_{s+1,r,n}}\right|\leqslant$

L_d 并且 $\left|\dfrac{EE_{s,r,n,l}-PB_{s',r',n,l+1}}{TW_{s',r',n}}\right|\leqslant L_d$，则转至步骤 7，否则转至步骤 6。

步骤 6：本步骤为并行处理部分：

步骤 6-1：如果 $\left|\dfrac{EE_{s,r,n,l}-PB_{s+1,r,n,l}}{TW_{s+1,r,n}}\right|>L_d$，则调整工序 $ps_{s+1,r,n',l'}$，以

$ps_{s,r,n,l}$ 的计划结束时间为 $ps_{s+1,r,n',l'}$ 的计划开始时间，计算 $ps_{s+1,r,n',l'}$ 的计划完成时间，并对其进行重新赋值，将 $ps_{s+1,r,n',l'}$ 作为父节点，转至步骤 4。

步骤 6-2：如果 $\left|\dfrac{EE_{s,r,n,l}-PB_{s',r',n,l+1}}{TW_{s',r',n}}\right|>L_d$，则调整工序 $ps_{s',r',n,l+1}$，以

$ps_{s,r,n,l}$ 的计划结束时间为 $ps_{s',r',n,l+1}$ 的计划开始时间，计算 $ps_{s',r',n,l+1}$ 的计划完成时间，并对其进行重新赋值，将 $ps_{s',r',n,l+1}$ 作为父节点，转至步骤 4。

步骤 7：动态调整结束。

工序前移的调整策略过程如下：

步骤 1：获取发生工序前移的工序 $ps_{s,r,n,l}$。

步骤 2：如果发生的事件为开工时间前移，则计算完工时间。

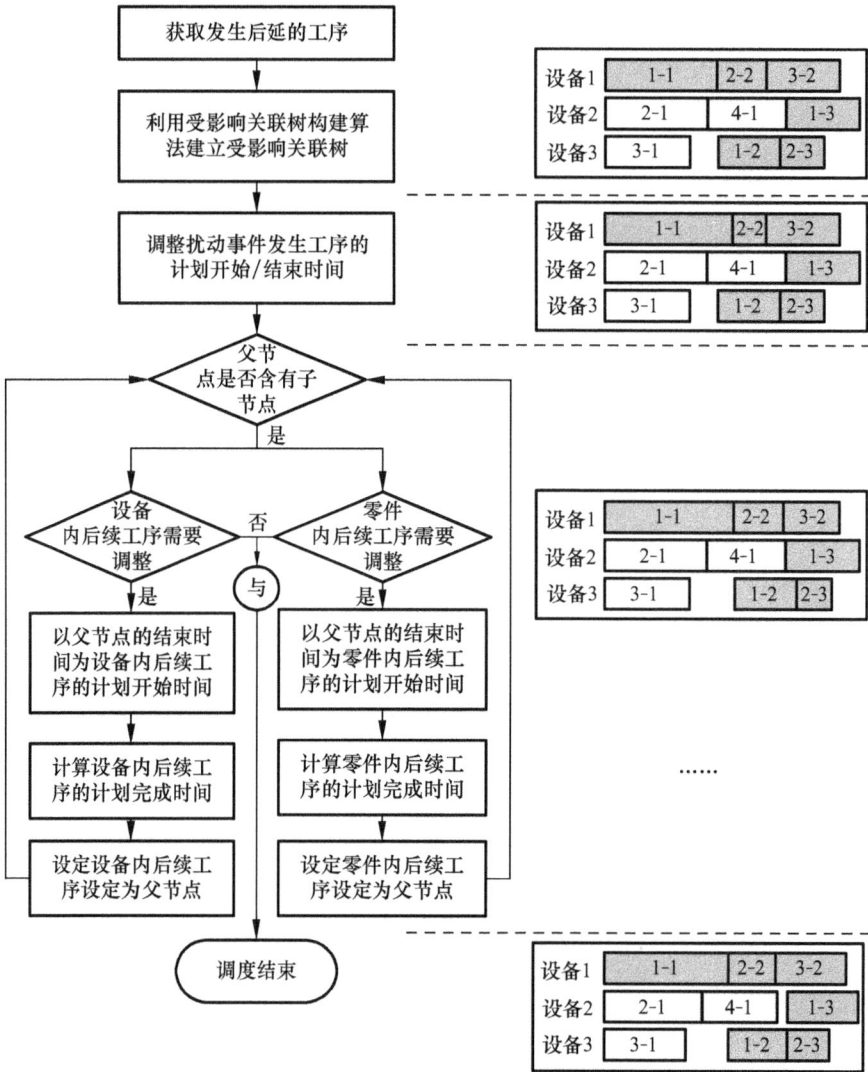

图 9.13　工序移动调整算法

步骤 3:调整工序 $ps_{s,r,n,l}$ 计划开工/完工时间,设定 $ps_{s,r,n,l}$ 为父节点。

步骤 4:如果父结点不含有子节点则转至步骤 7;否则转至步骤 5。

步骤 5:如果 $\left| \dfrac{PB_{s+1,r,n',l'} - EE_{s,r,n,l}}{TW_{s+1,r,n}} \right| \leqslant L_d$ 并且 $\left| \dfrac{PB_{s',r',n,l+1} - EE_{s,r,n,l}}{TW_{s',r',n}} \right| \leqslant$

L_d,则转至步骤 7,否则转至步骤 6。

步骤 6:本步骤为并行处理部分。

步骤 6-1：如果 $\left|\dfrac{PB_{s+1,r,n',l'}-EE_{s,r,n,l}}{TW_{s+1,r,n}}\right|>L_d$，则调整工序 $ps_{s+1,r,n',l'}$，以 $ps_{s,r,n,l}$ 的计划结束时间为 $ps_{s+1,r,n',l'}$ 的计划开始时间，计算 $O_{i,j',p',q+1}$ 的计划完成时间，并对其进行重新赋值，将 $ps_{s+1,r,n',l'}$ 作为父节点，转至步骤 4。

步骤 6-2：如果 $\left|\dfrac{PB_{s',r',n,l+1}-EE_{s,r,n,l}}{TW_{s',r',n}}\right|>L_d$，则调整工序 $ps_{s',r',n,l+1}$，以 $ps_{s,r,n,l}$ 的计划结束时间为 $ps_{s',r',n,l+1}$ 的计划开始时间，计算 $ps_{s',r',n,l+1}$ 的计划完成时间，并对其进行重新赋值，将 $ps_{s',r',n,l+1}$ 作为父节点，转至步骤 4。

步骤 7：动态调整结束。

2. 工序追加调整算法

工序追加是一个向作业方案中添加工序的过程，这个过程并非只是将工序追加到设备加工队列的尾部，而是当加工队列的设备可用的空闲加工时间大于追加工序的加工时间时，将其追加到空闲处的处理算法，过程如图 9.14 所示。

步骤 1：获取追加的工序 $ps_{s,r}$，如图 9.14 中的工序 4-1。

步骤 2：从 $ps_{s,r}$ 的可选设备集合中选唯一一台设备作为加工设备 $m_{n,t}$，如图 9.14 中追加到加工队列方案中工序 4-1 的选择设备为设备 2，而追加到加工队列尾部方案中工序 4-1 的选择设备为设备 1。

步骤 3：遍历设备 $m_{n,t}$ 上的加工队列（$ps_{s,r,n,1}$，$ps_{s',r',n,2}$，$\cdots$，ps_{s'',r'',n,L_n}），如果存在 $l(1\leqslant l\leqslant Ln)$ 满足 $PB_{s1,r1,n,l}-PE_{s2,r2,n,l-1}\geqslant TW_{s,r,n}$ 则转至步骤 4，否则转至步骤 6，例如工序 4-1 的选定加工设备为设备 2 时则转至步骤 4，如果选定的加工设备为设备 1 时则转至步骤 6。

步骤 4：将 $ps_{s,r}$ 追加到设备 $m_{n,t}$ 的加工队列中的位置 l 上，将 $ps_{s,r}$ 转变为 $ps_{s,r,n,l}$，例如图 9.14 中追加到加工队列方案中将工序 4-1 插入到工序 2-1 和工序 1-3 之间。

步骤 5：调整设备 $m_{n,t}$ 上的原加工队列，当加工队列下标 l' 大于 l 时令 $l'=l'+1$，例如图 9.14 中插入到加工队列方案中将工序 1-3 在加工队列中的顺序从 2 转变为 3，转至步骤 7。

步骤 6：将工序 $P_{j,p}$ 追加到指定设备加工队列的尾部，工序 $ps_{s,r}$ 转变为 $ps_{s,r,n,l}$，例如追加到加工队列尾部方案中，工序 4-1 被追加到作业计划的设备 1 的加工队列尾部进行加工。

步骤 7：动态调整结束。

3. 工序插入调整算法

工序插入是指将添加的工序尽可能早开始加工的调整方式，将工序插

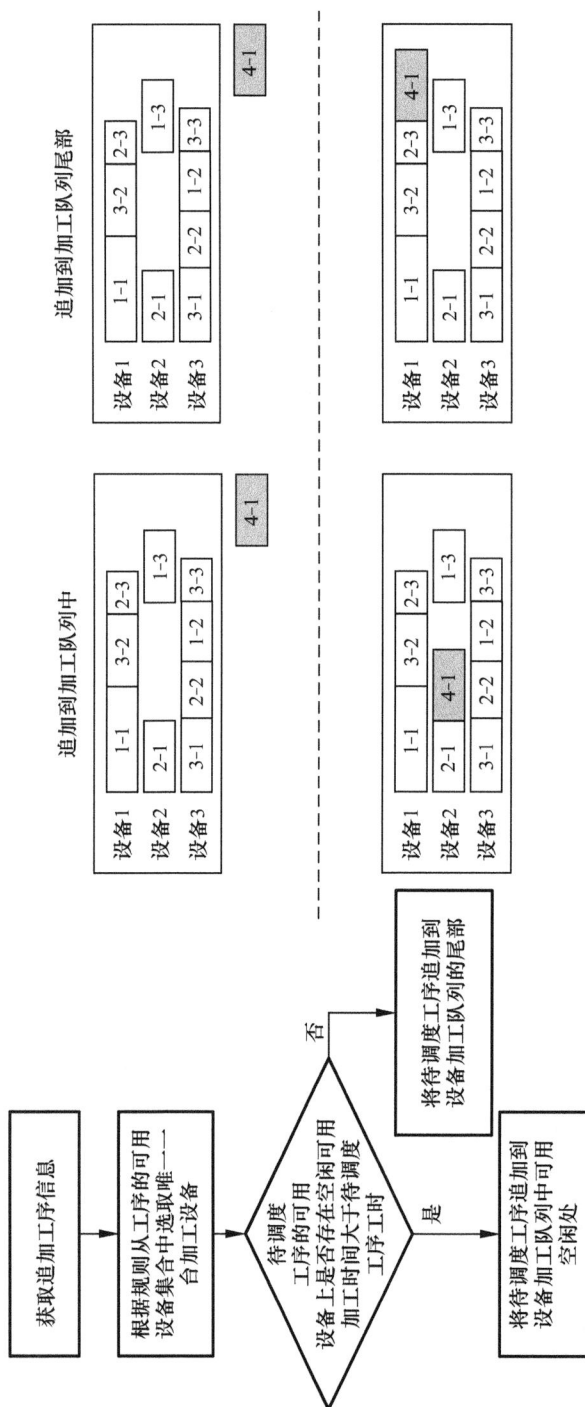

图 9.14 工序追加处理算法

入到指定的调度块之后需要利用预先定义的工序移动算法对受影响的工序进行调整,其具体算法如图 9.15 所示。

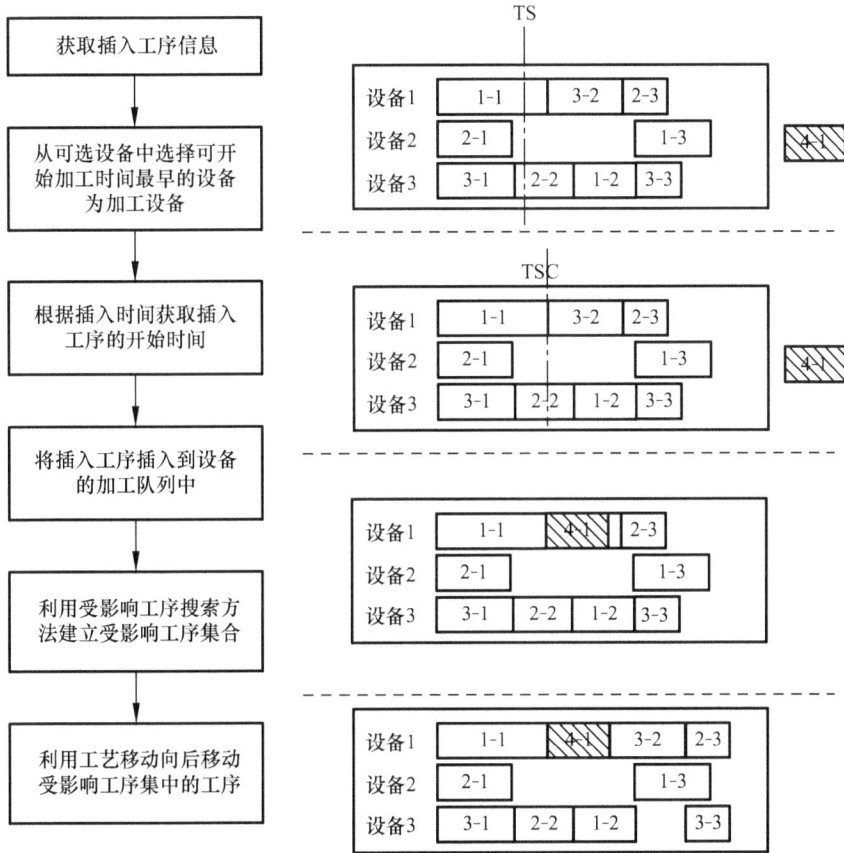

图 9.15　工序插入调整算法

步骤 1:获取插入的工序 $ps_{s,r}$ 和插入时间 TS,如图 9.15 中的工序 4-1 和时间 TS。

步骤 2:从 $ps_{s,r}$ 的可选设备集合中选择加工序列在 TS 后工序完成时间最早的设备作为加工设备 $m_{n,t}$,如图 9.15 工序 4-1 的可选设备为设备 1 和设备 3,由于设备 1 上的工序 1-1 的计划加工完成时间早于设备 3 上工序 2-1 的计划加工完成时间,因此选择设备 1 为加工设备。

步骤 3:根据插入时间 TS 和加工设备 $m_{n,t}$ 上的加工队列计算可插入时间 TSC,如图 9.15 中所示选择工序 1-1 的计划加工完成时间为可插入时间

TSC。

步骤 4:将插入工序插入到指定的设备的加工队列中的指定位置,例如图 9.15 将工序 4-1 插入到设备 1 的加工队列 2 处,计划开始加工时间与工序 1-1 的计划完成加工时间相同。

步骤 5:以插入工序的设备内后续工序为根节点,利用工序移动后延受影响工序,例如图 9.15 中后延的调度工序包括工序 3-2、工序 3-3 和工序 2-3。

步骤 6:动态调整结束。

4. 工序撤销调整算法

工序撤销是将计划撤销的工序及其零件内的后续工序从作业计划中删除,而后利用工序移动算法前移受影响工序,处理算法如图 9.16 所示。

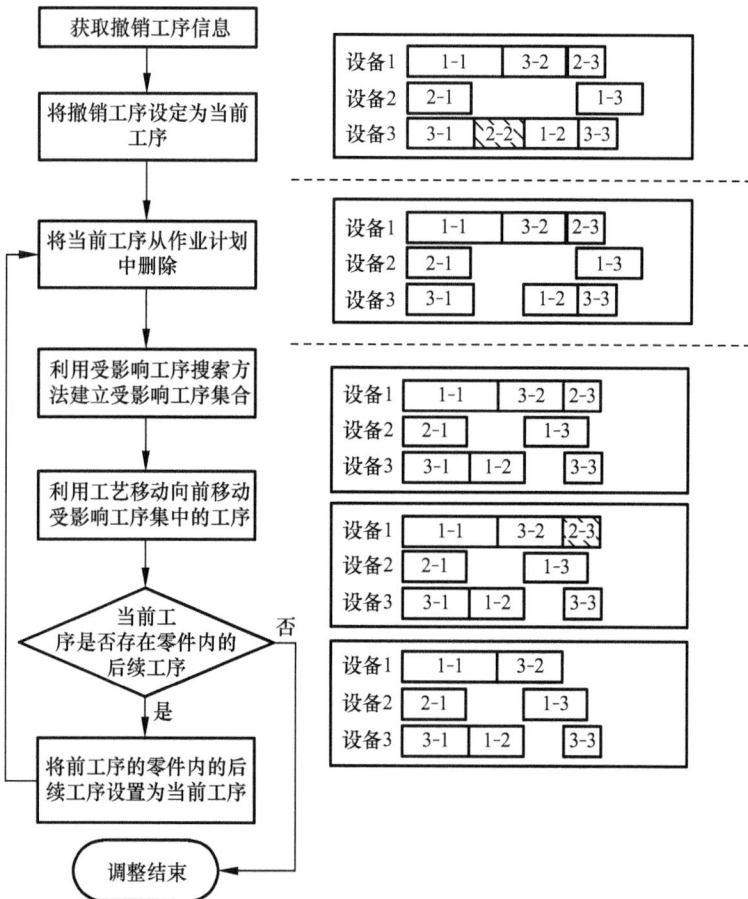

图 9.16 工序撤销调整算法

步骤 1：获取撤销工序 $ps_{s,r,n,l}$，如图 9.16 中的设备 3 上的工序 2-2 为撤销工序。

步骤 2：将撤销工序 $ps_{s,r,n,l}$ 设定为当前工序，如图 9.16 中将工序 2-2 设为当前工序。

步骤 3：将当前工序 $ps_{s,r,n,l}$ 从作业计划中删除，如图 9.16 中首次循环时将工序 2-2 从作业计划中删除。

步骤 4：以当前工序 $ps_{s,r,n,l}$ 的设备内后续工序 $ps_{s',r',n,l+1}$ 作为根节点利用工序移动算法前移受影响工序集合，如图 9.16 中首次循环时前移工序 1-2、1-3、3-3。

步骤 6：当前工序 $ps_{s,r,n,l}$ 是否存在零件内后续工序 $ps_{s+1,r,n',l'}$，如果存在则转至步骤 7，否则转至步骤 8，如图 9.16 中首次循环时工序 2-3 为当前工序 2-2 的零件内后续工序。

步骤 7：将零件内后续工序 $ps_{s+1,r,n',l'}$ 设定为当前工序，转至步骤 3。

步骤 8：调度结束。

第 10 章

船舶曲面分段建造
执行系统技术

前述章节主要是针对较为普遍的离散型加工和装配生产类型的 MES 相关技术进行了分析,但在实际生产中,还存在一种产品固定类生产组织形式。该类生产组织形式主要是以飞机大部件、火箭分级舱段、船舶曲面分段等产品为代表,这类产品一般属于大型、复杂的装配、焊接和调试型生产,属于单件或者小批量生产组织形式,作业资源一般包括场地、轨道以及人力资源,相比于传统离散型加工或者装配生产类型,场地和人员而非加工设备是重要的生产资源。由于产品固定类的制造执行流程以及资源约束的复杂性,面向这类产品的制造或者建造执行系统相关技术的研究尚处于起步摸索阶段。本章结合作者对产品固定类 MES 的研究经历,选取船舶曲面分段作为典型代表,进行建造执行系统相关技术的探索,力求为读者提供面向一类产品固定型或者大部件类产品制造执行系统的技术性借鉴参考。另外对于船舶曲面分段生产而言,企业一般使用建造而非制造进行描述,因此,从便于统一的角度,下文将相关描述称为"船舶曲面分段建造执行系统"。

10.1 船舶曲面分段建造过程分析

我国正在从造船大国向造船强国转变,其核心是实现现代造船模式的转变,表现为以中间产品为导向的壳、舾、涂一体化生产机制,船舶壳体建造是其中重要支撑环节。一艘船舶的船体通常由上百个分段组成,根据几何形状的不同,一般将这些分段分为平直分段和曲面分段。平直分段由于结构相对简单,普遍采用连续给料拼板焊接的流水生产方式,具有显著的自动化程度和很高的装焊效率;而对于舯部、艉部等建造模块,由于这些分段外观呈现曲面特点,因此称为曲面分段。随着船舶设计技术的发展,曲面分段在船型所有分段中所占比例日益增大。而曲面分段形状彼此不同、轮廓弯曲结构复杂、重量和体积都很大,属于大型复杂焊装作业,是船体建造过程中的重要组成部分,也是最复杂的建造环节。同时由于船舶生产具有多品种、小批量/单件的生产特点,曲面分段的生产大多采用基于固定工位的手工作业形式,一方面体现为工艺复杂;另一方面则受制于生产管理手段的缺乏,导致船舶曲面分段生产已经成为制约船舶高效生产的瓶颈。

　　曲面分段建造从原材料(钢板、型材)开始经历一系列的中间产品形态,需要经过切割、加工、小组立、中组立、大组立(先行舾装)、涂装、舾装几个过程,才能最终形成。在国内船厂的生产中,曲面分段属于船舶中间产品的中/大组立,重量和体积都很大,建造过程中移动和搬运都很困难,普遍采用固定工位/位置/胎架建造方式,尚无法达到如日本香烧船厂所采用的移动式生产效果。在实际生产过程中,曲面分段通过区域定置和建立分道生产线,在生产场地内固定位置的胎架上完成建造,并且曲面分段一旦固定便不再移动直至建造完成,在此过程中,曲面分段建造涉及的物料、工具、设备及人员都围绕曲面分段建造任务进行安排,这就是曲面分段固定位置式建造模式。曲面分段典型建造流程如图 10.1 所示。

　　不同于加工或者装配型订单具有明确的工艺路线,船舶曲面工艺路线是由一系列任务包组成,任务包之间一般不存在严格的先后顺序,任务包属性数据包括计划开始时间、计划结束时间以及任务量等数据。同时,每一个任务包是由一系列派工单组成,其属性数据包括开始时间、结束时间、工种以及任务量等。船舶曲面分段的建造一般是通过班组负责的形式进行,这也是基于任务包—派工单的作业组织分配形式形成的基础。

　　由于曲面分段属于大型装焊类生产,多采取产品固定、人员流动的生产形式,即曲面分段根据平面投影占据场地,根据需要面向各个分段任务包、派工单等所需人员工种以及资源类型,人员、工具等进行移动并完成装焊等生产。而限于场地施工面积的约束,移动式焊机和手持喷涂设备等工具资源属于充足、大量类型的资源,因此,对于曲面分段建造而言,场地和人员资源是其中最核心的建造资源。当前曲面分段建造的实际情况是调度人员凭借个人经验制订计划调度方案,以船舶分段搭载网络计划图为牵引,根据曲面分段交货期以及图形占地面积,按照一定规则逐一进行分段的场地空

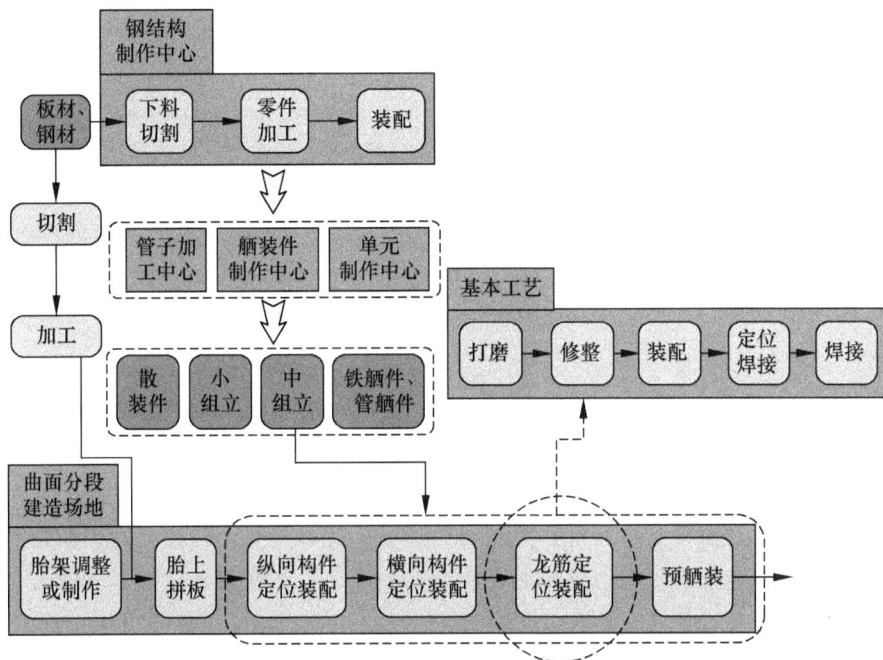

图 10.1　船舶曲面分段典型建造流程

间安排,对于人员分配,则一般采用班组负责制的形式,由班组长进行人员和任务的最终分配。但是手工作业模式无法处理大量分段的排产需要,同时这种形式并没有考虑人力资源在其中对建造周期的影响,从而导致场地利用率以及人力生产效率难以提升,已经成为船舶曲面分段生产过程中急需解决的瓶颈问题。

10.2　虚拟流水生产机制

　　船舶曲面分段生产属于大型装配体,在建造过程中需要完成分段的焊接、装配和喷漆等工序,期间由于分段重量大并且外形复杂导致分段在生产过程中不能够进行建造位置的转换以完成相应的工序,从而产生了工件固定、加工人员和制造资源移动于场地中各个分段之间进行流动制造形式。为了能够形成有序、协调、可控和高效的舰船曲面分段建造执行效果,相关学者开展了多方面的研究,提出了将固定位置的曲面分段生产和流水式的作业模式结合在一起的虚拟流水式运行机制。

　　所谓的虚拟流水式运行机制是针对船舶曲面位置固定、建造资源流转于各个分段之间进行生产的特点,通过建造资源的协调调度保证曲面分段生产实现无等待的连续生产,区别于机械加工车间内工件流动于各个制造设备之间所形成的实际流水方式,围绕着固定产品进行资源流动是一种虚拟的流水式生产形式,因此称之为虚拟流水运行机制。在虚拟流水的建造模式方式下,建造分段固定于特定的场地位置,人员、设备和工具根据作业调度安排的时间节点在各个分段之间流转,完成任务包和派工单所规定的工种作业,从而形成了"人员流"和"设备流"。对于单独的一个建造分段的整个建造过程按照其任务包和派工单的组织结构路线进行加工;而对于同一个作业班组,它在不同分段间流动来重复完成相同或者类似的建造任务。因此,从空间上来说,分段固定不动,而在逻辑上,分段依次在不同的人员和设备间相对流动从而被建造,这是所谓虚拟的本质含义。

　　对于同一艘船而言,曲面分段建造工艺相似性很小,但同时建造多艘船舶尤其是同时建造多艘同型船舶时,曲面分段的工艺相似性就体现出来了,如机舱双层底分段,其建造工艺是固定的,作业内容随船型变化很小。而且不同曲面分段不管工艺路线如何复杂,其加工工艺工种都可以分解为焊接、装配等主要作业和画线、打磨等辅助作业,且作业的工艺要求也具有相似性。因此考虑结合固定分段建造与流水线作业模式的优点,利用工艺相似性原理,在固定的胎架上采用专业化班组流水作业,实现流水式专业化生产,从理论上来说是可行的。

　　虚拟流水运行机制示意如图 10.2 所示。

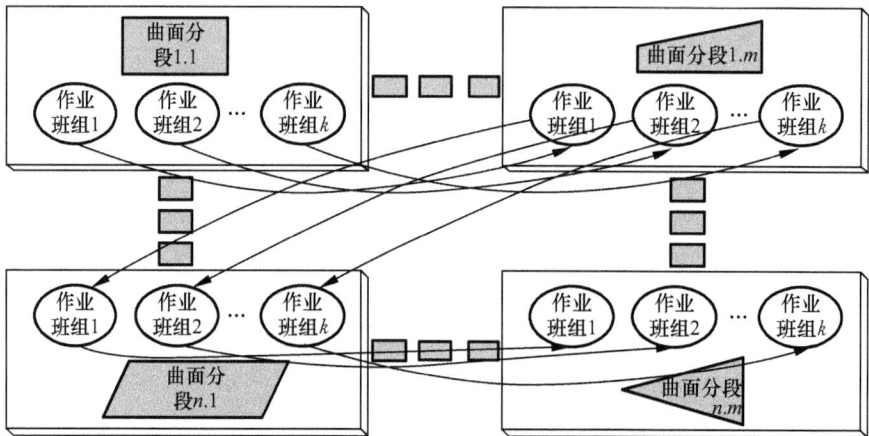

图 10.2　虚拟流水运行机制

由于主要加工对象是在场地中固定不动的曲面分段,负责不同加工任务的人员在各分段之间进行流动以完成分段的制造,这种生产形式形成的是一种软性流式制造,即虚拟的流水生产。由此便会产生流水生产中普遍存在的问题,即如何保证建造资源的合理利用以实现产品建造的连续性。在曲面分段生产过程中,由于人员是最大量也是效率亟待提升的资源,因此人员在分段生产过程中的分配机制便成为曲面分段虚拟流水生产方式的核心技术。加工人员分配不合理将直接造成分段生产过程中,某些分段出现人员过剩的时候,其他分段则可能出现生产人员不足的现象,从而直接导致出现人员不均衡现象,最终影响整个分段建造日程计划,造成分段生产效率和建造人员利用率"双低"的问题。由此可见,基于虚拟流水生产方式的曲面分段建造过程中,人员分配的优劣直接决定了曲面分段建造的连续性。

虽然目前提出了虚拟流水式运行模式,但基本上还处于宏观的理论方法层次,在面向实际操作层面的研究还不多,其主要原因是涉及时间和空间双重耦合下的复杂约束处理技术瓶颈。但目前船舶曲面分段产品的生产仍采用传统离散型的岗位责任制组织方式,班组长依据经验制订人员分配方案以组织生产,各班组独立调度且随意性大,导致生产周期长,生产效率低,窝工、赶工现象突出。

假设曲面分段在场地中的生产顺序以及位置已经确定,下面对人员分配问题进行分析。由于每个分段都具有最大的可生产人数,即分段中每道工序的加工人员数量都有上限,即要求同时在分段某一道工序进行工作的人数不能超过此数量。当前依靠班组长经验的人员分配形式,由于多采用民工进行生产,在人员数量上不存在问题,一般采取对每个分段的工序都分配工作人员的上限人数,直到所有工作人员分配完毕为止。但该种分配方式存在两个方面的问题:一是随着农民工待遇的日益提高,传统的大量招收民工以提升能力而不是提升效率的组织方式最终将难以为继;二是虽然这种方式在生产初始时能够保证人员的利用率,但随着建造任务的进行,后续的分配由于缺乏有效的技术、方法和工具的支持,仍然会出现人员忙闲不均的状态,可见简单的投入大量人力是不能解决这方面问题的。当前虚拟流水生产中人力分配问题示意如图 10.3 所示。

当前虚拟流水生产中人力分配问题主要体现为如下两个方面。

(1)虚拟流水生产机制与船舶生产实际结合较少:由于分段制造过程具有其自身的特点,造成传统的虚拟流水算法中针对工件进行缓冲生产等处理机制无法适用于分段制造。

(2)虚拟流水人员分配的持续性调整机制研究不足:以往研究的曲面分段虚拟流水算法大多偏重于分段内部工序加工时间的节拍计算与控制,在

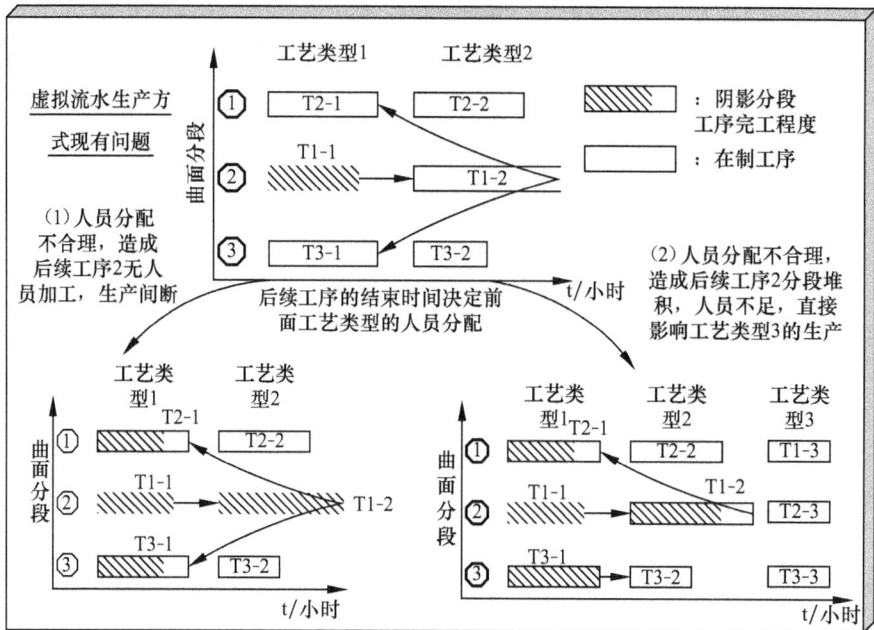

图 10.3　当前虚拟流水生产中人力分配问题

针对多分段并行生产中的人员持续性调整分配的研究尚不够深入。

10.3　船舶曲面分段建造执行过程监控技术

有序、协调、可控和高效的生产管理是提高船舶曲面分段建造水平的关键支撑技术,也是本书为提高船舶曲面分段生产效率目标而开展研究的切入点。目前,船舶曲面分段生产管理主要有以下两种形式:一是依靠手工的经验式管理,如通过挂墙式白板和裁减得到的纸质曲面分段,以人机交互的形式模拟分段的场地布局和执行进度;二是依靠 ERP 或日程管理系统实现"黑盒"方式管理,即对曲面分段建造车间进行任务进入与完工输出的宏观管理,但缺乏有效的对曲面分段车间内部建造的过程管理与控制。由于船舶曲面分段的建造涉及复杂的车间、场地、分段、任务包、派工单等组织管理层次,以及多样化的人员、设备、耗材等资源管理要求,在当前缺乏有效的精细化过程管控技术与工具的支持下,导致船舶曲面建造过程状态不明、场地/人员资源配置不合理现象日益突出等问题。随着造船模式"转模"的日益迫切以及企业对精益化管理的日益重视,亟待开展以制造执行系统

(MES)为核心的船舶曲面分段建造执行系统的研究。

10.3.1　问题分析

船舶曲面分段建造执行过程管理技术是实现船舶曲面分段建造业务管理精细化、曲面分段建造过程可控化、曲面分段建造资源利用高效化的有效途径。从相关技术的国内外研究现状来看,目前已经取得了一些进展,尤其在建造执行系统架构方面具有丰富的成果。但总体而言,面向曲面分段建造执行管理的针对性技术存在明显不足,主要体现在以下几个方面:

(1) 基于过程状态协调的层次化监控体系尚未有效建立。

曲面分段的建造具有明显的层级化特点,具有自上而下的车间、场地、分段、任务包、派工单的任务组织体系,建造过程数据信息量庞大且具有复杂的关联关系,各个层级之间具有紧密的联系。现有的研究主要针对其中的一层或两层展开,缺少系统化的全面整体的对各个层次间的数据传递、建造执行状态进行管理与协调。解决这一问题的关键是提供自上而下的层次化监控体系:车间—场地—分段—任务包—派工单,以及执行过程状态协调的手段。

(2) 基于白板式的场地—分段监控形式难以有效地支持分段任务更换场地和日期的冲突处理要求。

与传统机械加工类车间的制造执行监控偏重于按照工艺流程为主线进行监控不同,曲面分段建造执行过程监控涉及分段的平面矢量化投影及其建模,即需要模拟分段在场地上的投影图形以进行平面布局。当前曲面分段建造执行中曲面分段场地布局的方式是以纸质模型代表分段模型,在实物面板上实现的,不仅操作不方便浪费资源,而且精度差效率低下,无法适应现代造船模式下的快速响应和信息化制造的需求,解决这一个问题的关键是在建立合理的分段建模与建造任务的定义手段的基础上实现图形化的分段布局与交互界面,同时提供具有友好快捷操作的人工调整手段。

(3) 现场执行数据与管理层脱节,在精细化的建造资源与执行状态的采集与反馈方面有待提升。

船厂的执行层面与管理层面之间普遍存在脱节,对执行进度、资源,尤其是人力资源的数据采集和反馈响应方面还存在很大缺口,无法实现管理层对执行过程中资源做到及时有效的重分配临时调整等协调。解决这一问题的关键是建立以人员数据采集为主体的反馈机制,并提供现场的有效的资源协调和数据采集手段。

10.3.2 技术思路

针对曲面分段建造过程存在的多角色协同配合、多资源协调分配、多分段混合场地生产的特点,结合曲面分段建造执行过程中存在的问题,以分段建造执行状态协调作为核心,以层次化监控管理模型作为重点,通过对曲面分段建造执行过程中的数据进行精细化、可视化、模型化管控与采集,建立基于状态协调的建造执行过程层次化监控技术体系,技术结构如图10.4所示。

该技术框架主要体现为管理层和执行层的协调:

(1)管理层:以曲面分段建造任务树为驱动,通过矢量化分段投影建模技术、复杂对象数据结构化技术、建造工艺流程管理手段,实现基于可视化模型与建造资源包的场地—分段任务—任务包—派工单层级管理体系模型,以体系模型作为载体,采用人机交互方式实现分段任务与场地之间相对空间布局位置与计划建造日期的可视化展示与全方位调整,最后对分段下属的任务包—派工单进行执行控制与复杂生产资源的定义与分配。

(2)执行层:按照管理层对分段布局、建造日期与资源分配的计划,以派工单作为最小执行单元进行分段任务的建造,在建造执行过程中,不断通过可视化监控与资源数据包反馈的手段采集现场数据,将包括建造执行进度、人员实际安排情况及物料设备使用情况等现场执行信息反馈给管理层中体系模型的各个层级,作为车间生产统计的数据来源,从而实现两个层面的快速响应与协调配合。

10.3.3 矢量化平面投影建模技术

曲面分段建造是船舶建造中间产品生产的关键环节,曲面分段在进入建造场地前经过计划调度的统筹安排确定固定位置,在进入场地后需在装配、焊装、打磨、舾装、喷涂等一系列生产过程完成后才可离开场地,这些数据是确定生产空间布局的重要信息,建造场地和曲面分段都可以被抽象化为二维对象,同时考虑到场地布局的柔性缩放需求,采用矢量化投影建模的方式解决曲面分段在制造执行系统中模型的建立与存储,引入可视化的建模方式和分段模型库的概念,为批量建模提供准确高效的方式,来保证曲面分段建造场地布局的合理性。由于曲面分段的实际形状与尺寸是以米、厘米等作为单位进行描述的,但计算机中的可视化二维模型对象则以像素作为单位,因此需要解决三个方面的问题:一是将数据库中的矢量模型数据转化为计算机显示的图形;二是将用户绘制创建或者编辑的计算机图形转化为数据库中矢量分段模型;三是满足不同大小的分段都能够在计算机图形

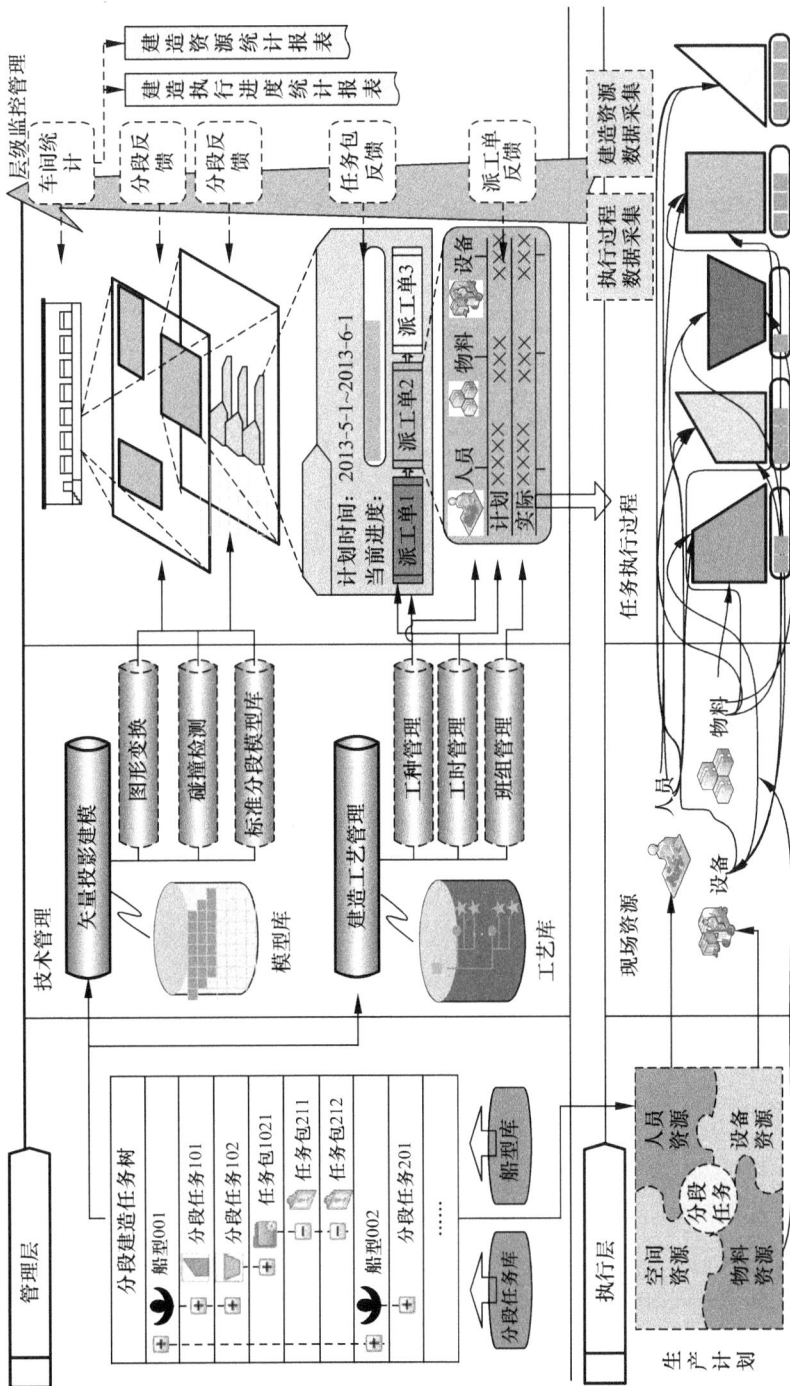

图 10.4 状态协调的建造执行过程层次化监控技术结构

界面中按照合适比例显示或缩放。

曲面分段图矢量化投影建模技术的核心是将曲面分段的投影图形转换为计算机数据模型,该技术的关键是对实体曲面分段进行数学抽象,技术流程如图 10.5 所示。

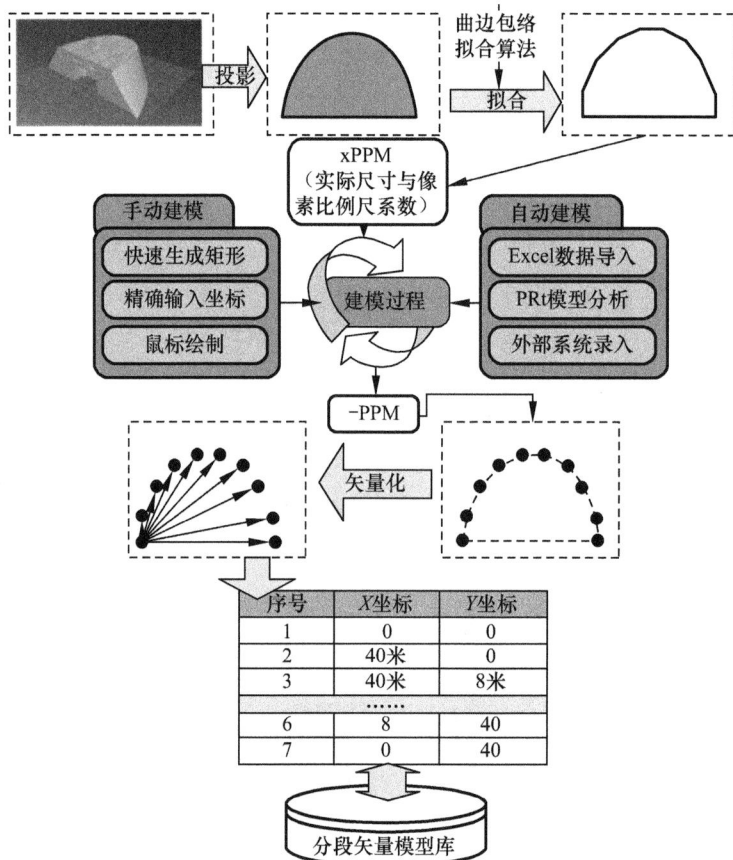

图 10.5　矢量化曲面分段平面投影建模技术流程

首先将真实的模型数据进行投影处理,采用手工的形式,基于曲边包络原理将投影图形转化为近似的不规则多边形,获得用以表达平面投影多边形的各个顶点;其次通过人工或自动的形式,按照顺序创建各个顶点;然后通过比例尺 PPM(PixelPerMeter,分段实际尺寸每米对应计算机像素数量),实现图形在界面中的缩放控制;最后以序列性的顶点以及相对于重心坐标的偏移坐标为基础,实现分段模型平面矢量化多边形的计算机保存,例如一个长宽分别为 20 米和 10 米的矩形分段,其重心为矩形的重心,以其重心为原点,则其存储在计算机中的矢量模型数据为一组坐标:第一个点(−10,−5),第二个点(10,−5),第三个点(10,5),第四个点(−10,5)。

1. 基于 PPM 比例尺的分段模型缩放控制技术

该技术引入 PPM 系数概念,用于表达在计算机图形中实际分段图形中每米与计算机图形显示中每像素之间的对应关系。基于 PPM 比例尺的分段模型缩放控制技术思路如图 10.6 所示。

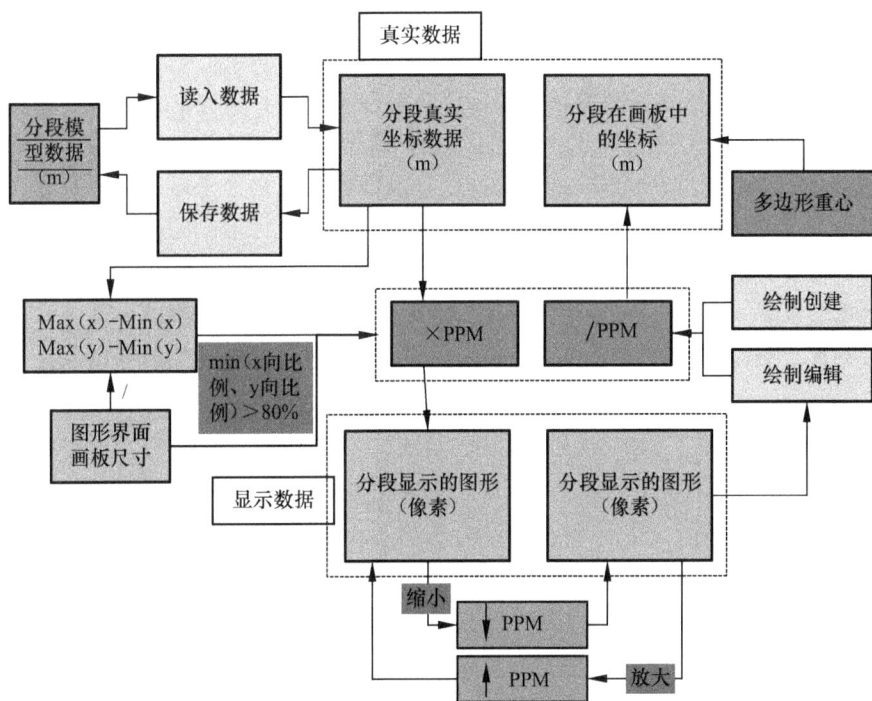

图 10.6　基于 PPM 比例尺的分段模型缩放控制技术流程

分段模型缩放控制技术的目标是为了将任何尺寸的分段模型都能以合适的比例在图形化界面中显示出来。该项技术主要用于解决两个方面的问题:一是初始显示的自动化比例设置;二是基于实际交互操作需求的主动缩放比例控制。

(1)初始显示的自动化比例设置。

根据分段的真实大小与计算机画板的界面大小计算初始的 PPM 数值,自动计算初始的缩放比例以实现合理显示。

- 分别求出分段模型在 x、y 轴方向的最小坐标与最大坐标的相对差（单位:米或厘米）:

$$\hat{x} = \text{Max}(x) - \text{Min}(x) \quad \hat{y} = \text{Max}(y) - \text{Min}(y)$$

- 将计算机画板的宽高(x_ρ, y_ρ)（单位:像素）分别与 $\hat{x}$ 和 $\hat{y}$ 做如下运算:

$$PPM_0 = \text{Min}(\frac{x_\rho \times 80\%}{\hat{x}}, \frac{y_\rho \times 80\%}{\hat{y}})$$

便可求得初始的 PPM 值,这样分段模型即可实现在可视区域内合理的显示。

(2) 基于交互实际操作需求的主动缩放比例控制。

在建模过程中也需要对分段模型进行相应的缩放,缩放并不改变模型的实际尺寸,这是因为模型真实数据读入时以 PPM 比例缩放的计算与存储时以 1/PPM 为比例缩放的计算相互抵消,模型缩放以计算机矩形绘图区域（画板）的中心为原点,分段模型数据以分段模型重心为参考点。

1) 不规则多边形重心求解方法。

平面几何图形可视为没有厚度且密度均匀的几何形体,因此对于 n 边形的重心求解问题,通过 n 边形顶点的三角形连线,可将其归结为对 $n-3$ 个三角形的重心加权求和的求解,即可获得 n 边形的几何重心,如公式(10-1)所示。

$$\text{Area} = \sum_1^{n-1} \frac{x_i \times y_{i+1} - x_{i+1} \times y_i}{2} + \frac{x_{n-1} \times y_1 - x_1 \times y_{n-1}}{2} \quad (10\text{-}1)$$

$$X_\Phi = \Big[\sum_1^{n-1}(x_i \times y_{i+1} - x_{i+1} \times y_i) \times (x_i + x_{i+1})\Big] +$$

$$(x_{n-1} \times y_1 - x_1 \times y_{n-1}) \times (x_{n-1} + x_1)$$

$$Y_\Phi = \Big[\sum_1^{n-1}(x_i \times y_{i+1} - y_{i+1} \times y_i) \times (y_i + y_{i+1})\Big] +$$

$$(y_{n-1} \times y_1 - y_1 \times y_{n-1}) \times (y_{n-1} + y_1)$$

求得重心坐标(x_Φ, y_Φ)为: $x_\Phi = \dfrac{X_\Phi}{6 \times Area}$ $y_\Phi = \dfrac{Y_\Phi}{6 \times Area}$

2) 基于坐标变换的分段图形显示比例控制技术

分段初始状态显示矩阵变换如公式(10-2)所示:

$$\begin{bmatrix} x_1 & y_1 \\ x_2 & y_2 \\ x_3 & y_3 \\ \vdots & \vdots \\ x_n & y_n \end{bmatrix} \xrightarrow{\times ppm} \begin{bmatrix} x_1^* & y_1^* \\ x_2^* & y_2^* \\ x_3^* & y_3^* \\ \vdots & \vdots \\ x_n^* & y_n^* \end{bmatrix} \quad (10\text{-}2)$$

箭头左边矩阵为分段真实的坐标集合,右侧为初始状态下的分段显示模型坐标集合。在经过分段模型编辑建模之后,采用公式(10-3)转换可得到真实的分段坐标集合:

$$
\begin{bmatrix}
x_1^* & y_1^* \\
x_2^* & y_2^* \\
x_3^* & y_3^* \\
\vdots & \vdots \\
x_n^* & y_n^*
\end{bmatrix}
-
\begin{bmatrix}
x_\Phi & y_\Phi \\
x_\Phi & y_\Phi \\
x_\Phi & y_\Phi \\
\vdots & \vdots \\
x_\Phi & y_\Phi
\end{bmatrix}
\xrightarrow{\div ppm}
\begin{bmatrix}
x_1 & y_1 \\
x_2 & y_2 \\
x_3 & y_3 \\
\vdots & \vdots \\
x_n & y_n
\end{bmatrix}
\tag{10-3}
$$

第一个矩阵为分段计算机二维模型坐标,在减去重心 (x_Φ, y_Φ) 后通过 1/PPM 比例缩放,获得箭头右侧的真实分段模型坐标数据。

2. 标准分段模型库及分段模型数据管理技术

船厂一般会同时进行多艘舰船的建造任务,尽管同一船舶中的曲面分段相似性不大,但同时建造多艘同类型船舶时,不同船舶所属的曲面分段之间的模型和工艺流程具有较高的相似度,因此为了有效地提高曲面分段建模及其工艺数据的工作效率,提出采用标准分段任务库的分段任务数据管理技术,以充分利用曲面分段之间的相似性,避免创建相似分段任务数据的人力浪费与提高系统应用效率。

标准分段任务库的数据主要包括分段模型和工艺流程(派工单流程)数据,在第一次手动录入信息来创建分段建造任务的同时,将其中的基本信息、工艺流程信息和投影模型信息打包形成标准分段任务归档至标准分段库,如果再次创建相似分段任务时,可直接引用标准分段库中的信息,然后再按需进行细微调整即可使用。普通分段任务和标准分段任务尽管存在引用与归档的关系,但它们之间的信息是完全独立的,一旦引用/归档创建就不再发生关联,可以任意编辑修改,该应用方案如图 10.7 所示。

图 10.7 中分段模型数据结构中不但包含分段的矢量化投影模型的数据,还包含所属的建造场地中的位置信息以及该场地的矢量化投影模型数据,但标准分段任务的模型中仅包含分段矢量模型而不包含与场地相关的信息,需要在引用的同时为其制定才可成为普通分段任务。

3. 双模同步的图形化分段绘图建模技术

基于 PPM 比例尺模型缩放技术,采用画板绘制与纯坐标数据表格编辑器的双模同步建模方式,实现图形化的曲面分段手工建模,配合以多边形合理性判断原则与标准模型库的概念,保证了建模技术高效性与精确性,技术思路如图 10.8 所示。

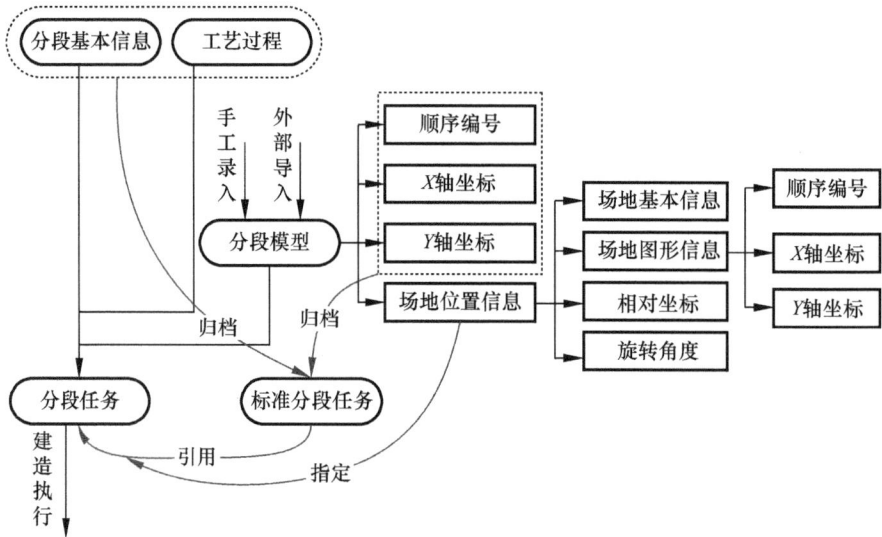

图 10.7   标准分段库的应用方案及数据结构

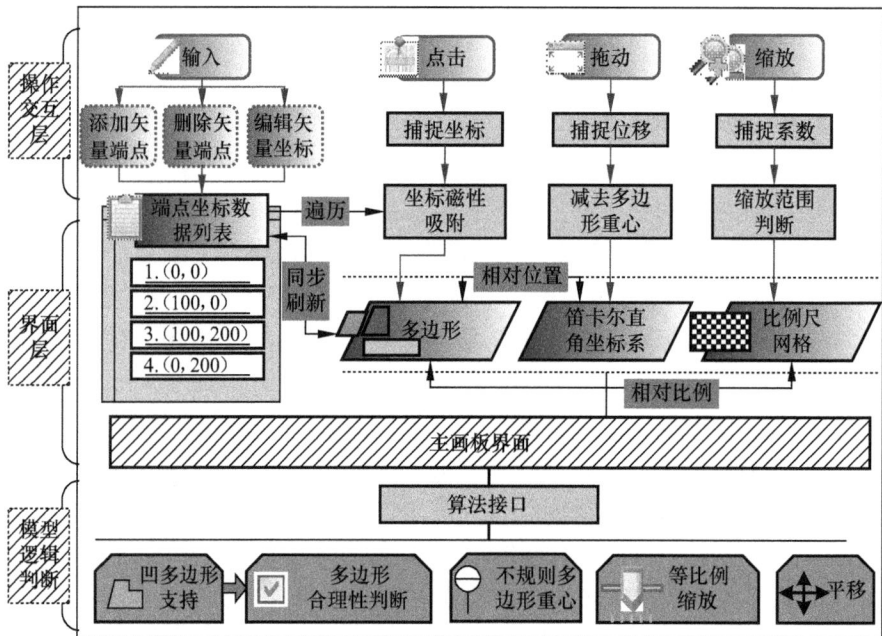

图 10.8   图形化手工分段绘图建模技术思路

图形化手工分段绘图建模技术包括以下三个层面：

（1）操作交互层：响应用户交互，实现对数值输入、点击、拖动和缩放操作的数据捕捉和业务处理。实现画板可视化绘图和数值坐标精确输入/调整的双重建模模式,在保证建模效率的同时,兼顾保证模型矢量坐标的精度。

(2)界面显示层:以主界面为载体,承载笛卡尔直角坐标系、多边形模型、多边形模型容器和比例尺网格线,通过对交互层的数据输入同步控制对象的可视化模型变化,主要包括模型比例的变化、模型位置的变化和模型顶点矢量坐标添加及重置。

(3)逻辑判断层:采用工具化函数库的形式将算法封装起来,仅提供接口负责各界面层调用,提供包括对凸多边形支持的多边形合理性判断、重心计算、比例缩放和模型平移的算法。

10.3.4　人机交互的场地布局技术

曲面分段的空间布局是指分段在建造场地中的相对位置与姿态,建造日程是指分段进入和离开建造场地的时间,两者存在综合空间和时间两个维度的信息关联约束。曲面分段的场地布局体现为多场地分段的协调布局以及某分段在特定场地内沿着时间轴的位置确定。曲面分段在计划阶段以及建造过程中都需要依照现场实际执行情况不断做出空间布局规划与调整,从而涉及在空间布局与建造日程两个维度上的时空关联协调。人机交互的场地空间布局技术以分段建造任务数据为驱动,基于矢量化分段投影建模技术,结合图形变换与碰撞判断算法,实现分段建造空间布局和日程计划的多维度的动态图形化展示,以及人机交互式的分段场地相对位置和摆置方向(简称位姿)调整与建造场地/日程的迁移的人机交互。该技术解决了传统白板式分段任务布局处理模式的粗放和难以兼顾时间与空间双重协调的问题,为曲面分段建造执行过程监控提供了高效便捷的规划执行与管理控制手段,其技术思路如图 10.9 所示。

人机交互的模型数据来源于矢量化分段建模的基础数据,以多场地—多分段—多天构成的面板为人机界面,面板界面为用户与底层数据库之间建立连接,完成人机交互的曲面分段空间布局的业务协调配合过程,主要有以下三方面技术特点。

(1)分段建造布局与日程规划动态显示。涉及两种展示方式:一是多场地动态展示,以时间轴为基础,动态刷新分段的坐标位置和角度,多个场地同时呈现在界面中,并按照分段建造的计划任务数据不断生成分段模型图形并将其分布在计划建造的位置;二是单场地多天展示,显示某时间区间内某个场地每一天的分段布局情况,支持快速观察分段建造的整体规划及其

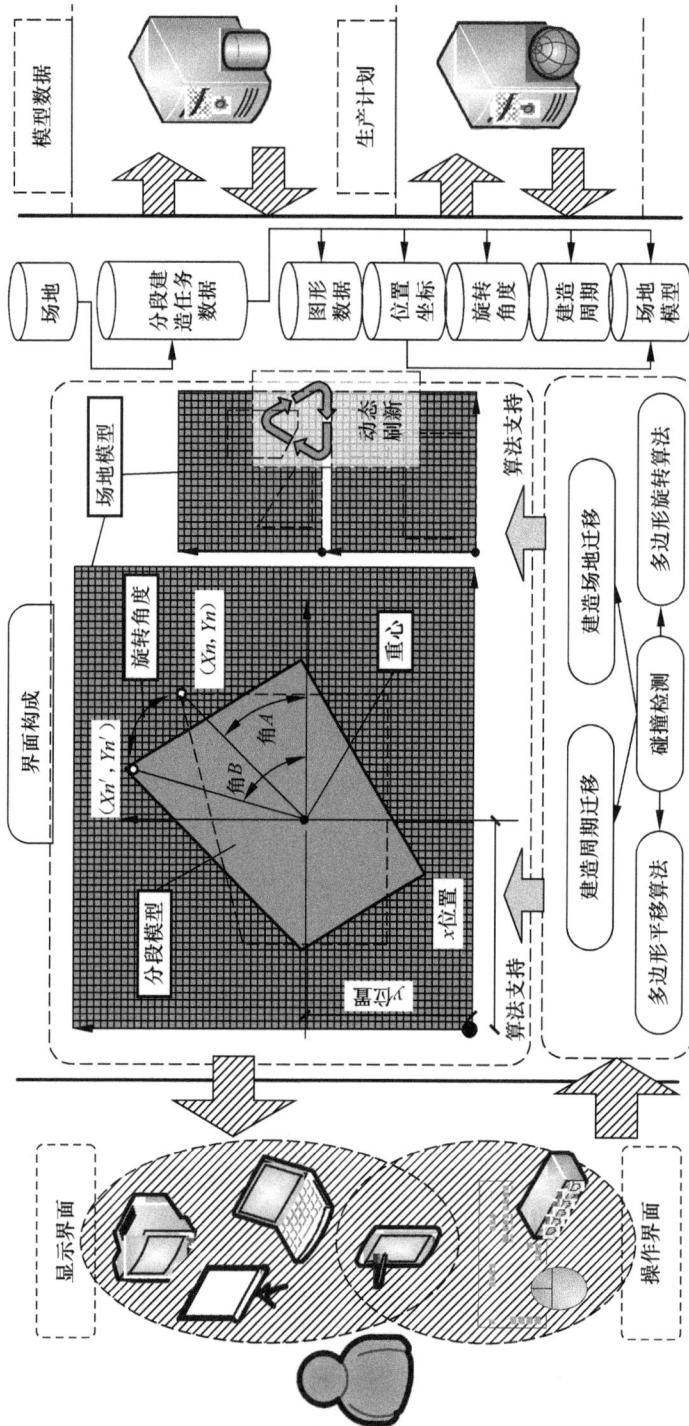

图 10.9　人机交互的分段场地布局技术思路

变化过程。

（2）分段迁移与布局调整。基于图形变换和碰撞检测算法，通过计算机输入设备或者手持设备对人机交互的界面中的曲面分段进行时间和空间的调整，主要包括五方面的调整：曲面分段建造日期整体迁移、曲面分段更换场地、分段任务移除和添加、分段布局位置调整、分段布局角度调整。

（3）结构化数据组织。采用以场地为根节点的树形数据结构，每个场地数据包含该场地上所有已经部署的分段任务，分段任务包含分段矢量模型数据、布局位置数据、建造时间数据及所属的场地模型数据，其中布局位置数据包含一个矢量坐标和一个范围在 $0°\sim360°$ 的角度。这些结构化的数据从数据库中分散读取出来后结构化的整合为一个 .xml 格式文件发送给交互界面，通过解析文件内容实现模型界面显示，用户操作完后保存数据也会打包成 .xml 文件发送给服务器保存到数据库中。

1. 分段实时碰撞检测与处理算法

曲面分段在建造执行过程中涉及频繁的场地更换、时间迁移等业务操作需求。分段实时碰撞检测与处理是实现曲面分段场地布局的核心支撑技术，是分段场地布局有效性的基本保证手段。

基于曲面分段在建造场地的投影方向上不可重合的布局原则，在分段迁移与时间变更调整的过程中，需要随时对可能出现的分段之间布局干涉以及分段与场地边界间的情况进行判断和处理。根据矢量化分段投影模型和场地模型数据，提出分段碰撞检测准则实时检测算法对相关分段模型进行干涉判断，并根据判断结果进行主动干预或被动提示处理。

碰撞检测的内涵主要是判断两个多边形是否存在某多边形顶点处于另一多边形内部，或者两个多边形是否存在边交叉的现象。针对上述两类碰撞检测问题，提出如下两种基本处理算法。

算法 1　判断点是否在任意多边形内部：流程如图 10.10 所示，由点 P 向 x 正方向发射一个射线，穿过多边形线段上的个数为奇数则在多边形内，偶数则在多边形外。

具体方法：点的 Y 值大于等于多边形上某个线段的最小值且小于该线段上的最大值，在该线段上取一个 y 值为点 Py 的点 $P1$。如果 $Px<P1x$，则计数器加 1，若计数器为奇数则在多边形内，若为偶数则在多边形外。如果从 P 作水平向左的射线的话，如果 P 在多边形内部，那么这条射线与多边形的交点必为奇数，如果 P 在多边形外部，则交点个数必为偶数（0 也在内）。所以，我们可以顺序考虑多边形的每条边，求出交点的总个数。还有一些特殊情况要考虑。假如考虑边（$P1,P2$）：如果射线正好穿过 $P1$ 或者 $P2$，那么

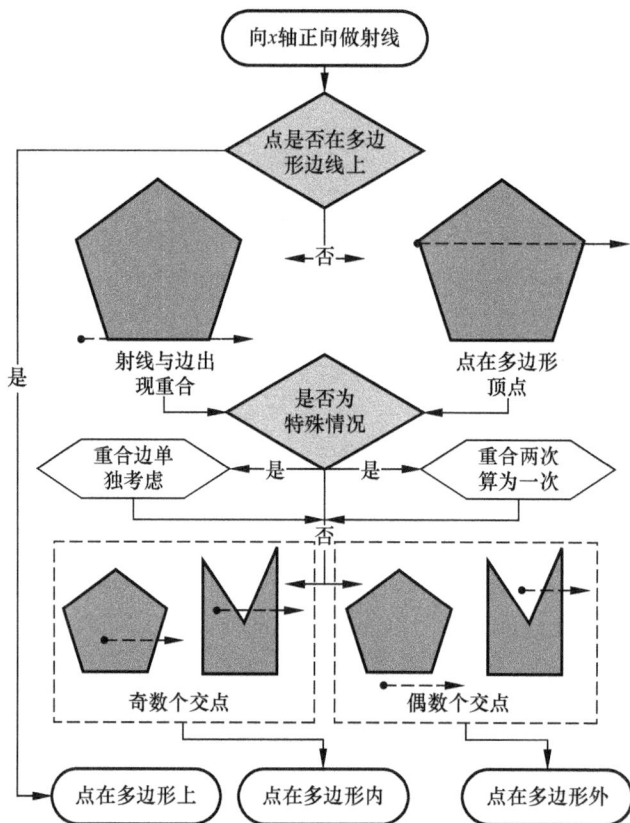

图 10.10　点是否在多边形内部的判断流程

这个交点会被算作 2 次,处理办法是如果 P 的纵坐标与 $P1,P2$ 中较小的纵坐标相同,则直接忽略这种情况;如果射线水平,则射线要么与其无交点,要么有无数个交点,这种情况也直接忽略;如果射线竖直,而 $P0$ 的横坐标小于 $P1,P2$ 的横坐标,则必然相交。

在判断相交之前,先判断 P 是否在边($P1,P2$)上,如果在,则直接得出结论:P 在多边形上。

算法2　判断两个多边形是否有边相交:假设多边形 H 和 L 各有 h 和 l 条边,则遍历 H 的 h 条边与 L 的 l 条边进行相交判断,一旦 H 有一条边与 L 的任意一条边相交,则两个多边形有边相交。主要任务是判断两条线段(假设线段 a 和线段 b)是否有交点。指导思想是 A、B 为与线段 a、b 重合的直线,A、B 本身无限长,可直接联立方程组求解 A、B 直线的交点坐标,然后再判断该坐标是否在线段 a、b 之上(包括线段端点)。

a 的两点为：(x_1, y_1)，(x_2, y_2)，A 的直线方程：$y - y_1 = (y_2 - y_1)(x - x_1)/(x_2 - x_1)$

b 的两点为：(x_3, y_3)，(x_4, y_4)，B 的直线方程：$y - y_2 = (y_4 - y_3)(x - x_3)/(x_4 - x_3)$

联立求解出交点坐标 $(x_交, y_交)$ 如下：

$$x_交 = \frac{(x_2 - x_1) \times (x_3 - x_4) \times (y_3 - y_1) - x_3 \times (x_2 - x_1) \times (y_3 - y_4) + x_1 \times (y_2 - y_1) \times (x_3 - x_4)}{(y_2 - y_1) \times (x_3 - x_4) - (x_2 - x_1) \times (y_3 - y_4)}$$

$$y_交 = \frac{(y_2 - y_1) \times (y_3 - y_4) \times (x_3 - x_1) - y_3 \times (y_2 - y_1) \times (x_3 - x_4) + y_1 \times (x_2 - x_1) \times (y_3 - y_4)}{(x_2 - x_1) \times (y_3 - y_4) - (y_2 - y_1) \times (x_3 - x_4)}$$

判断点 $(x_交, y_交)$ 是否同时在线段 a 和 b 之上（包括线段端点），可依据如下四个条件：

$$x_交 \leqslant \mathrm{Max}(x_1, x_2) \bigcap x_交 \geqslant \mathrm{Min}(x_1, x_2)$$
$$x_交 \leqslant \mathrm{Max}(x_3, x_4) \bigcap x_交 \geqslant \mathrm{Min}(x_3, x_4)$$
$$y_交 \leqslant \mathrm{Max}(y_1, y_2) \bigcap y_交 \geqslant \mathrm{Min}(y_1, y_2)$$
$$y_交 \leqslant \mathrm{Max}(y_3, y_4) \bigcap y_交 \geqslant \mathrm{Min}(y_3, y_4)$$

以上四个条件如果全部满足，则证明点 $(x_交, y_交)$ 同时在线段 a 和 b 之上（包括线段端点），从此可证明线段 a 和 b 有交点，否则 a 和 b 无交点。通过上述的判断有限长度的线段是否有交点的方式来遍历 H 和 L 两个多边形的全部边，则可以判断两个多边形是否有边相交。

2. 分段迁移过程中的实时干涉处理技术

曲面分段在建造过程中涉及基于调度经验的更换场地或变更时间的迁移处理，由于分段在场地中放置时间的延续性，必须进行分段的实时干涉处理。

在判断两个多边形是否干涉时，需要结合碰撞检测算法进行判断，如图 10.11 所示，由算法 1 判断一个多边形是否有顶点在另一个多边形内部（或者在其边界上），由算法 2 判断两个多边形是否有相交的边。计算时代入两个多边形作为参数，如果同时满足两个判断准则，则证明两个多边形无干涉重合，如果有任何一个准则不满足，则两多边形发生干涉重合。

在分段碰撞检测的判断方法的基础上，将判断算法延伸至实时的多分段复合判断，如公式（10-4）所示：

$$\mu = \sum_{t=T_{开工}}^{T_{完工}} \sum_{n=1}^{n_t} function(C_0, C_n^t) \tag{10-4}$$

以空间布局发生调整的分段 C_0 为碰撞检测算法的常定参数，以与 C_0 在同一场地内且在 C_0 建造日期范围（$T_{开工} \sim T_{完工}$）内的分段 C_n^t 为变参数，以 10ms 为周期不断调用碰撞检测算法来遍历代入变参 C_n^t，如果某次遍历算法

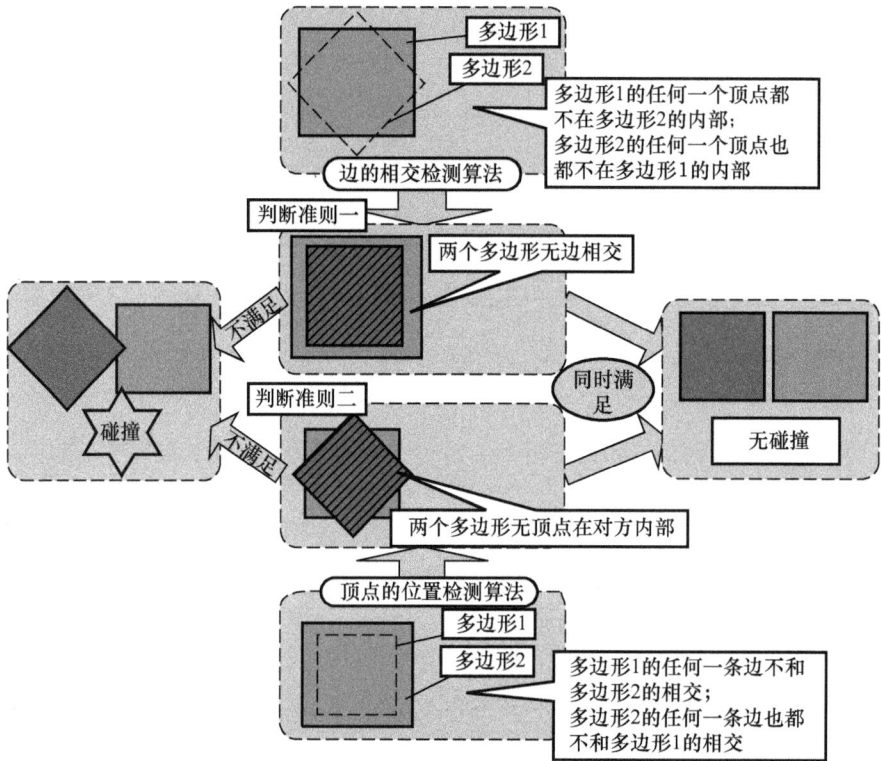

图 10.11　分段碰撞检测的判断过程

结果为发生干涉,则触发分段碰撞干涉的相应处理机制,分为两种形式:主动干预或被动提示。

(1) 主动干预是指将当前次的分段布局调整撤销,恢复此次调整前的状态。为了实现主动干预,在任何一次布局调整操作的开始瞬间,暂时记录下 C_0 的布局状态,一旦发生碰撞,那么系统会将该分段重置到先前记录的初始位置,发生回溯的效果,该处理机制会终止判断算法的遍历过程。

(2) 被动提示是指如果发生分段干涉,那么则将 C_0 和与之发生碰撞的分段 $\tilde{C}_n$ 变为红色,以提示用户,以免发生布局冲突影响排产的有效性,该处理机制不会终止判断算法的遍历过程,其布局干预主要依赖于布局安排人员的手工判断。

3. 分段建造布局中的人机交互位姿调整技术

为了充分利用场地或者出于特殊工艺需求,曲面分段在场地中的布局还涉及其位置坐标与姿态方向的确定。人机交互的位姿调整技术同样以分段碰撞检测算法为交互约束,以图形平移与旋转处理算法为交互操作的响应处理方法,实现对分段场地位姿的人机交互位姿调整。技术示意图如图10.12 所示。

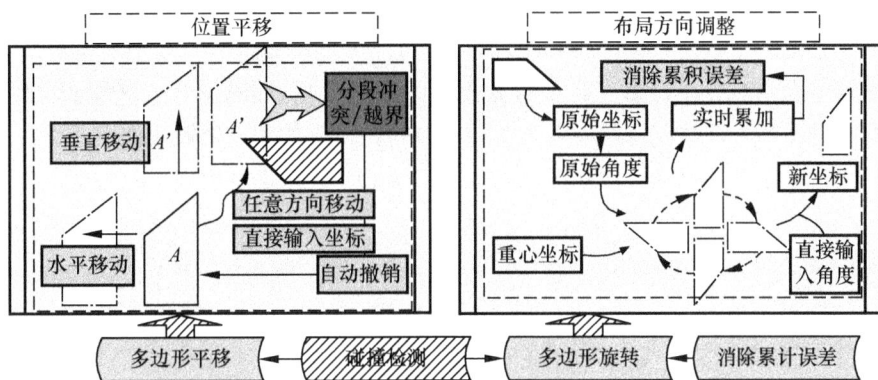

图 10.12　分段空间布局人机交互位姿调整示意图

(1) 分段坐标平移调整技术。

分段相对场地的位置采用二维矢量表达,矢量值的原点为场地多边形模型在数据库中排序第一的顶点坐标,指向分段多边形的重心(x_Φ, y_Φ),分段平移即对二维矢量值的变化控制,坐标平移调整采用的图形变换见公式(10-5)。

$$\begin{bmatrix} x_1 & y_1 \\ x_2 & y_2 \\ x_3 & y_3 \\ \vdots & \vdots \\ x_n & y_n \end{bmatrix} + \begin{bmatrix} x_\Phi - x_1' & y_\Phi - y_1' \\ x_\Phi - x_1' & y_\Phi - y_1' \\ x_\Phi - x_1' & y_\Phi - y_1' \\ \vdots & \vdots \\ x_\Phi - x_1' & y_\Phi - y_1' \end{bmatrix} + \begin{bmatrix} x_\Delta & y_\Delta \\ x_\Delta & y_\Delta \\ x_\Delta & y_\Delta \\ \vdots & \vdots \\ x_\Delta & y_n \end{bmatrix} = \begin{bmatrix} x_1^* & y_1^* \\ x_2^* & y_2^* \\ x_3^* & y_3^* \\ \vdots & \vdots \\ x_n^* & y_n^* \end{bmatrix} \tag{10-5}$$

第一矩阵表示分段矢量模型相对分段重心的坐标集合,第二矩阵中(x_Φ, y_Φ)为分段模型的重心坐标,(x_1', y_1')为场地多边形第一个坐标点,第三个矩阵中的(x_Δ, y_Δ)为平移调整变化量,等号右侧矩阵为平移后的多边形顶点坐标矩阵。

分段平移过程中不断根据人机操作输入的变量(x_Δ, y_Δ)的值,来计算等号右侧的矩阵,然后将原有的分段图形删去,根据新的矩阵绘制新位置的分段图形,这个过程在不断的重复过程中实现了分段图形的实时变化,同时不断累积产生(x_Δ, y_Δ)值来计算分段场地相对位置矢量坐标值($\Sigma x_\Delta, \Sigma y_\Delta$),这个矢量将作为最终分段场地相对矢量位置保存在数据库中。

（2）消除累计误差的分段角度调整技术。

为满足场地资源有限空间的最大利用,对于有些形状特殊的分段需要将其角度做合适的摆动才可嵌入场地之中,为此人机交互的分段旋转采用拖动模型旋转的交互方式,为保证图形能够根据交互操作呈现相应的旋转变化,需要对分段模型进行重构,即根据拖动产生的位移判断需要的旋转角度,再按照旋转角度量对分段模型进行相对其重心的图形重构,同时结合碰撞检测准则判断分段的干涉情况并触发处理机制。旋转图形重构的具体算法如下。

假设 n 边形围绕重心点(x_Φ,y_Φ)旋转 $angle°$,本质上相当于将 n 边形的每一个顶点的坐标绕着点(x_Φ,y_Φ)旋转 $angle°$,旋转后组合成新的 n 边形即为所求。

首先判断(x,y)和(x_Φ,y_Φ)是否重合,如果重合,(x,y)就为结果,如果不重合,则计算(x,y)和(x_Φ,y_Φ)间的直线距离:

$$distance = \sqrt{(x-x_\Phi)^2+(y-y_\Phi)^2}$$

计算当前(x,x)和(x_0,x_0)连线与坐标轴之间的夹角:

通过正弦反函数计算: $angle_0^{\sin}=\sin^{-1}\dfrac{x-x_0}{distance}$

通过余弦反函数计算: $angle_0^{\cos}=\cos^{-1}\dfrac{y-y_0}{distance}$

根据两个角度与 0 的关系判断,旋转后(x,y)和(x_Φ,y_Φ)连线与坐标轴之间的夹角 $angle_a$ 如表 10.1 所示:

表 10.1　旋转角度判断准则与结果表

条　件	结　果
$angle_0^{\sin}\geqslant 0\cap angle_0^{\cos}$	$angle_a=angle_0^{\sin}$
$angle_0^{\sin}>0\cap angle_0^{\cos}$	$angle_a=angle_0^{\cos}$
$angle_0^{\sin}\leqslant 0\cap angle_0^{\cos}$	$angle_a=180°-angle_0^{\sin}$
$angle_0^{\sin}<0\cap angle_0^{\cos}$	$angle_a=angle_0^{\sin}+360°$

旋转后的点坐标(x_a,y_a)为:

$$x_a = x_0 + distance \times \cos(angle_a+angle)$$
$$y_a = y_0 + distance \times \cos(angle_a+angle)$$

遍历多边形的 n 个顶点进行上述的运算,即可求得旋转后的新多边形。为了实现分段图形重构能够实时的刷新变化,不可避免地要至少对每旋转微小的角度(默认为 $0.1°$)进行一次上述反正/余弦然后再正/余弦的运算,如果每次运算都以前一次运算结果(x_a,y_a)作为参考,那么大量的旋转计算会因为浮点运算的精度限制而产生误差,绘制的多边形外形会发生畸变,造成分段坐标碰撞判断精度下降。因此采用绝对旋转角度作为旋转角度,不论分段如何被旋转,角度始终从 0°作为参考,如图 10.13 所示,对比由相对旋转角度和由绝对旋转角度作为参数的计算流程,相对前者,后者可有效控制大量循环三角函数运算带来的累积误差,实时修正多边形外形,保证分段之间碰撞检测的精确性。

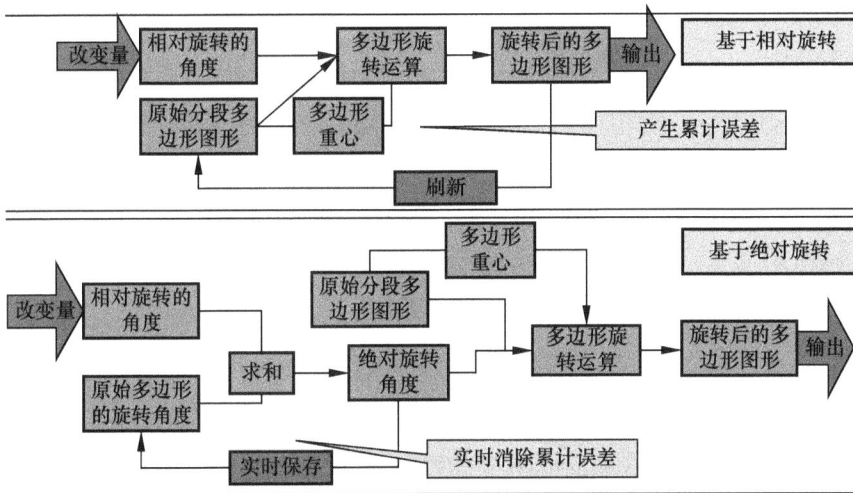

图 10.13　消除累计误差的绝对旋转运算流程及对比

4. 分段任务场地与日期调整技术

人机交互的分段位姿调整技术有效地实现了分段在场地不变、建造日期不变的情况下的布局调整,但分段任务经常涉及更为宏观的建造场地更换与建造日期变迁的调整,因此引入分段任务场地与日期调整技术,该技术从业务角度综合了分段布局碰撞与位姿调整技术的应用,以场地—分段任务层级结构树为数据结构,以分段碰撞检测算法为交互约束,以可控化的场地—分段—时间轴双维度模型为交互界面,实现包含场地间迁移与建造周期的分段综合性布局调整,技术流程如图 10.14 所示。

(1) 分段场地间更换的处理流程。

在数据层面:分段 X 从场地 A 迁移到场地 B 分为两部分:第一部分是分段任务被移出场地 A,即场地 A 节点包含的分段任务 X 被删除,同时在人为创建的"未归属场地"虚拟节点下暂时创建分段任务 X 数据;第二部分相反,将"未归属场地"下的分段任务 X 删除,在场地 B 节点下创建分段任务 X。

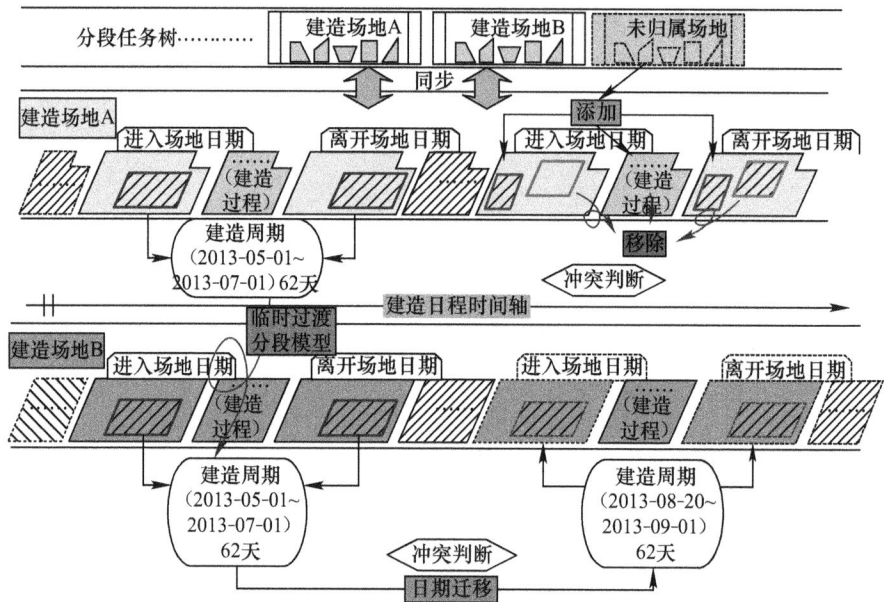

图 10.14 建造周期与场地间的快速迁移流程

在交互层面:首先根据分段碰撞检测算法判断分段是否在场地内存在干涉,如果无干涉则清除场地 A 中的分段 X 模型,创建一个临时的过渡分段模型,用于完成从场地 A 到场地 B 的迁入与新位置的布局,然后随着过渡分段模型完全进入场地 B 的范围并完成位姿布局定位,在场地 B 中按照过渡分段模型的位姿布局创建分段模型 X,最后则销毁过渡分段模型,整个过程两次同步刷新分段任务树数据,分别是过渡分段模型创建时与销毁时。

(2) 分段建造日期迁移的处理流程。

在数据层面上:以建造周期延续前期为依据,分段 X 从 T1～T2 变更为 T3～T4,则需保证 T1－T2＝T3－T4,日期精确到天,那么只需对 T3 或 T4 中任意一个做迁移,则另外一个可通过等式求得,每次变更时刷新分段任务数据中的时间属性即可,另外分段任务有一属性存储计划建造周期,这一数据在 T1－T2 未知的情况下用于代替等式左边的天数值。

在交互层面上:采用一个分段任务对应多个分段模型的方式,分段任务建造周期为几天,场地上不同日期内就会包含几个分段模型,每个分段模型都有不同的时间值属性对应本身所代表的日期,同时也保存统一的分段任务的起止日期,随着时间轴的变化而选择性地显示,调整周期可以对任何一天的分段模型进行调整,调整结果都会反馈给分段任务,然后将若干分段模型的时间值属性重新设定,最后刷新场地模型显示即可。

由于场地迁移一般会同时伴随着日期迁移,因此采用场地模型时间轴独立设计的方法,每个场地模型都有自己独立的时间轴,不同场地可以显示不同的目标日期,从而实现独立处理。然后完成场地更换与日期迁移同步执行,尽管操作同步,但其业务处理基于两个并行流程,互不干涉,只是对布局干涉的判断是合并处理:以双循环嵌套方式遍历分段在新建造日期范围内的每一天中与新场地中其他分段的干涉情况,将发生干涉的分段数据集合以列表的形式给予提示,以便后续的分段位姿微调来排除干涉。

10.3.5　计划资源需求驱动的执行数据包采集技术

在曲面分段建造过程中涉及作业、人员、工具、物料、场地等多种资源的协调,在生产计划安排的资源需求驱动下,结合现场实际资源分布与使用情况,以派工单为最小监控执行对象,实现建造执行过程中实时的资源分配与执行数据采集反馈,形成统一的数据包反馈给车间(船厂)管理层,管理层结合实际与计划的差别,对后期计划做出相应的调整。技术思路如图 10.15 所示。

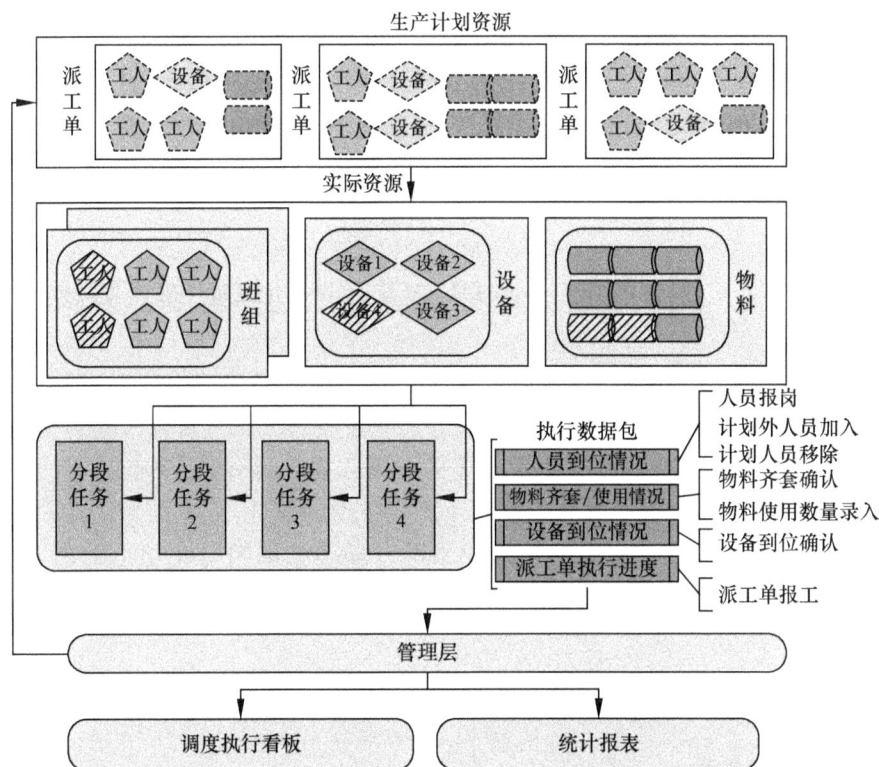

图 10.15　基于生产计划驱动的执行数据采集技术

(1) 人员数据采集。

人力资源是分段建造能高效顺利执行的关键,在生产准备初期对班组和班组的人员进行定义,人员通过工种与派工单建立约束,生产计划会安排符合派工单工种的人员参加建造任务,在实际执行过程中,分段管理员为派工单的人员填报到离岗信息,也可进行人员的临时添加和移除。当前人员的到岗情况和实际执行过程中人员配置的变化数据会被采集下来以综合任务包的形式反馈给管理层。

(2) 设备/物料/耗材数据采集。

分段建造的设备/物料/耗材的需求量十分庞大,在生产计划阶段将对应派工单所需的设备/物料/耗材定义完后,在实际执行阶段,分段管理员根据计划执行三种资源的准备,逐步完成资源的齐套确认,对于耗材资源,也要采集使用数量数据。采集的数据生成以分段任务和派工单为单元的设备/物料/耗材资源使用报统计信息反馈给管理层。

(3) 派工单执行状态数据采集与建造进度统计。

分段建造执行进度通过派工单开完工报工操作进行数据采集,派工单开始执行时分段管理员对派工单进行报开工,执行结束执行报完工,结合生产计划时间安排和派工单定义计划工时,根据在建分段的全部派工单的开完工状态与间隔时间来统计当前船型、分段任务、任务包三个层面的执行进度,以及建造任务工期拖延情况。

10.4　船舶曲面分段建造日程计划平衡制订技术

随着船舶制造业的不断发展,如何充分利用有限的建造资源,尽可能快地完成舰船建造生产任务,逐渐成为企业关注的重点。随着国家实力的进一步提升,船舶建造企业的生产任务量逐年提高,而船舶建造企业的制造资源的建设步伐完全赶不上企业生产任务量的提升,原有依靠手工和经验制订粗放的日程计划已经不适应当前日益迫切的精益化建造的需求。因此,船舶曲面分段建造日程计划的平衡制订技术就成为企业急需解决的问题。

10.4.1　问题、约束与处理策略

1. 问题分析

有限建造资源主要是指船舶企业在场地上建造曲面分段时比较关键的

瓶颈资源。在曲面分段建造日程计划制订时,重点关注必要资源,有两点判断依据:一是制订日程计划时,任务无法加快建造往往是因为瓶颈资源制约;二是日程计划制订若考虑所有制造资源则属于无重点调度。因此,结合船舶建造企业的生产实际,在制订日程计划时主要考虑两种瓶颈资源:场地资源和人力资源。日程计划的制订主要是考虑两方面的平衡:一是曲面分段任务建造时两种瓶颈资源之间关联的平衡;二是两种瓶颈资源利用率的平衡。从统一的角度,本书将日程计划平衡制订问题统一为基于有限建造资源的日程计划平衡制订技术。基于有限建造资源的日程计划平衡制订的驱动因素主要来自以下两个方面:

(1)场地资源因布局不合理导致场地利用率不高。

1)传统场地布局约束简化:传统的场地分段手动布局将生产实际约束进行了简化,从而造成布局结果并不优化,例如多边形分段被抽象成矩形,使得曲面分段的布局变为矩形堆叠;例如将场地面积划分为不同的层级区域,使得分段的排布只能在固定的层级区域内进行,从而降低不规则图形的拼接难度或者直接忽略不规则图形的拼接。

2)场地布局分配的动态连续:分段的排布顺序需要按照实际生产进程进行不断调整,场地具有的动态性特点使得其可用面积会随时变化,分段在完成生产后必须调离场地,剩余面积仍然需要进行合理利用,因此场地布局分配不是一次性的分配,必须进行多次调度才能适应实际生产情况,而这种形式分配通过调度人员的手动布局是难以实现的。

(2)人力资源流转分配的不合理性导致建造过程不连续。

日程计划的制订不仅仅是场地布局或者简单的图形拼接,还要考虑人员对分段建造工期的影响,这也是目前比较欠缺的问题。分段在场地中进行建造时,若人员分配不合理,导致分段在工期停滞情况下长期地占用场地资源。例如分段进入场地但是操作工人迟迟无法到位导致工期停滞;分段部分派工单完成,但是剩余的派工单对应工种的工人都处于工作状态,导致工期停滞等。

2. 约束分析

日程计划制订过程中存在多种形式的约束,为了使所制订的日程计划符合生产实际情况,必须建立调度约束体系。日程计划制订的核心是平衡场地与人员,生成场地资源计划安排与人力资源安排计划,最终综合才能够形成建造日程计划。下面从三个方面对基于有限建造资源日程计划平衡制订中的调度约束进行分析。

(1)有限场地资源瓶颈制约约束。

对于曲面分段的场地空间分配调度问题,由于曲面分段具有复杂外形并且场地空间有限,使得调度人员无法精确地实现分段在场地中的位置分配。其难点在于需要处理曲面分段在建造周期时间轴内的综合考虑,包括场地面积、分段投影外形、分段碰撞检测、剩余空间检测等。

(2) 有限人力资源瓶颈制约约束。

在曲面分段生产过程中,加工人员分配不合理将直接造成分段建造周期难以控制的问题。尤其是多分段在同一场地并行生产时,每一个分段都处于多派工单并行进行的状态,有限的人员分配就成为一个复杂的调度问题,包括人员、班组、能力的建模、随时间轴的人员分配与释放等。

(3) 人员场地关联制约约束。

基于有限建造资源的日程计划平衡制订技术中,人员和场地作为两种瓶颈调度资源,它们既是相互独立又是相互约束的。制约分段何时进入场地加工、何时可以完工的主要因素是场地是否有足够的空间与人员是否可以到位,两个条件必须同时达到才能生成有效的日程计划。当前普遍采取的基于调度场地资源所制订的日程计划忽视了人力资源对建造周期的影响,导致分段虽然已经安排进入场地但人员无法及时到位,造成分段迟迟不能开始建造。

因此,日程计划平衡制订可定义为:针对船舶曲面建造日益增加的生产任务,为提高有限船舶建造资源的利用率,通过对作为建造瓶颈资源的场地与人员的关联调度,形成场地与人员的平衡日程计划,实现曲面分段建造无等待的连续生产运行效果。

3. 处理策略

根据问题与约束分析,采取系统分析的思路,按照"通过曲面分段作业顺序制定确定作业任务的优先性、通过曲面分段场地布局制定提高场地利用率、通过曲面分段人员分配制定保证曲面分段生产的连续性、通过两种建造瓶颈资源的平衡调度实现日程计划平衡制订"的策略进行处理。

(1) 通过曲面分段作业顺序制定确定作业任务的优先性。

不同分段建造任务的交货期和任务优先级是不同的,在日程计划制订时需要按照曲面分段任务的优先级对所调度的任务进行排序,从整体上保证分段建造任务能够按时完成。

(2) 通过曲面分段场地布局提高场地利用率。

一般而言,场地往往是制约船舶曲面分段建造的瓶颈资源。如何在曲面分段建造过程中进一步提高场地的利用率是每一个船舶企业面对的共同问题。船舶曲面分段空间布局调度是一个动态、复杂的过程,其调度的核心是实现有限的场地在时间轴上进行充分的利用,最重要的优化指标就是场地利用率。

（3）通过曲面分段人员分配保证曲面分段生产的连续性。

船舶曲面分段建造过程中,由于针对的是加工人员的流转,因此加工人员在分段生产过程中的数量分配便成为曲面分段虚拟流水生产方式的核心技术。加工人员分配不合理将直接造成分段生产过程中,某些分段出现人员过剩的同时,其他分段出现生产人员不足的现象,从而直接导致整个生产中出现人员不均衡,最终影响整个分段建造日程计划。与场地资源类似,人力资源调度同样体现为时间轴上的动态分配。

（4）通过两种建造瓶颈资源的平衡调度实现日程计划平衡制订。

在曲面分段建造日程计划制订过程中必须综合考虑场地和人员资源的平衡。既不能一味追求场地最大化利用而忽视人力资源是否足够,也不能一味追求人力资源最大化利用而导致场地空闲的现象发生。

10.4.2　技术思路

场地空间布局调度与虚拟流水式人力资源调度是实现基于有限建造资源的日程计划平衡制订的关键技术。基于有限建造资源的日程计划平衡制订技术总体思路如图 10.16 所示。

基于有限建造资源的日程计划平衡制订技术思路分为三个层次。

（1）基础数据采集。

基础数据采集是日程计划制订的起始点。必须全面、准确地获取制订日程计划所需要的实时数据,以获得真实的初始调度环境。曲面分段建造任务数据与曲面分段建造工艺数据是日程计划制订的依据。

（2）基础数据分析。

基础数据采集后,需要对曲面分段任务进行分类排序。首先曲面分段建造场地并不是任意性的,例如有些曲面分段在任务分配时,企业就与用户签订协议指定建造场地,有些分段由于分段建造时所需的特殊设备、环境、胎架等决定了其所建造的场地,因此需要按照曲面分段所在场地不同将其分类;其次企业对不同分段任务的响应速度是有差别的,优先级高的一般优先建造,所以曲面分段在原有的分类基础上需要进行再次进行基于优先级的分类;同时,交货期是决定曲面分段建造顺序的最重要因素,交货期靠前的任务优先建造也是需要遵循的基本原则,即尽量保证曲面分段按照用户的需求完成;最后在曲面分段空间布局时,面积较大的曲面分段与面积较

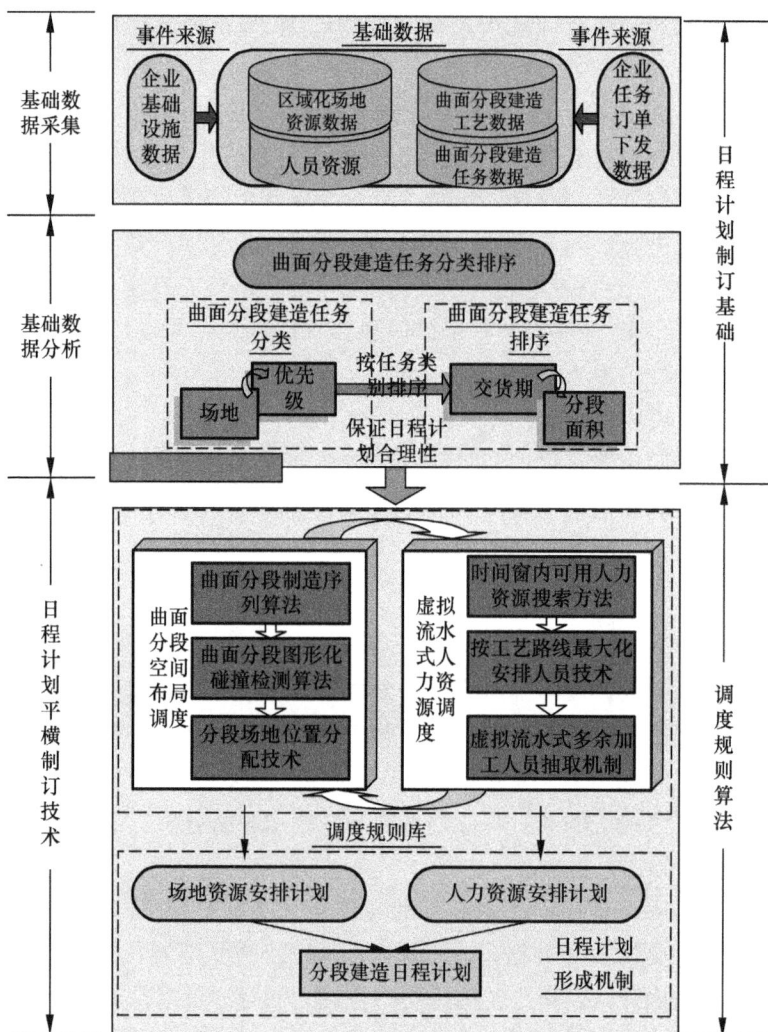

图 10.16　基于有限建造资源的日程计划平衡制订技术思路

小相比,存在更多放入场地的困难,因此在同等条件下,优先考虑面积大的分段先期安排建造。曲面分段的分类与排序保证了后续所制订的日程计划能够更加符合企业实际生产需求。另外,企业也可以根据实际情况对任务序列进行调整。

（3）日程计划平衡制订技术。

日程计划平衡制订主要是基于启发式调度布局规则库实现的。场地空间布局调度主要由曲面分段制造序列算法、曲面分段图形化碰撞检测算法和分段场地位置分配技术三个方面的规则构成。人员调度由时间窗可用人力资源搜索方法、按工艺路线最大化安排人员技术与虚拟流水式多余加工人员抽取机制三个方面的规则构成。空间调度与人员调度是相互协调平衡的,当一个分段调度完成后,就立即安排相对应的加工人员,之后再安排下一个分段,如此反复循环,最终调度完成所有分段的调度。基于所制订出的场地资源安排计划与人力资源安排计划,最终生成分段建造日程计划。

10.4.3　场地布局空间调度技术

1. 建造顺序规划技术

曲面分段建造顺序规划作为曲面分段调度的基础,其目的是为整个场地布局调度进行初步的规划,制订出分段的加工顺序,保证分段生产满足实际约束,防止出现分段在场地中出现与生产需求相违背的现象。例如分段任务交货期比较靠后,便由于排他性指令要求而被放置于场地中,或者某些分段不按照生产时间离开场地,造成场地面积的长时间占用。曲面分段建造顺序规划技术示意如图 10.17 所示。

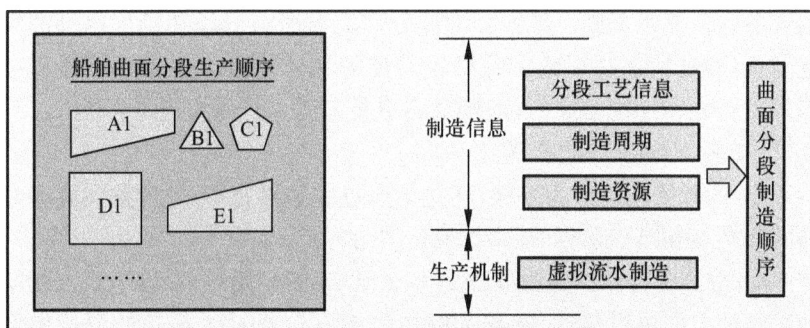

图 10.17　曲面分段顺序规划技术示意

曲面分段顺序规划的基础是分段图形信息、分段工艺信息、建造周期、建造资源和场地信息等。曲面分段顺序规划主要基于分段的下发时间、完工时间和加工优先级等因素,对分段进入场地的顺序完成初步的筛选,在后续进行场地分配中,便可按照此顺序加入场地中,进一步进行分段的位置安排。曲面分段建造顺序按照公式(10-6)进行筛选。

$$\min Z_i = \frac{w_{h1} \cdot (D_i - B_i) + w_{h2} \cdot (\Sigma M)/M_i}{w_{h3} \cdot S_i/(Q - \Sigma S)} (\min Z_i > 0) \quad (10\text{-}6)$$

其中：

Z_i：曲面分段制造顺序系数，该系数越小分段的优先级越高。

w_{h1}、w_{h2} 和 w_{h3}：分别为建造周期、制造资源以及场地剩余面积比值三个方面的权重，三者的值一般根据经验来确定。

B_i：曲面分段 i 的可开始加工时间。

D_i：曲面分段 i 交货期时间。

M：场地中已有的所有曲面分段所需要的建造资源数量，M_i 表示第 i 个分段所需要的建造资源数量。

S：为曲面分段自身的几何图形面积，Q 为已经进入场地的曲面分段所占据的场地面积，$Q-\Sigma S$ 代表场地中除去已安排分段后所剩余的面积。

2. 场地位置分配技术

场地位置分配技术主要是针对被加入场地的分段与其他分段或场地边界发生碰撞后的处理机制。曲面分段场地位置分配技术示意如图 10.18 所示。

该步骤包括两大部分：碰撞处理和位置分配。碰撞处理部分主要用于分段初始位置的寻找过程中，其在寻找过程中将所有不和其他分段或场地边界发生碰撞的位置，全部找出并将其加入至待确定位置集合中，为后续最后位置的确认提供基础。位置分配部分完成对所有分段在场地内部的可行位置筛选，通过优化规则确定分段应安排的具体位置。位置分配过程中主要应用了场地分配优化规则，即剩余面积最大矩形和最大包络面积。

(1) 碰撞处理部分的步骤。

1) 以现有场地边界为依据，建立场地边界的集合 C，集合中元素为每个边界的起始点和终点坐标，从中选取一对边界点 C_d。

2) 将待分配分段的定位基准点移动至 C_d 的起始点，沿着边界点起始点到结束点的方向进行移动，在移动的过程中对分段是否与其他分段发生碰撞进行判断，如与边界块发生碰撞后，则对碰撞点的位置进行判定，利用公式(10-7)判断。

$$St_x = \frac{(C_d \mid E_x - C_d \mid S_x) \cdot (P_y - C_d \mid S_y)}{(C_d \mid E_y - C_d \mid S_y) + C_d \mid E_x} \tag{10-7}$$

如果标志点 St_x 大于分段定位基准点 P_y，说明分段点在边界左侧，根据分段移动方向应该为远离碰撞边界的原则，则继续沿着分段的左侧进行移动，直到不发生碰撞。该移动方式还适用于 Y 轴方向上的判断，只需调换碰撞坐标点的 X 和 Y 轴的顺序。公式中 $C_d \mid S_x$ 代表边界点中的起始点的 X 坐标，$C_d \mid E_x$ 则代表边界点中的结束点的 X 坐标。

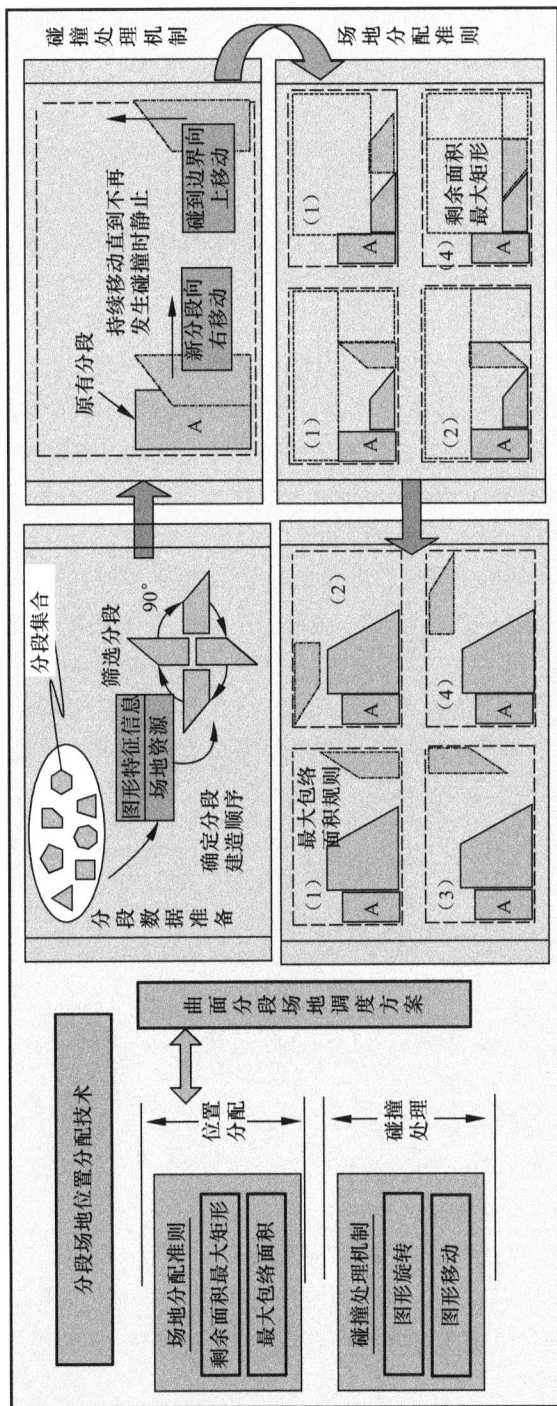

图 10.18 曲面分段场地位置分配技术示意

3) 当分段处于不与任何边界发生碰撞的位置后,则将此位置进行记录,返回步骤1),选择下一个边界边进行碰撞检测,继续寻找稳定位置,直到分段所有边界都已经完成碰撞检测并找到稳定位置。

4) 通过分段位置确定规则对分段稳定位置中的点集合进行筛选,分别将分段位置带入剩余面积最大矩形与最大包络面积规则中进行计算,得到在此优化规则下分段位置的优化指标。最终筛选出最优化的位置作为该分段的位置:

4)-1 剩余面积最大矩形规则:即分段放入场地后,场地剩余面积能够构建出的面积最大的矩形的位置为最优化位置。因为矩形在场地分布过程中,对于后续的分段在场地中进行排布时,能够提供更好的可放置位置,避免出现剩余面积很大的现象,因为该面积主要由零碎不规则的小图形面积构成,从而对后续的分段排布产生影响,直接造成剩余面积无法得到充分利用,降低场地利用率的后果。

4)-2 最大包络面积规则:即以所有分段位置中纵坐标不同且横坐标最大的点为包络点,建立包络点集合,将集合中的点首尾相接便构成了包络图形,可以计算出包络面积。以所有包络面积与包络范围内分段的总面积的比值,作为判定标准,比值越大说明包络面积内的空白区域越少,场地利用率也就越高,从而说明分段放置位置在向优化方向趋近。比值计算按照公式(10-8)进行。

$$minZ_s = \frac{\sum\limits_{i=1,j=i+1}^{m}[(P_j(y)-P_i(y))\times(P_j(x)+P_i(x))\times 0.5\mid P_j(y)-P_i(y)\neq 0 + (P_j(y)-P_i(y))\times P_j(x)\mid P_j(y)-P_i(y)=0]}{\sum\limits_{a}^{n}ba}$$

(10-8)

其中:

P_i 或 P_j:分段在场地构成图形的外围包络点,由图形分析算法取得,$P_i(x,y)$ 为 P 点的 x,y 坐标;

b_a:包络范围内曲面分段的面积;

m:包络面积外围包络点的总数;

n:包络范围内所有分段的个数。

5) 当分段的位置确定后,必须对场地边界进行重新分析,即场地边界再分析技术,该技术将新加入的分段与原场地形状进行拟合,重新计算场地边界形状,从而简化分段碰撞检测步骤,直接检测分段与场地边界的碰撞即可完成分段位置的筛选。

3. 剩余场地边界分析技术

该技术是场地空间布局调度技术的基础,任何分段都需要计算其场地空间的影响,剩余空间集合是调度算法最核心的基础数据。只有精确、完全地搜索到调度时间片段内的所有剩余空间的边界,才能最全面、最综合地筛选出插入分段后的剩余空间,为后续的分段重调度打好数据基础。提出一种基于几何图形边界替换方式的剩余场地边界分析技术,具体方法如下。

(1) 分段与剩余场地关系确定:按照分段放置顺序,分析每一个在插入时间片段放置在场地内的分段与前一分段放置后剩余场地之间的关系。按照边界替换方法,将分段与其所放置的剩余场地之间的关系分为三类筛选:①分段有端点在场地边界上;②场地有端点在分段边界上;③分段所有端点都在场地内。

(2) 剩余起始和结束边界确定:按照如图10.19所示三种情况,进行分段与场地拼接,寻找所有可行端点进行分析,最终筛选出可行端点并通过连接得到可行边界端点集合。当分段所有点都在场地内时,寻找分段离场地边界最近的端点向其最近的边界作垂线,以这条垂线作为剩余空间计算的起始和结束边界。

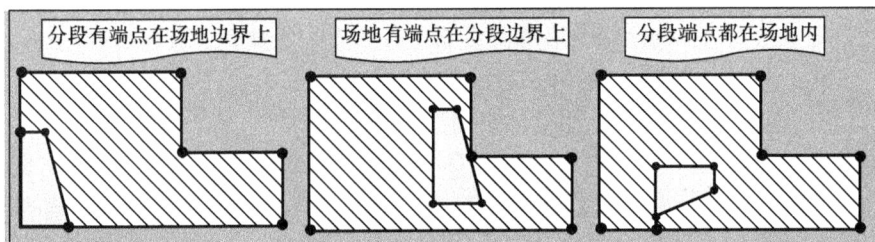

图10.19　场地分段关系示例

(3) 剩余空间筛选:在曲面分段布局调度中,剩余空间边界越多,其计算就越复杂。两个端点可以形成一个边界,在实际中有些端点其实不是必需的或者是不可用的,甚至于有些剩余空间也是可以舍去的。舍去这些没用的端点和剩余空间,可以有效地提高算法处理效率。其筛选过程如下:

1) 当剩余边界内两个相邻端点十分接近时,如图10.20中(a)所示,两端点可以合为一个端点,通过公式(10-9)进行判断计算。

$$D_{a,b} = \sqrt{(x_a - x_b)^2 + (y_a - y_b)^2} <$$

$$\min(cL_{1,1}, cL_{1,2}, cL_{1,3}, \cdots, cL_{m,n-2}, cL_{m,n-1}, cL_{m,n}) \times w_h \quad (10\text{-}9)$$

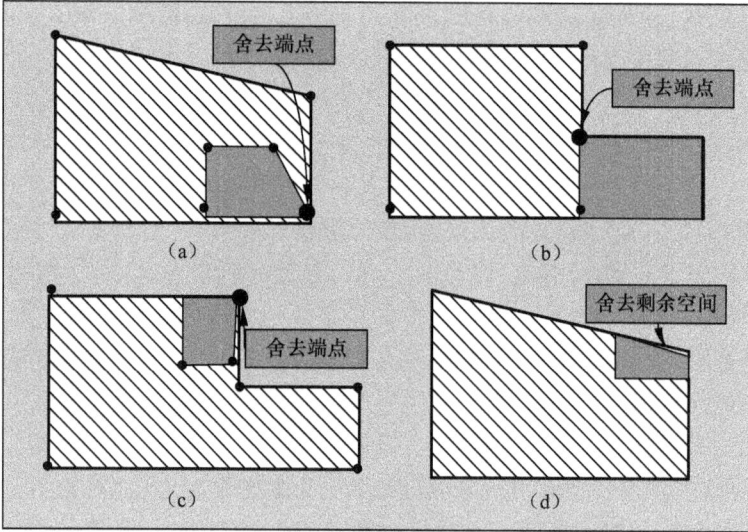

图 10.20　剩余空间筛选示例

其中:

$D_{a,b}$:分段两个相邻端点的距离;

x_a、x_b、y_a、y_b:剩余场地边界两个相邻点 a,b 的坐标(x_a, y_a),(x_b, y_b);

$cL_{i,j}$:分段 i 的第 j 条边的长度;

w_h:分段边长的权重,根据一定的经验判断。

2) 当相邻的三个端点几乎在一条直线时,如图 10.20 中(b)所示,中间的端点可以舍去。其可以理解为中间的端点到两边端点所连成线段的距离小于特定值,中间的端点可以舍去。求解点到线段的距离,需要判断点和线段之间的关系,按照公式(10-10)进行判断计算。

$$r = [(x_b - x_c) \times (x_a - x_c) + (y_b - y_c) \times (y_a - y_c)]/[(x_a - x_c)^2 + (y_a - y_c)^2]$$

$$(10\text{-}10)$$

其中:

x_a、x_b、x_c、y_a、y_b、y_c:剩余场地边界上三个相邻点 a,b,c 的坐标依次为 (x_a, y_a)、(x_b, y_b)、(x_c, y_c);

r:b 点和 a、c 两点所形成线段的位置关系参数。可得点 b 与线段 ac 的距离求解 $Dist_{a,b,c}$,b 点舍去通过公式(10-11)判定。

$$D\,\mathrm{ist}_{a,b,c} =$$

$$\begin{cases} \sqrt{(\mathrm{x}_b - x_c)^2 + (y_b - y_c)^2} & (r < 0) \\ \sqrt{[x_c - x_b + r \times (x_a - x_c)]^2 + [y_c - y_b + r \times (y_a - y_c)]^2} & (0 \leqslant r \leqslant 1) \\ \sqrt{(\mathrm{x}_b - x_a)^2 + (y_b - y_a)^2} & (r > 1) \end{cases}$$

$$\mathrm{h}_d = \frac{w_r \sqrt{(\mathrm{x}_a - \mathrm{x}_c)^2 + (y_a - y_c)^2}}{D\,\mathrm{ist}_{a,b,c}} \tag{10-11}$$

其中：

$D\,\mathrm{ist}_{a,b,c}$：点 b 到线段 ac 的距离；

w_r：线段 ac 长度的权重，根据一定的经验判断；

h_d：判定点 b 是否舍去的算式值，当 $h_d > 1$ 时 b 点舍去。

3）当相邻的三个端点所形成夹角小于一定值时，如图 10.20 中(c)所示，中间的端点可以舍去。通过公式(10-12)判断计算；

$$COS = \left| \frac{(\mathrm{x}_a - x_b) \cdot (x_c - x_b) + (y_a - y_b) \cdot (y_c - y_b)}{\sqrt{[(x_a - x_b)^2 + (y_a - y_b)^2] \times [(x_c - x_b)^2 + (y_c - y_b)^2]}} \right|$$

$$\tag{10-12}$$

其中：

COS 为角 $\angle abc$ 的余弦值，也为 a,b,c 三个端点之间的关系系数，一般将 $(0.95, 1)$ 之间的系数归类为忽略范围，当计算出的结果在此范围中时，则将中点 b 忽略。

4）当剩余空间面积小于一定值时，如图 10.20 中(d)所示，剩余面积空间可以舍去。通过公式(10-13)判定计算；

$$h_{area} = \frac{y_0 \times (x_{n-1} - x_1) + \sum_{i=1}^{n-1} y_i \times (\mathrm{x}_{i-1} - \mathrm{x}_{(i+1)\%n})}{2w_{area} \times \min(\mathrm{s}_1, \mathrm{s}_2, \cdots, \mathrm{s}_k, \cdots, \mathrm{s}_{m-1}, \mathrm{s}_m)} \tag{10-13}$$

其中：

x_i, y_i：剩余边界端点 i 的坐标；

s_k：未分析分段 k 的面积；

w_{area}：表示剩余空间面积和分段最小面积的权重，根据一定的经验判断；

h_{area}：判定剩余空间是否舍去的算式值，当 $h_{area} \leqslant 1$ 时剩余空间舍去。

5）重复步骤 1）直至分析完所有在场地内的分段。

4. 场地利用率评估机制

场地利用率是评判场地空间布局调度结果的有效依据。场地资源作为船舶曲面分段建造的瓶颈资源，在调度优化算法中是重点考虑的对象。场地利用率的计算并不指某一天的场地利用率,而贯穿整个调度计划周期内的场地利用情况。但是在场地利用率分析中,在有后续分段添加入场地中时,即调度开始时间节点与最后一个被调度分段放入场地的时间节点之间的时间段中,场地利用率越高越好,该阶段的利用率越高表示调度优化算法的结果越好。在最后一个被调度分段放入场地的时间节点与最后一个完工分段结束时间节点之间的时间段内,场地利用率越低越好,场地利用率越低表示后续下发的分段建造任务可利用的空间越大。场地利用率适应度表达函数如公式(10-14)所示。

$$
S_{space} = \frac{W_{s,in} \left[\sum_{i=1}^{mid} S_i (tn_i - tn_{i-1} - f_{spanret}(tn_{i-1}, tn_i)) \right]}{(tn_{mid} - tn_0 - f_{sparet}(tn_0, tn_{mid}))} +
$$

$$
\frac{W_{s,out}(tn_n - tn_{mid} - f_{sparet}(tn_{mid}, tn_n))}{(tn_{mid} - tn_0 - f_{sparet}(tn_0, tn_{mid}))}
$$

$$
\left[1 - \frac{\sum_{i=mid+1}^{n} S_i (t_i - t_{i-1} - f_{sparet}(tn_{i-1}, tn_i))}{(tn_n - tn_{mid} - f_{sparet}(tn_{mid}, tn_n))} \right] \tag{10-14}
$$

其中:

$[tn_0, tn_1 \cdots tn_{mid}, \cdots, th_n]$:当场地中某一时间节点发生分段移出或移入时,场地利用率发生变化,将这些场地利用率发生变化的时间节点按时间轴顺序排列形成的数组。其中 tn_0 表示调度开始的时间节点、tn_{mid} 表示最后一个移入场地分段的时间节点、tn_n 表示最后一个移除场地分段的时间节点;

$[S_1, S_2, \cdots, S_n]$:S_i 表示时间点 $t_{i-1} - t_i$ 之间时间段的场地利用率;

$f_{sparet}(tn_{i-1, tn_i})$:表示时间段 $t_{i-1} - t_i$ 之间的非工作时间;

$W_{s,in}$:时刻 tn_{mid} 之前的场地利用率的加权值;

$W_{s,out}$:时刻 tn_{mid} 之后的场地利用率的加权值;

S_{space}:场地利用率适应度表达式值。

10.4.4 面向虚拟流水的人员调度技术

1. 虚拟流水调度方式

虚拟流水式调度方式是以船舶曲面分段虚拟流水生产方式的人员调度为出发点,以人员在分段之间无间隙流转为思路,以分段工序虚拟流水建造人员分配为核心技术手段,以提高曲面分段制造效率为目标,建立面向曲面分段生产的基于建造人员持续性调整的分配调度技术。

虚拟流水人员调度处理流程主要分为三个部分:首先,读取场地内部各个曲面分段的加工顺序以及位置,初始化曲面分段工序,按照现有曲面分段在场地内的建造序列分配加工人员;其次,针对曲面分段柔性流水生产特点,以加工人员无间隙流转于分段之间的虚拟流水生产方式为目标,提出虚拟流水制造人员初始分配技术,以现有分段生产顺序为依据,通过计算将加工人员初始分配至各个分段,当加工人员分配完毕后令分段开始进行生产;最后,在后续分段的生产过程中通过对分段对人员占用状态的分析,提出加工人员重新分配技术,避免已开工分段的人员过剩,同时平衡即将开始分段上的人员数量抽取并安排到其他分段,从而维持分段生产的无等待连续生产的目标。虚拟流水式人员调度流程如图 10.21 所示。

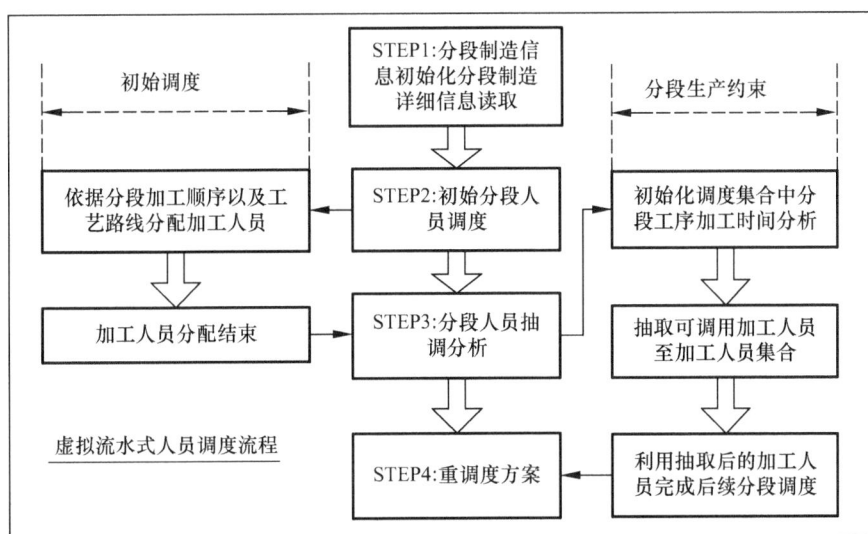

图 10.21　虚拟流水式人员调度流程

2. 人力资源分配技术

(1)人力资源分配目标。

根据曲面分段建造的软性流水生产特点,为避免出现因资源分配不合理而出现的建造人员资源不足、分段等待时间过长以及出现大量闲置人员的现象,提出工序之间连续性作业资源分配目标,该目标可作为分段工序初始生产的依据。该目标本质上是通过加工人员的分配方式,保证分段内部工艺路线上前后工序的开始时间和结束时间相互衔接,从而实现分段的无等待连续生产。通过公式(10-15)计算。

$$\min Z = \frac{\sum_{j=1}^{m}\sum_{i=1}^{n}\left(\dfrac{T_{i,j}}{c_j n_j} - \dfrac{T_{i,j+1}}{c_{j+1} n_{j+1}}\right)}{h_1^{\max} \times (j-1)} \quad (0 < \min Z < w_h, j+1 \leqslant m)$$

(10-15)

其中：

w_h：工序间作业连续性权重，可根据生产实际需要进行设定；

$T_{i,j}$：任务 i 的工序 j 的加工工作量；

c_j：加工工序的生产效率，以百分比表示，n_j 为此工序对应的加工人员数量；

$h_1^{\max}$：为所有相邻工序加工负荷差值的最大值。

（2）基于时间窗的剩余人力资源分析技术。

基于时间窗的剩余人力资源分析技术是指对受影响的分段，在其调度时间段内搜索其任务包下派工单所对应工种的加工人员在时间轴上的占用情况，如图 10.22 所示。

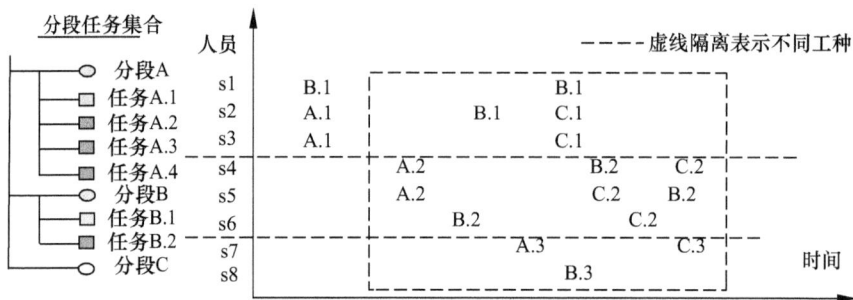

图 10.22　基于时间窗的剩余人力资源分析技术

如图 10.22 所示虚线矩形为受影响分段调度对应的时间窗，在虚线框内对应工种的人员若有时间轴上的空白，表示该工人是该时间窗内的剩余人力资源。该技术可理解为将人员视为某种形式的设备，每个人员的工作都反映为时间轴上特定时间段内结合特定分段工序或派工单的空闲或忙碌状态，通过基本的时间计算即可获得特定人员的可用工作时间或工作能力。

（3）加工人员重分配技术。

本技术以分段初始人员分配为基础，对后续需要生产的分段，通过其开始时间以及交货期分析其所需的开始时间，同时分析在初始分段上的加工人员在此时间段内的工作时间，寻找初始分段中前后工序出现断层的分段任务,计算该分段前一道工序减少加工人员的数量以延长建造时间,使其与后一道工序所需的开始时间相衔接,将减少的加工人员安排至新加入分段上进行生产,从而既保证了初始分段相邻工序的连续性生产,又为后续分段的生产提供了加工人员,总体上形成了加工人员不间断地流转于各个分段工序之间的虚拟流水生产方式。加工人员重分配技术流程图如图 10.23 所示。

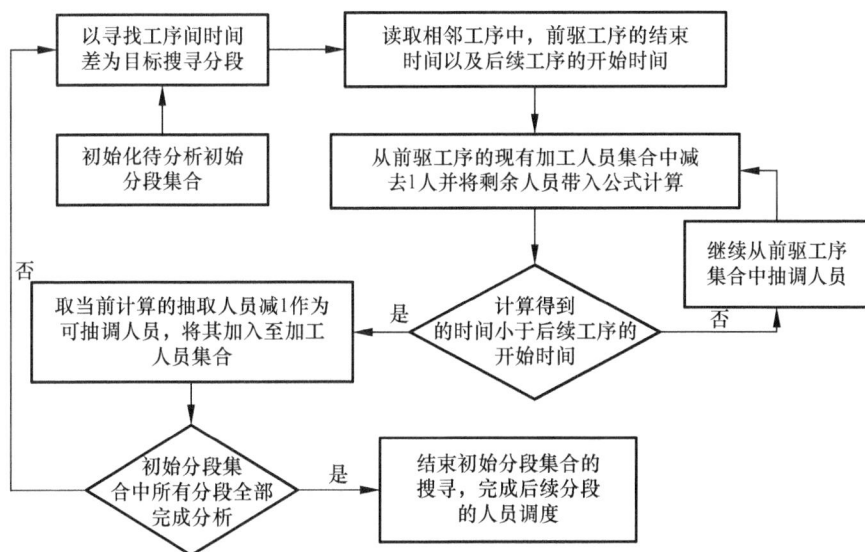

图 10.23 加工人员重分配技术流程

可抽调加工人员的数量通过公式(10-16)进行判定。

$$S_{i,j+1} > \frac{E_{i,j} - S_{i,j}}{c_j n_j} + S_{i,j} \qquad (10\text{-}16)$$

其中:

$S_{i,j}$:分段 i 的工序 j 的开始时间;

$E_{i,j}$:分段 i 的工序 j 的结束时间;

c_j:为加工工序的生产效率,n_j 为此工序对应的加工人员数量。

通过计算分段前后工序之间的时间差,不断调整加工人员的数量,在保证前面工序的结束时间尽量接近后续工序的开始时间的前提下,计算出最多可抽取的加工人员数量。将所有可抽取的加工人员作为后续新插入分段的工序的加工人员集合,将其分配至分段工序上计算开始和结束时间。

3. 虚拟流水评估机制

虚拟流水式人员调度方案的可行性可以根据虚拟流水评估机制进行判定,虚拟流水评估机制主要从两方面进行评估。

(1)曲面分段建造过程的连续性评估。

虚拟流水式人员调度方式中,曲面分段在建造过程中各个任务包派工单之间的连续性是十分重要的一个指标。通过公式(10-17)计算。

$$r = f\left(\sum_{i=1}^{n}\sum_{j=1}^{m}(S_{i,j+1} - F_{i,j})\right) / f\left(\sum_{i=1}^{n}(F_i^{\max} - S_i^{\min})\right) \quad (10\text{-}17)$$

其中:

f:工作日制处理函数,根据船舶生产实际情况设置;

$S_{i,j+1}$:分段 i 第 $j+1$ 道工序的开始时间;

$F_{i,j}$:分段 i 第 j 道工序的结束时间;

$F_i^{\max}$:分段 i 的完工时间;

$S_i^{\min}$:分段 i 的开工时间;

r:节拍评估参数,值越小说明曲面分段建造过程中空闲时间越少,分段建造的连续性越好。

(2)人力资源周转利用率评估。

虚拟流水人员调度方式的本质目的是以提高人员利用率来最终实现生产效率提高。对于人员的调度,要对一些关键的人员进行重点的考察。通过公式(10-18)判定。

$$u = \sum_{i=1}^{m}\left(\sum_{j=1}^{30} k_i c_{i,j} / (h \times w)\right) / m \quad (10\text{-}18)$$

其中:

m:某工种的总人数;

k_i:第 i 个人员的权值,主要由工资或对其劳动技能水平决定;

$c_{i,j}$:为第 i 个人员第 j 天的实际劳动时间,单位为小时;

h:为工作日的工作时间长度;

w:为一个月的工作天数;

u:人员利用率评价值,该值越高,说明该工种的劳动人员的利用率越高。

(3)综合虚拟流水评估公式。

综合虚拟流水评估通过公式(10-19)计算。

$$S_{\text{staff}} = \omega_r / r + \omega_u u \quad (10\text{-}19)$$

其中:

ω_r, ω_u：分别表示曲面分段建造过程的连续性评估与人力资源周转利用率评估的加权值参数，由经验判定；

S_{staff}：虚拟流水评估值，该值越大表示虚拟流水式人员调度方案越优。

10.4.5　场地与人力资源平衡调度技术

在曲面建造的日程计划制订过程中，场地和人员作为重点调度的两个瓶颈资源，两者是相互关联的。在场地调度与人员调度过程中，必须考虑两个瓶颈资源之间的平衡。这个平衡主要体现的两个方面。

（1）场地周转与人员流动之间的平衡。

场地是船舶曲面建造的瓶颈资源，也是曲面分段建造过程中首先被占用的资源。但是当场地中有足够的空间可以放置被建造的曲面分段，并不一定意味着曲面分段可以进入场地进行建造。人员贯穿着整个曲面分段建造过程中，当场地中有足够的空间安置分段时，在该时刻若没有对应的人员将分段吊入场地，分段也无法进入场地进行建造，即使有人员将分段吊入场地，若没有分段建造时所对应工种的工人对分段进行建造加工，在上述情况下，分段是否进入场地是没有意义的，从而使得所有分段进入场地并进行周转必须与人员的流动相平衡。

（2）场地利用率与人员利用率之间的平衡。

对有限建造资源评价的指标主要是场地利用率与人员利用率。场地利用率不仅仅是场地里面分段占用场地面积与场地总面积的比值，而是场地的周转利用率，如果场地中摆满分段但是其中有些分段没有对应的工人对其进行建造，场地的利用率本质上来说并没有提高。所以场地利用率需要与人员利用率保持一定的平衡才能提高生产效率。在虚拟流水式人力资源调度中，要充分利用曲面分段工艺路线在派工单之间可以并行或者超越式生产特点，尽可能地最大化实现人力资源的利用。

曲面分段建造过程是一个多资源协调作业的过程，在制订日程计划时必须考虑到多种建造资源的协调平衡调度。日程计划平衡制订主要是对船舶曲面分段建造过程中的两种最瓶颈的建造资源场地和人员进行平衡调度，流程图如图 10.24 所示。在场地和人员平衡调度过程中，首先在建造序列中选择调度的曲面分段；然后在时间轴上搜索到可以放置调度分段的场地空间；最后在调度时间窗内选择对应的人力资源，如此循环反复直到所有曲面分段调度完成。

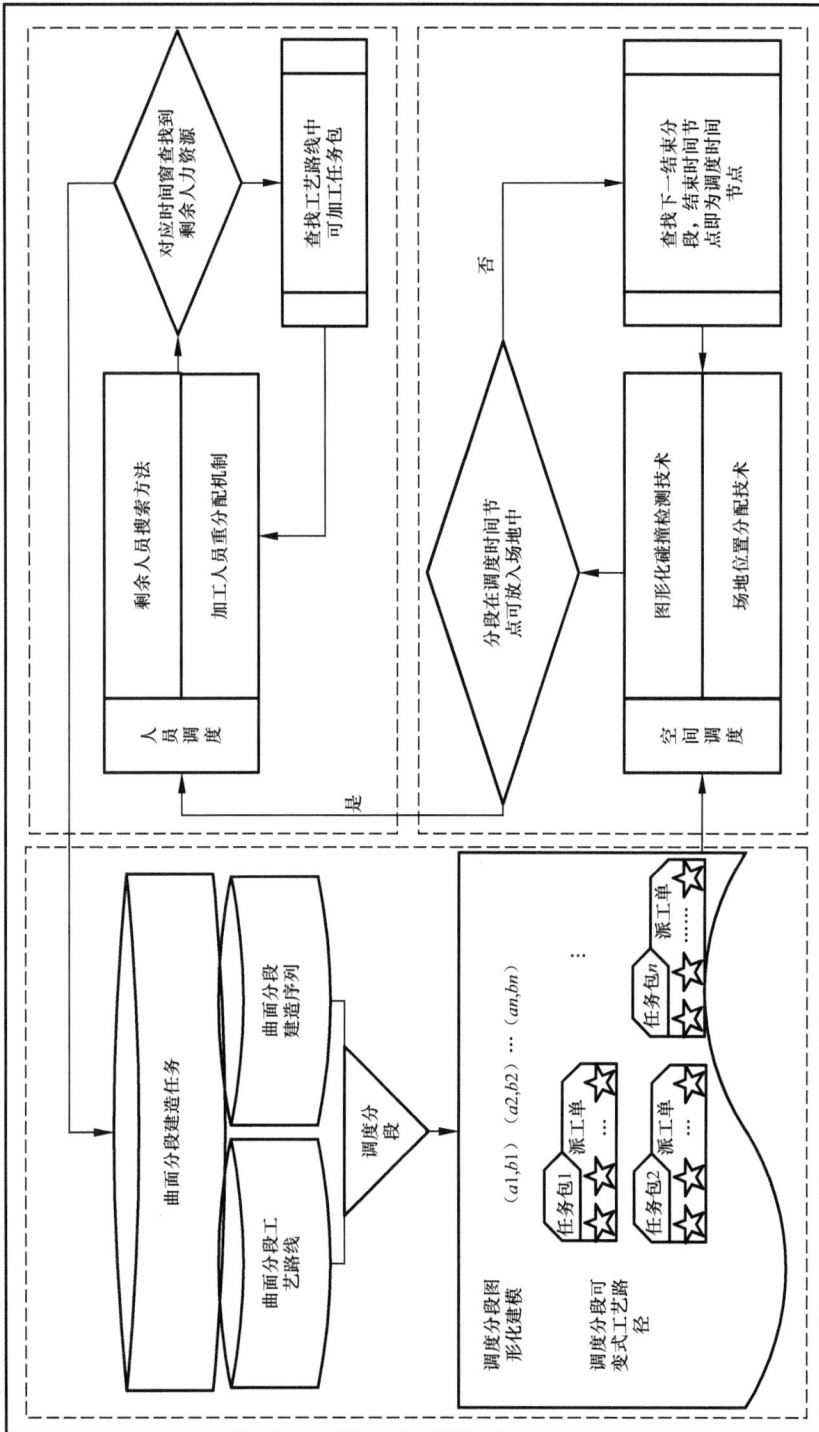

图 10.24　场地与人力资源平衡调度流程

第 11 章

典型 MES 应用
案例与未来
的发展

通过对快速响应制造执行模式以及 MES 过程协调、信息管理、作业排产与动态调度等技术研究,本书作者所属的北京理工大学数字化制造研究所开展了长期的 MES 技术研究、系统开发与应用实践工作,开发了面向不同离散加工类、复杂装配类以及船舶曲面分段类的系列化快速响应制造执行系统(RRMES),并结合实际企业进行工程化应用验证,尤其是所开发的计划排产与动态调度能够有效地解决目前制造企业车间的作业方案制订与动态调整问题,具有鲜明的特色。需要指出的是,按照关键技术、典型案例的思路,本书只是重点选取了一些有特点的 MES 模块进行了应用展示。虽然进行了粗略的生产类型划分,但从底层的技术层面而言,彼此之间具有有机的关联性。最后,对 MES 未来的发展进行了简要的描述。

11.1 离散加工生产类 MES 应用

离散加工生产类 MES 具有众多的功能模块,本书重点结合前述关键技术内容以及按照突出特点的思路,对其中的复杂订单批次关联管理、基于柔性表单的执行数据采集、图像/视频数据采集、混线生产作业调度、快速响应动态调度等模块的应用进行展示。

11.1.1　复杂订单批次关联管理

（1）订单组织结构管理。

订单是制造执行的核心，并且订单是以一定的结构进行组织和管理，在系统中订单的组织结构为"型号—批次—工号—订单"，具体的管理页面在"基础数据—指令结构树"，如图 11.1 所示。

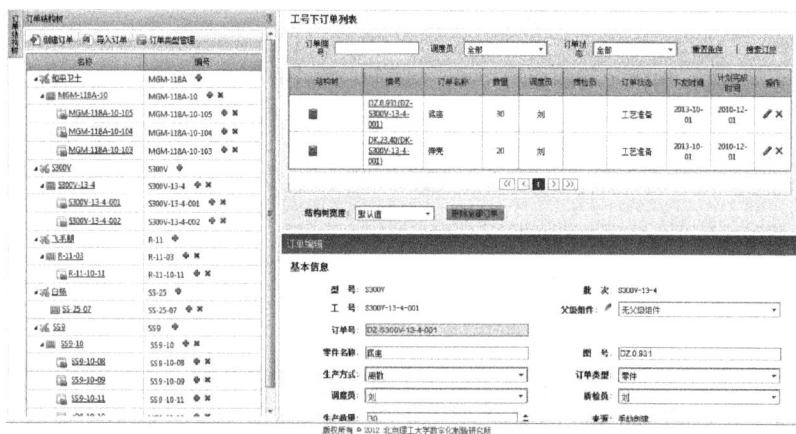

图 11.1　订单组织结构

在"指令结构树"页面，左边是"型号—批次—工号"树，点击型号右侧的"添加下级节点"按钮可以添加型号下的批次，点击批次右侧的"添加下级节点"按钮可以添加批次下的工号。如图 11.2 所示。

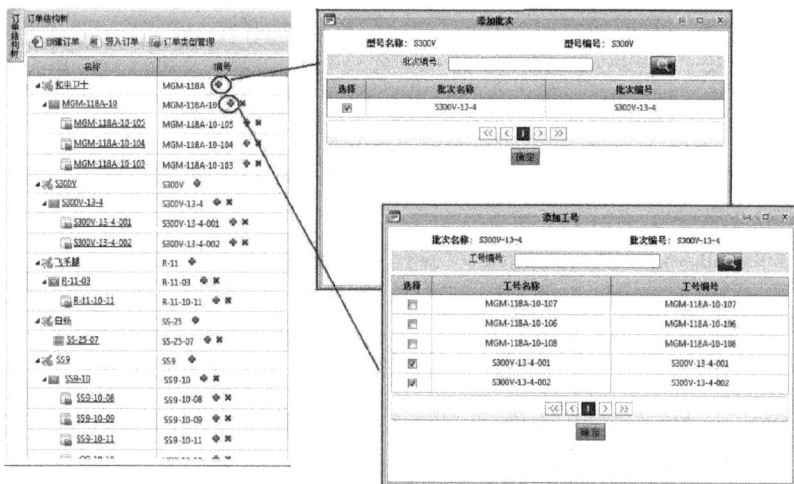

图 11.2　订单组织结构编辑

点击具体的某一个工号节点之后右边的"工号下订单列表"中就会列出该工号下的订单,点击某一条具体的订单就可以编辑订单的基本信息。在这个页面也可以创建订单,创建的手段有两种,一种是通过系统界面一条一条创建,一种是通过 Excel 导入的方式实现批量订单创建。手动订单创建如图 11.3 所示,Excel 导入订单如图 11.4 所示。

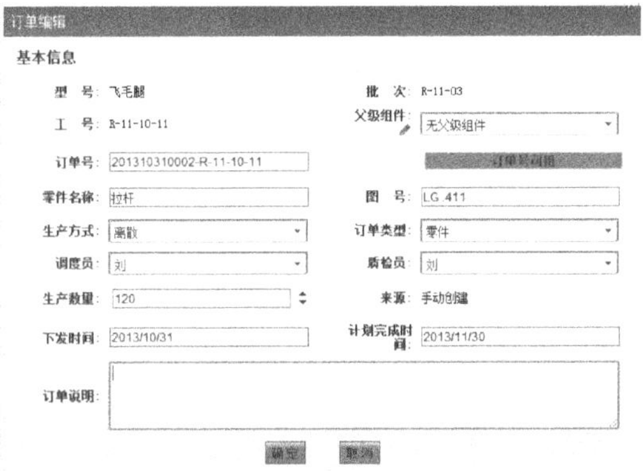

图 11.3　手动订单创建

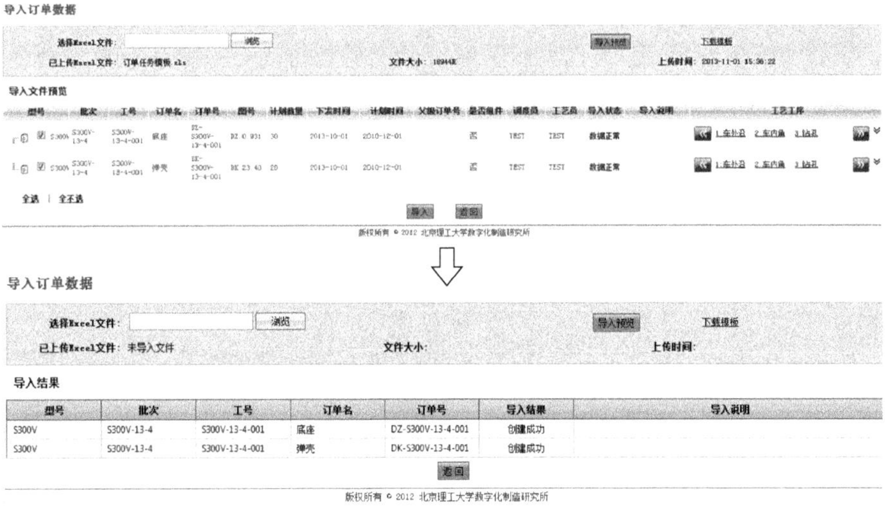

图 11.4　Excel 批量导入订单

（2）订单批次关联管理。

在后续的操作中,订单不只是按照"型号—批次—工号"这样的结构进行组织,订单下还存在执行批次,执行批次是由订单通过分批之后形成的更小的生产计划单位,执行批次还可以进一步分批形成生产子批次,如此嵌套,就可以形成很复杂的订单组织结构,下发控制页面的订单组织结构如图11.5所示。

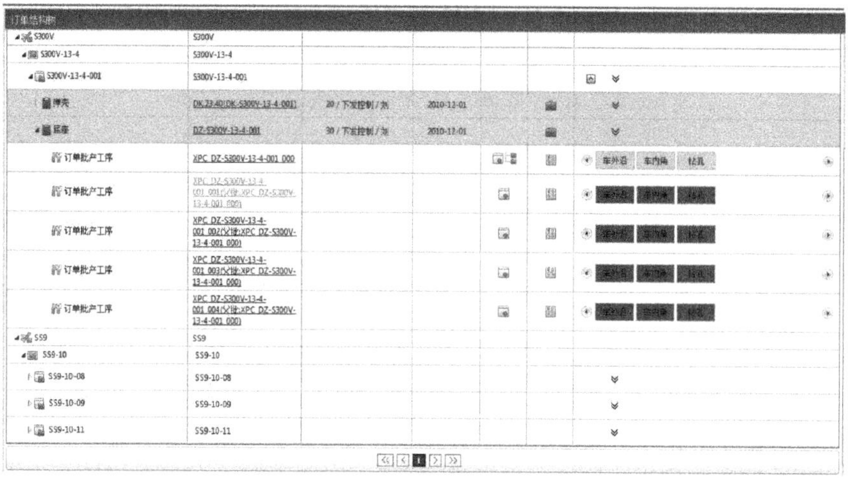

图 11.5　订单批次组织管理

在需要对订单和批次进行分批时,通过下发控制模块可以实现对订单批次的整体分批,如图 11.6 所示。通过调度看板模块可以实现订单批次的过程分批,如图 11.7 所示。经过整体分批和过程分批之后,就可以得到以批次树形式实现的订单批次组织和制造信息展示。

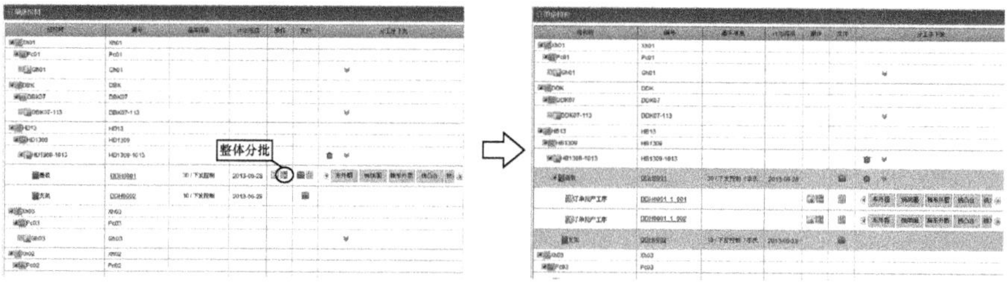

图 11.6　整体分批

在完成了订单批次的生产准备和下发之后,就可以在调度看板模块进行订单批次的执行,针对流水与离散生产模式混合的情况,可根据需要动态的创建执行批次下的执行小批次。在调度看板模块进行执行操作时,可以对订单工艺路线中每一道工序进行执行小批次的管理,如图 11.8 所示。

图 11.7　过程分批

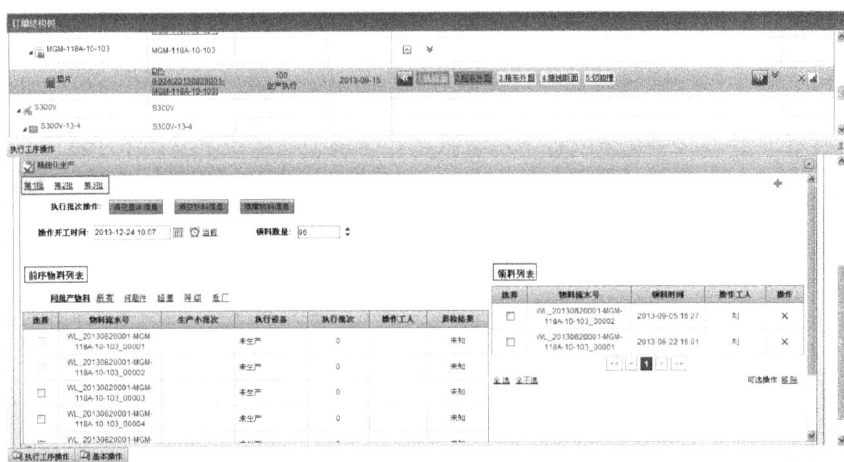

图 11.8　执行小批次

　　当物料转入工序加工工位时,通过扫描物料条码获取物料信息,包括到位数量和前序质量情况等。在本工序内进行加工时通过执行小批次处理可能出现的物料动态组合情况。在物料完成本工序的加工,转出工序加工工位时,也要扫描物料条码,获取本工序的执行小批次和加工情况。

　　当物料转入质检部门时,质检人员填写物料的质量信息,标示物料的质量状态,在质检操作时也支持分批操作,生成不同的质检批次,物料的质量状态控制如图 11.9 所示。

11.1.2　基于柔性表单的执行数据采集

　　柔性表单模板作为一种生产资源,对其进行创建和管理都是放在系统的资源管理模块,具体的页面在"资源器具—柔性表格管理",柔性表单模板的管理包括模糊查询、创建、编辑、删除等操作。如图 11.10 所示。

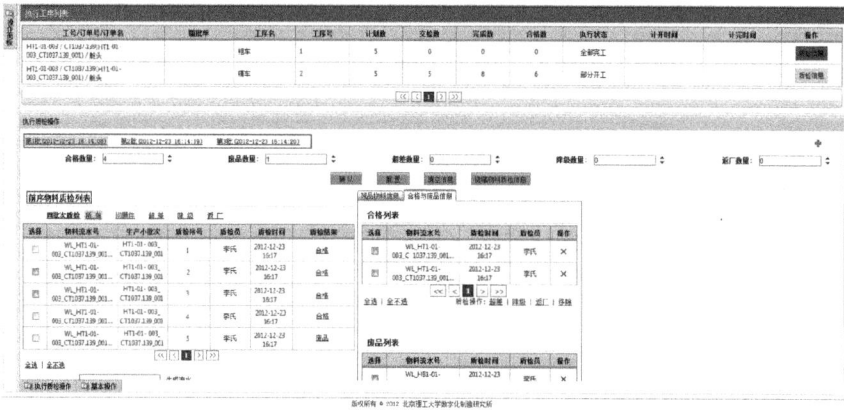

图 11.9　物料周转过程中的状态控制

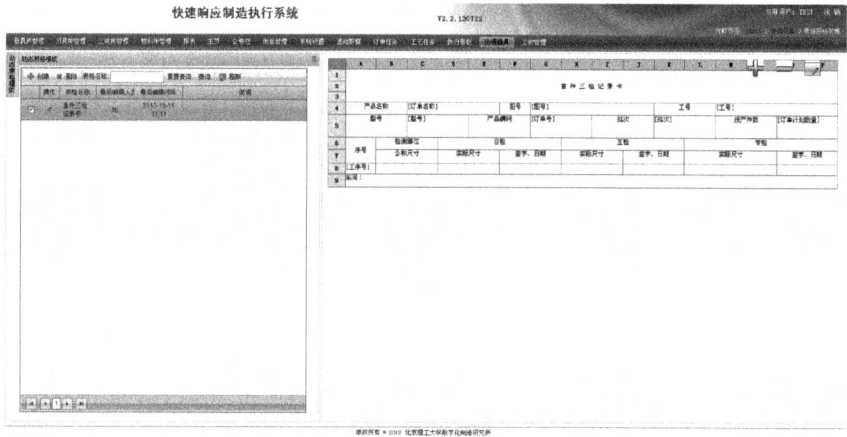

图 11.10　柔性表单模板管理

点击"创建"按钮,首先输入表单的基本信息,然后弹出表单设计器,在表单设计器里可以以一种类似 Excel 的操作方式进行表单的设计,包括单元格合并、单元格拆分、单元格背景颜色设置、单元格字体设置、单元格边框设置等,同时表格设计器支持两种工作模式:一种是网络模式;另一种是本地模式。在网络模式下,可以直接在线创建编辑表单,保存之后直接上传服务器。在本地模式下,可以将表单模板以文件的形式保存至本地,同时也可以打开本地已有的表单模板文件。表单设计器如图 11.11 所示。

在完成了柔性表单模板的设计之后就可以在工艺技术准备模块为每个订单指定该订单在制造执行中需要使用的表单,指定的表单模板会自动进行实例化,并根据模板中指定的预绑定字段进行表单字段预绑定。在工艺

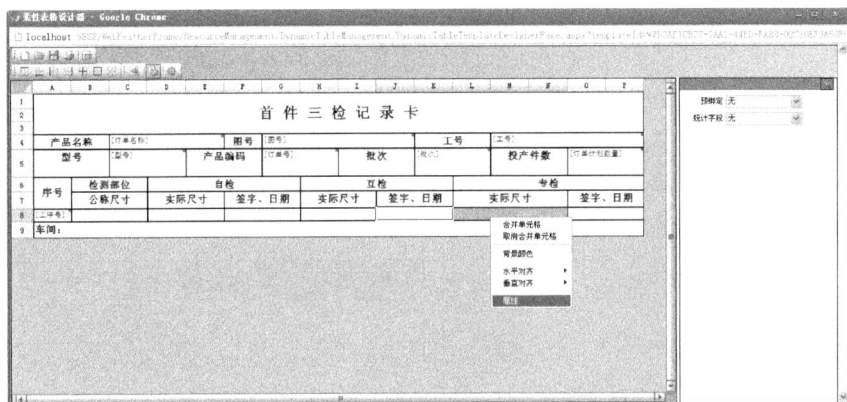

图 11.11　表单设计器

技术准备模块为订单指定表单模板的操作如图 11.12 所示。

图 11.12　订单与表单模板的关联

在制造执行阶段，针对订单关联的不同柔性表单，根据生产实际的需要，工人、调度、质量检验人员分别填写表单的相应内容，完成柔性表单的数据采集工作。在制造执行中的柔性表单填写如图 11.13 所示。

当然在制造执行的过程中也可以根据实际的需要进一步为订单添加没有指定的表单，这里添加的表单也是直接从表单模板库中获取，添加之后就完成了表单模板实例化以及数据预绑定，车间操作人员可以直接填写。在制造执行阶段添加表单的操作如图 11.14 所示。

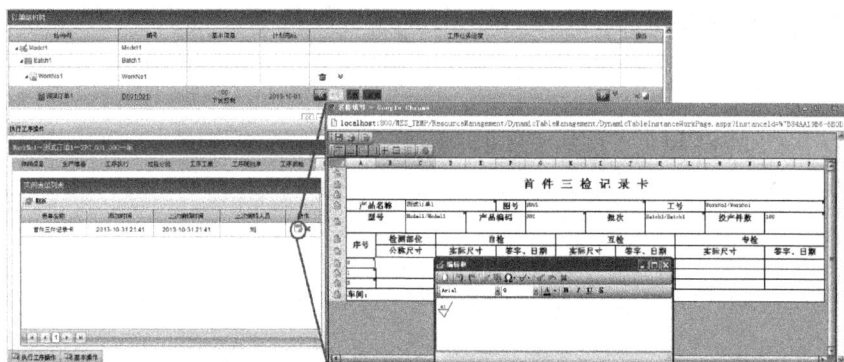

图 11.13 柔性表单的填写

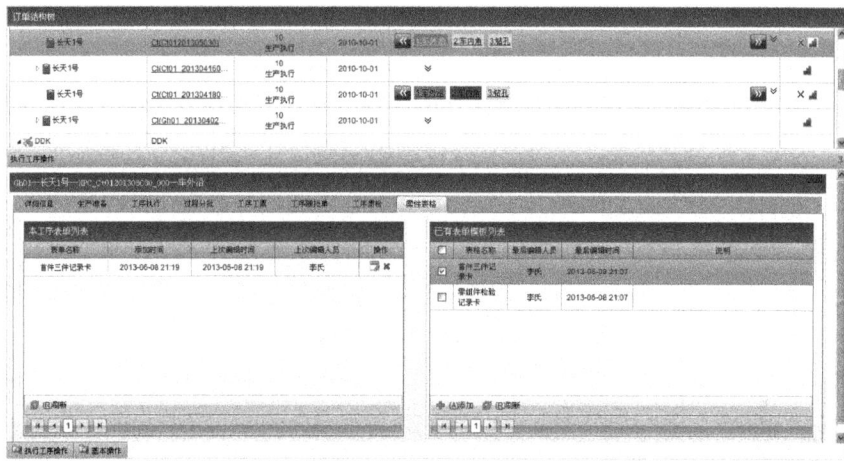

图 11.14 制造执行阶段订单与表单模板的关联

11.1.3 图像/视频数据采集

对图片/视频的管理按照媒体中心的方式进行集中的管理,在媒体中心可以上传、拍摄图片/视频,同时可以编辑基本信息。媒体中心界面如图 11.15 所示。

媒体中心的图像/视频采集工具可以工作在拍照和摄像两种模式下,所以在媒体中心可以直接进行图片/视频的拍摄工作,图像/视频采集工具可以支持多个摄像头的识别,并且可以选取特定的摄像头进行操作,可以设置图像分辨率。具体的操作如图 11.16 所示。

在制造执行的过程中,工人、调度、质检人员可以根据实际的需要进行图像/视频的采集,然后上传至相应的工序节点下,如图 11.17 所示。

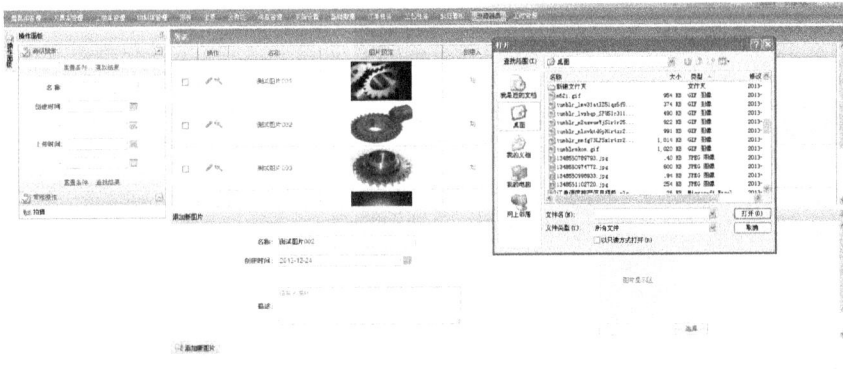

图 11.15　媒体中心

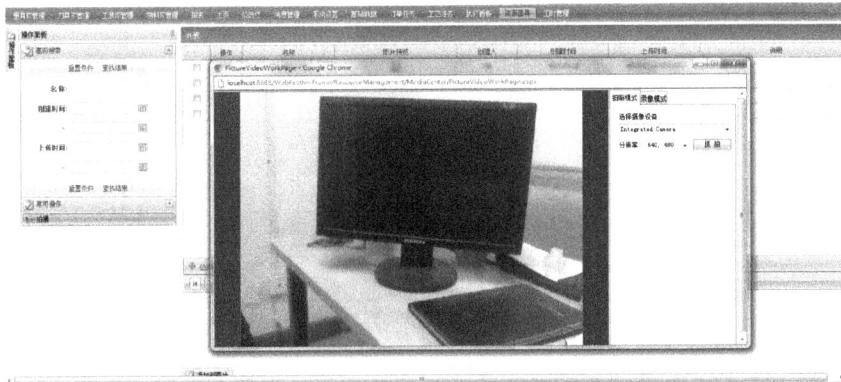

图 11.16　图像/视频采集工具

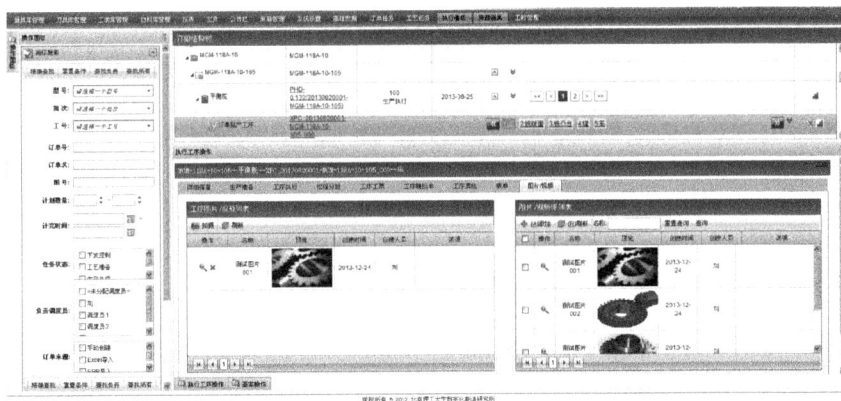

图 11.17　制造执行过程中的图像/视频采集

11.1.4 混线生产作业调度

对于多品种变批量生产模式而言,生产任务既包含采用流水生产方式生产的关重件,也包含采用离散生产方式生产的普通零件,相比于传统的多任务并行作业安排,该种形式的调度具有更加复杂的内涵。通过研究与开发,目前已经解决了两方面的问题:一是通过对关重件采取压件、并行等技术,实现了连续性生产;二是形成针对关重件的单元化生产以及普通零件的穿插式生产,实现了制造资源的综合利用。混线生产作业调度示意如图 11.18 所示。

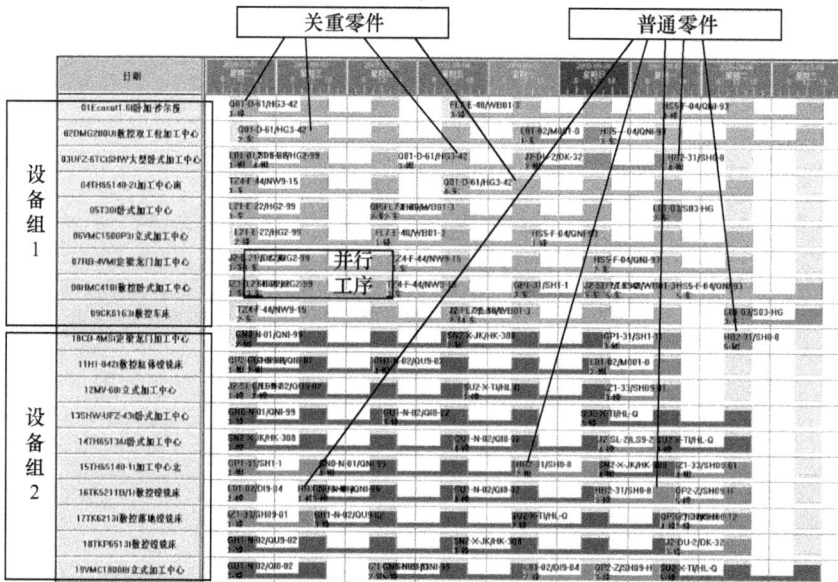

图 11.18 混线生产作业调度示意图

图 11.18 展示了作业计划生成过程中保证关重件在单元内连续生产的实际情况,例如零件"Q01-D-61/HG3-42 曲柄"在设备组 1 内连续生产;普通件则采用插空的方式生产,例如零件"GP1-31/SH1-1 挂片"在不考虑设备组的情况下,在设备组 1 和设备组 2 上的所有设备中采用插空的方式进行生产。利用压件生产策略保证调度块的相互关系符合混线生产作业调度统一约束建模及其关联机制,例如零件"FL7-E-40/WB01-3 飞轮"(该批次为 10 件)的工序"1-铣"的加工时间为 25 小时,工序"2-车"加工时间为 35 小时,采用压件生产策略计算公式,工序 2 的压件数量位 1,即工序 1 开始加工后,实际工作经过 2.5 小时(25/10×1=2.5)工序 2 即可以开始加工;而其工序"3-

铣"的加工时间为 30 小时,压件数量的计算结果为 3,即工序 2 开始加工后,实际工作经过 10.5 小时(35/10×3＝10.5)工序 3 可以开始加工。利用基于资源组的能力分配算法实现对于关重件中加工时间过长的工序采用并行设备组进行加工,例如零件"L21-E-22/HG2-99 连杆"的工序"3-车"由于加工时间过长采用并行设备组进行加工。

11.1.5　快速响应动态调度

生产扰动事件的处理过程均可视为工序删除、工序追加、工序插入和工序移动四类基本处理算法的组合。为突出主题,以能够充分利用四种基本处理算法为原则,选取实际完工时间误差、工序设备内加工顺序调整、工序转换加工设备和指定时间之后的重调度四种生产扰动事件调整形式为典型事件进行介绍,其涵盖了四类基本处理算法。

下面以某车间的生产实例为例进行说明,该车间包括 14 台设备,线切割、车、铣、钳和磨五个加工工种,周订单内含有 17 个零件,每个零件含有 2～5 道加工工序,将偏差容忍度设定为车间内较为常用的 10%。该订单的调度原始结果如图 11.19 所示。

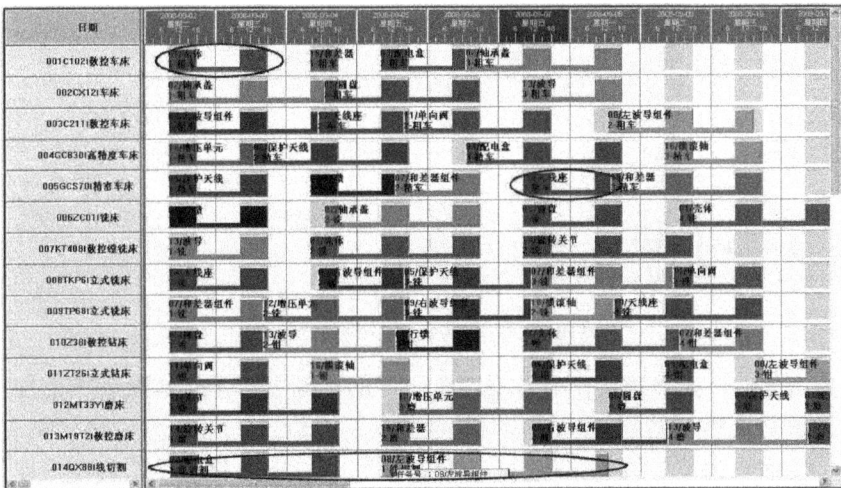

图 11.19　原始作业计划

当"01/壳体 1-粗车"的实际完工时间为 2008 年 9 月 4 日 10:30,晚于计划加工完成时间 2008 年 9 月 3 日 18:00,其处理流程采用自动动态调度中执行时间偏差的处理流程,所用到的基本算法是工序移动类的工序后延算法。首先利用工时偏差容忍度技术对其零件内后续工序及设备内后续工序进行分析,以建立受影响工序关联树,具体方法如下:加工的完成时间晚于计划时间 18.5 小时,其中考虑工作日制后的实际延期时间为 2.5 小时,而该道工序的总时间为 20 小时,实际执行误差大于容忍度 10%,因此需要对作业计划进行调整。在保持原有的调度顺序不变的情况下是对该执行误差的调整结果。"01/壳体 1-粗车"所在设备内后续工序及设备内后续的相关工序都进行了顺序的后延调整;而"01/壳体 1-粗车"零件内后续工序,即"01/壳体"的第二道序"2-铣"的加工时间为 30 小时,而加工误差只有 2.5 小时,小于容忍度 10%,对其不再进行调整,因此扰动被有效地隔离,以减小扰动事件对作业计划的影响范围。继续向后搜索发现,由于"01/壳体 1-粗车"的调整导致后续的"15/和差器 1-粗车""03/配电盒 2-粗车""02/轴承盖 3-粗车"等发生变化,又会产生影响,具体效果如图 11.20 所示。

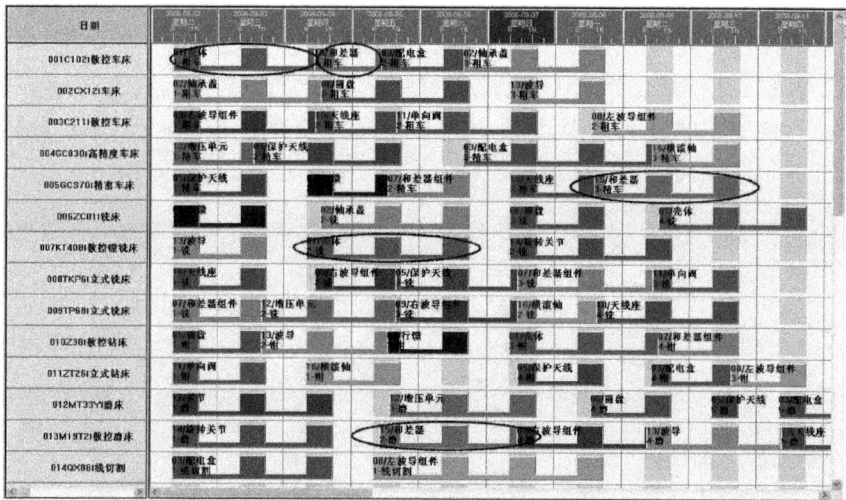

图 11.20　实际完工时间误差调整方案

图 11.21 是在原始作业计划图 11.19 的基础上对工序在设备内的加工顺序进行调整后的作业计划,具体的调整方法是"03/配电盒 1-线切割"与"08/左波导组件 1-线切割"的加工顺序交换,其处理流程为手工调度操作的标准化处理技术中的工序序列调整流程,所用到的基本算法是工序移动算法。在处理过程中分别以发生扰动事件的两道工序为根节点建立受影响工序关联树,零件 03 配电盒的零件内后续工序在不改变加工顺序的前提下后延,零件 08 左波导组件的第一道工序的零件内后续工序在不改变加工顺序的前提下前移;而后在不改变加工设备的基础上查询工序有没有前移的可能,如果有则前移该工序,如果没有则完成调整。

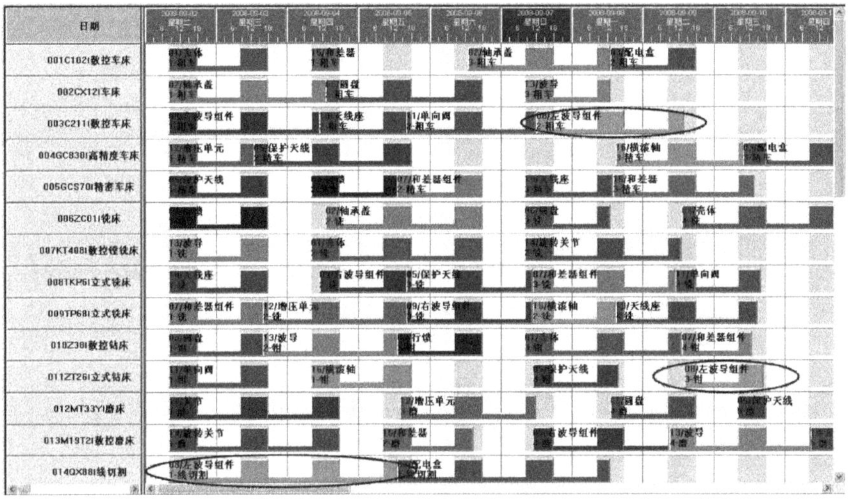

图 11.21　变更加工顺序的调整方案

对于更换加工设备调度调整,如"10/天线座 3-精车"的加工设备原为精密车床,现将其加工设备转变为采用高精度车床,其处理流程为手工调度操作的标准化处理技术中的工序序列调整流程,所用到的基本算法是工序移动、插入和删除算法,调整结果如图 11.22 所示。原设备上的调度块队列中该调度块清除,前移其设备内的后续工序"15/和差器 3-精车";将该工序插入到新设备的加工队列的指定位置,查找该工序与其设备内的后续工序"03/配电 3-精车"是否有干涉现象,如果有则将其进行后延。

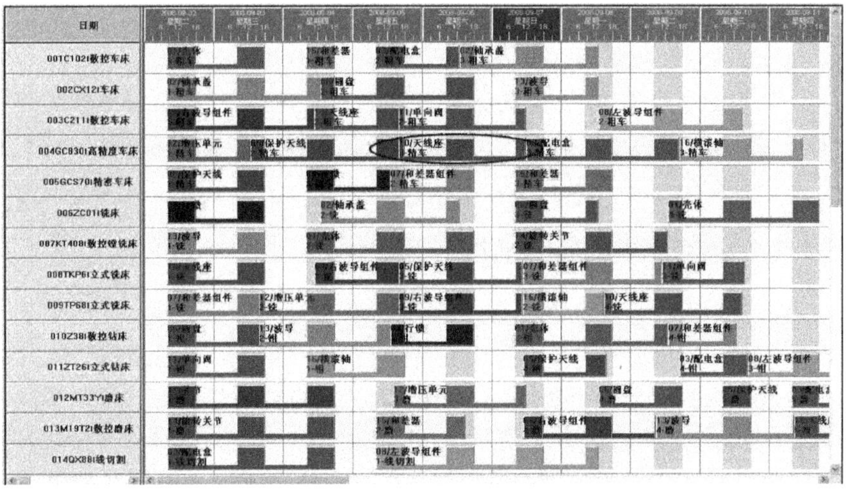

图 11.22　加工设备转换调整方案

对于重调度,如指定 2008 年 9 月 5 日后重新调度,则该时间点之所有调度工序块将进行重新的作业排产安排,其处理流程为手工调度操作的标准化处理技术中的重调度流程,其处理中用到的基本算法主要是工序删除和追加算法,其结果与原始作业计划将有比较大的差异,具体调整结果如图 11.23 所示。

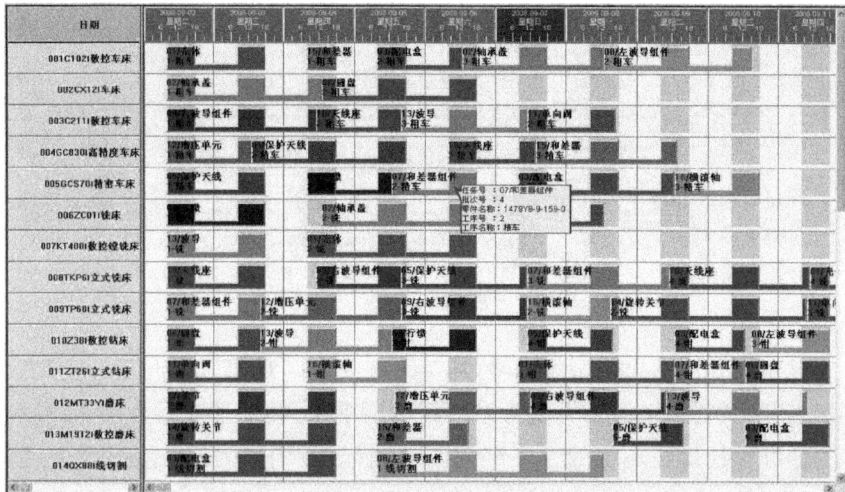

图 11.23　重调度生产的新作业计划

11.2　复杂装配生产类 MES 应用

复杂装配生产类 MES 应用的核心是渐增式齐套控制,主要体现为三个方面:一是面向复杂产品的渐增齐套;二是齐套控制过程中的状态协调;三是托盘组合配送与现场扫描确认。

11.2.1　面向复杂产品的渐增齐套

系统针对混线装配的产品存在的多品种、结构复杂的特点,开发了型号版本装配结构树管理模块,该模块支持多型号下的大量装配结构版本数据的定义、快速录入、互相引用、装配 BOM 电子表格结构化数据分析与导入功能,以及装配工艺流程版本库功能;另外,系统针对变批量的生产特点,开发了柔性订单任务管理模块,该模块支持不同型号产品间生产任务的批量定义与柔性组合,订单同时与相应型号产品的装配结构工艺版本数据发生关联。

以四个型号复杂产品(装配结构 500 条以上,工序 20 道以上)为例,基于以上功能模块,快速完成了产品版本、装配结构数据、工艺数据的准备,分别如图 11.24 中 1、2、3 所示,系统采用自主开发的树形表执行看板界面,实现产品型号—任务包—订单—装配工序的多层级结构化任务执行情况的显示,如图 11.25 所示,在订单节点下可对装配执行过程进行工序级的可视化监控:以工序块不同颜色代表工序执行各个状态,点击工序块后在弹出的操作看板中执行工序报工操作;同时每道工序下都挂接该道序的装配齐套物料信息,用户通过逐步勾选工序,查询所选工序所需的装配物料型号图号、装配数量、已申请数量、申请次数、审批通过数量和已配套数量信息,如图 11.24 中 4 所示,执行面向工艺过程的渐增式工序齐套。

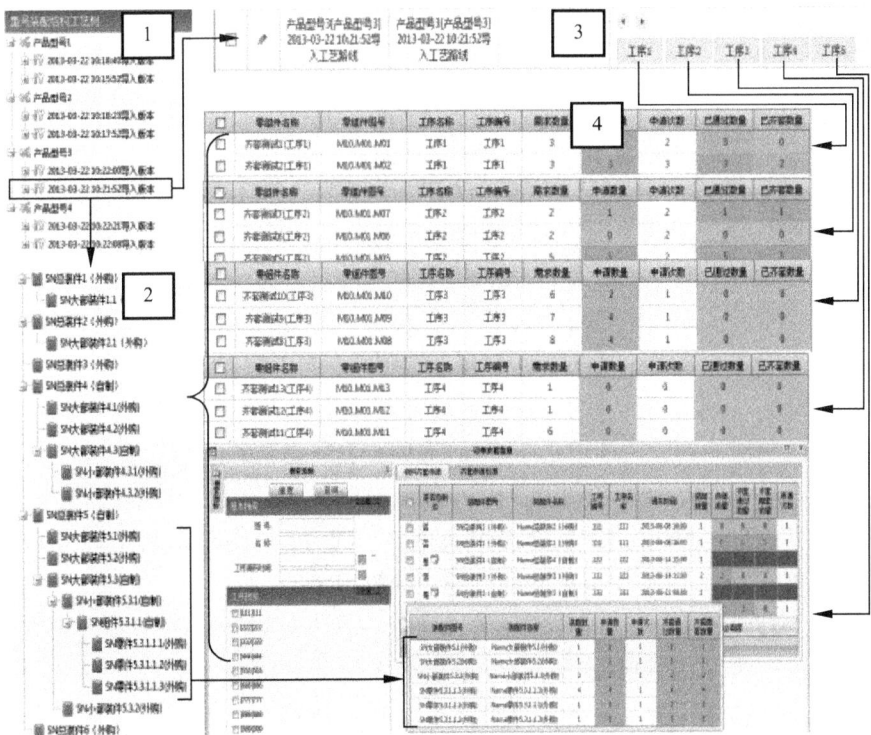

图 11.24　基于装配结构工艺数据的齐套申请页面

11.2.2　状态协调的齐套业务流程

随着工序执行过程的推进,操作工人启动对即将开始的装配工序任务

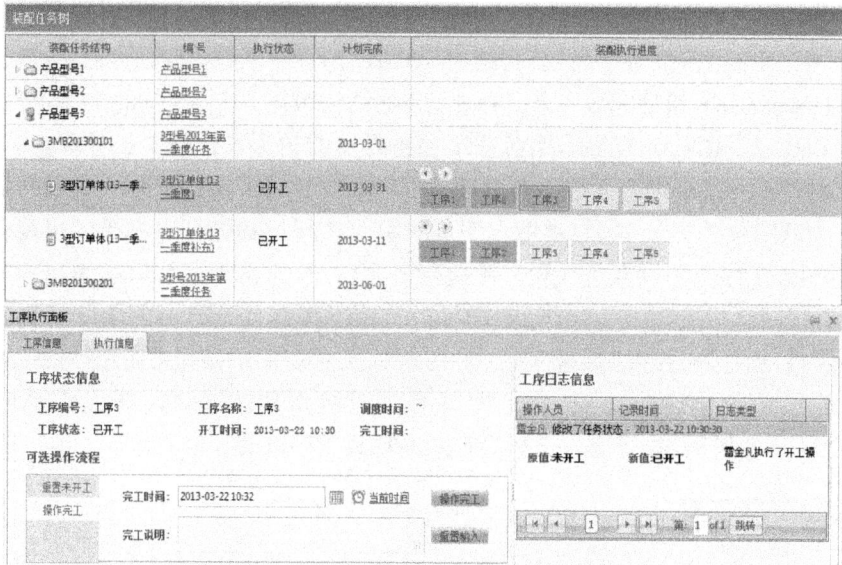

图 11.25　基于树形表的工艺流程的可视化执行监控看板

的物料准备,如图 11.26 中 1 所示,通过对不同颜色所代表的物料当前准备情况的判断,工人批量勾选工序物料表,系统自动计算各物料的当前需求量并向车间库存端发出申请,从而完成齐套状态协调的第一步。

　　齐套管理员收到来自各个操作工人发出的待处理的齐套申请,列表中会显示对应物料的库存量/实际可用量/所属装配工序计划开工时间等信息,如图 11.26 中 2 所示,通过系统自动对齐套请求进行优先级排序,齐套管理员由主到次的对齐套请求进行审核,完成齐套状态协调的第二步。

　　审核通过的齐套请求会发往库存管理员界面,由库存管理员进行齐套物料准备、打包、扫码、出库配送操作,如图 11.26 中 3 所示,审核不通过的齐套请求不予考虑,从而完成齐套状态协调的第三步。

　　在齐套业务协调过程中,操作工人通过齐套申请结果界面,时刻了解工序物料的审核、出库和配套情况,并根据各步骤的完成状态进行调整,如撤销申请、修改数量、缺件补充等,如图 11.26 中 4 所示。

11.2.3　托盘组合配送与现场扫描确认

　　在齐套配送出库时,库存管理员通过扫描托盘条码以及出库物料条码,完成库存数量的减少和物料托盘关联的建立,当托盘到达现场工位后,操作工人扫码托盘条码实现对配套物料的收料确认,如图 11.27 所示的现场扫码

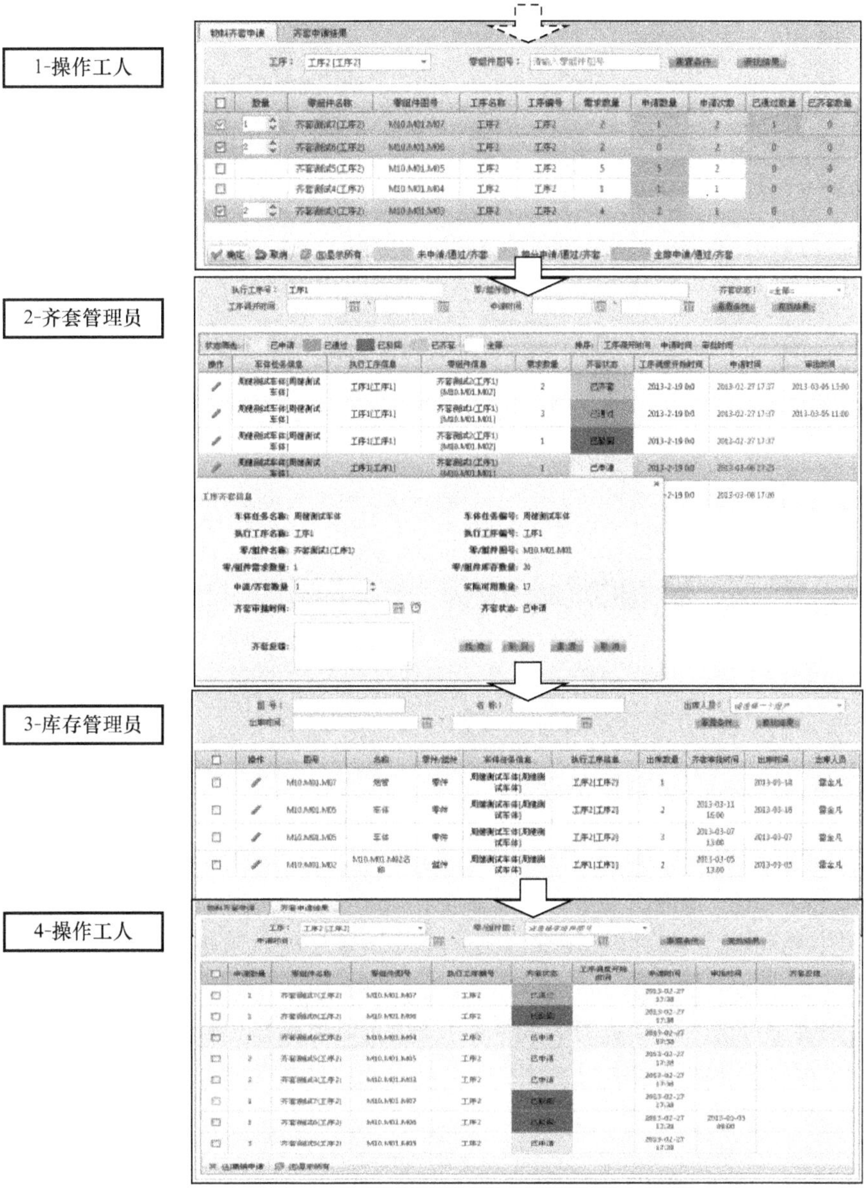

图 11.26　面向整体到过程的四种齐套状态的协调页面

确认界面,通过读取托盘条码查询与之关联的物料信息,确认收货后工序齐套反馈列表即被刷新,新增加的物料数量添加到原有的数量中,具有颜色标示的完成状态也相应改变,随后托盘与物料的关联被解除并回库待用,从而完成齐套物料的闭环周转。

零组件名称	零组件图号	工序名称	工序编号	需求数量	上次配套数量	扫描数量	本次配套数量	扫描时间
齐套测试15(工序5)	M10.M01.M15	工序5	工序5	4	4	0	4	2013-03-25 09:29
齐套测试19(工序5)	M10.M01.M19	工序5	工序5	6	3	3	6	2013-03-25 09:29
齐套测试18(工序5)	M10.M01.M18	工序5	工序5	2	1	1	2	2013-03-25 09:29
齐套测试17(工序5)	M10.M01.M17	工序5	工序5	10	5	5	10	2013-03-25 09:29
齐套测试16(工序5)	M10.M01.M16	工序5	工序5	1	1	0	1	2013-03-25 09:29
齐套测试20(工序5)	M10.M01.M20	工序5	工序5	2	2	0	2	2013-03-25 09:29
齐套测试14(工序5)	M10.M01.M14	工序5	工序5	4	2	2	4	2013-03-25 09:29

二维码扫描：2J1001.230　　齐套载具：2J1001.230液压油车

申请数量	零组件名称	零组件图号	执行工序编号	扫描时间
3	齐套测试19	M10.M01.M19	工序5	2013-03-25 09:58
1	齐套测试18	M10.M01.M18	工序5	2013-03-25 09:58
5	齐套测试17	M10.M01.M17	工序5	2013-03-25 09:58
2	齐套测试14	M10.M01.M14	工序5	2013-03-25 09:58

图 11.27　齐套托盘现场扫描页面

11.3　船舶曲面分段类 MES 应用

船舶曲面分段类 MES 的应用主要体现为两个方面：一是建造执行过程监控；二是建造日程计划的动态调整。

11.3.1　分段投影矢量建模

采用图形与数据表格结合的方式对分段进行矢量模型建模，界面截图如图 11.28，界面画板上标有基于比例尺的横纵网格线，每一格代表一米的间距，拖动下方缩放滑块实现比例尺缩放。通过点击画板为多边形模型添加顶点，同时所添加顶点的相对坐标会在右侧坐标列表中同步刷新，也可以在列表中对坐标进行精确的编辑以及删除、添加操作，操作后点击确定，分段模型图形会在画板中同步显示。对已绘制好的模型进行保存即可完成分段矢量建模。

11.3.2　分段布局场地间变更

多场地分段空间布局调整看板如图 11.29 所示，看板左侧为场地-分段任务树，右侧为人机交互的场地面板，选中下方场地 A，则弹出场地控制台，在控制台中拖动时间轴滑块将场地日期调整至某一天 T，选中上方场地 B 的分段 z 拖动移除该场地，随后立刻拖入进入场地 A 中，这样便同时完成了一次场地迁移(从 B 迁移至 A)与日期迁移(从原建造日期迁移至以 T 为开

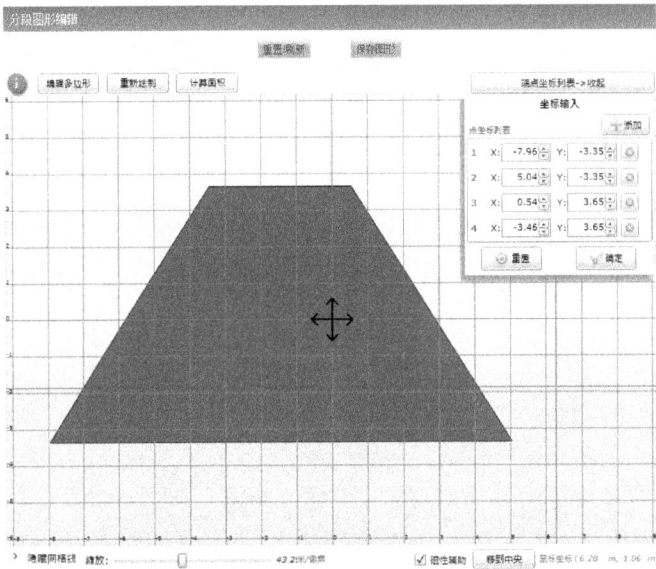

图 11.28　矢量化投影建模绘图界面

工时间的建造日期）的操作。此时左侧分段任务树中的分段 z 图标也会从 B
节点下移至 A 节点下。此外，也可以仅对场地和建造日期其一进行调整。

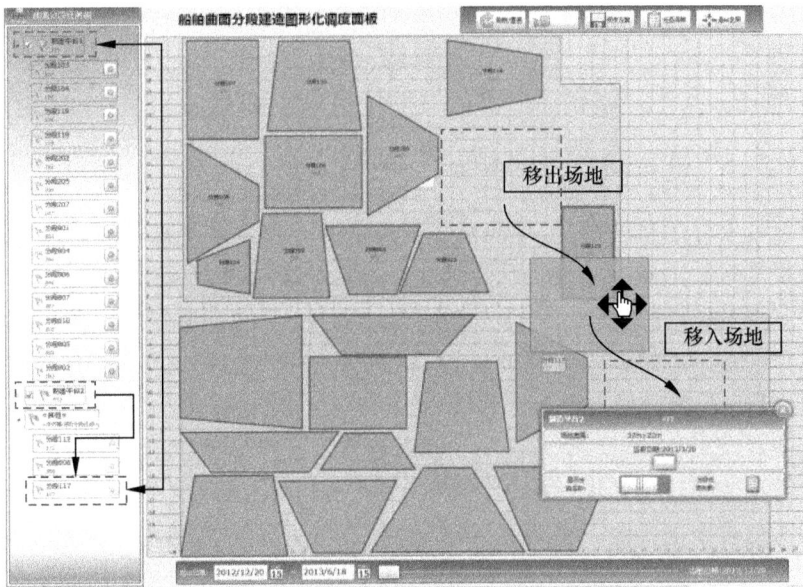

图 11.29　多场地分段空间布局调整看板

分段任务多天布局调整看板如图 11.30 所示，该看板用于展示某个场地在连续一段时间区间内每一天的分段空间布局,并提供分段布局位置的调整和建造日期的迁移。双击点开某一天的场地模型,在弹出子窗口中拖动分段,如果发生干涉,则分段会变成红色边框(如图 11.25 中的红色分段)提示用户,另外可以点击分段的按钮执行移除、微调、旋转/拖动切换操作。

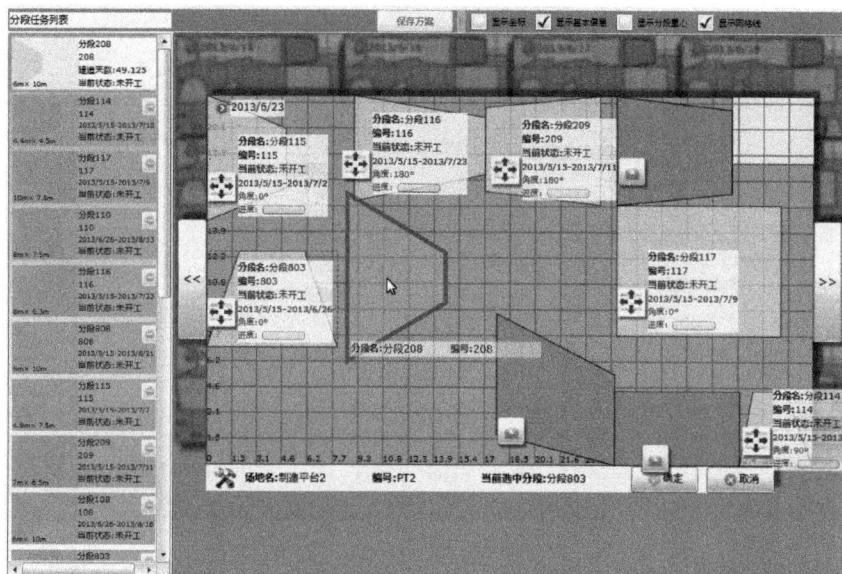

图 11.30　分段任务多天布局调整看板

11.3.3　分段布局日程间变更

结合实际的生产情况,可能在分段建造的过程中插入临时的分段任务,以便提高场地的利用率,模拟这种情况,进行分段任务插入的应用验证。如图 11.31 为场地【建造平台 2】在 2013 年 2 月 12 日的场地布局情况,存在一块可以使用的空地,现将【分段 202】临时插入在这天的场地当中。

在【分段 202】插入场地之后的后续一段时间的建造方案将会受到一定的影响,如图 11.32 所示,插入分段后的多天展示界面如图 11.33 所示。

除了分段任务的临时插入,另外有些已经安排在场地中的分段也可能会因为意外情况提前或者延后,以便腾出若干天空间给前面或者后续的分段使用,对应这种实际情况,以场地【分段 202】为例,其原有工期为 2013 年 2 月 12 日—2013 年 4 月 17 日,将其工期延后一天,如图 11.34 所示,改为 2 月 13 日。

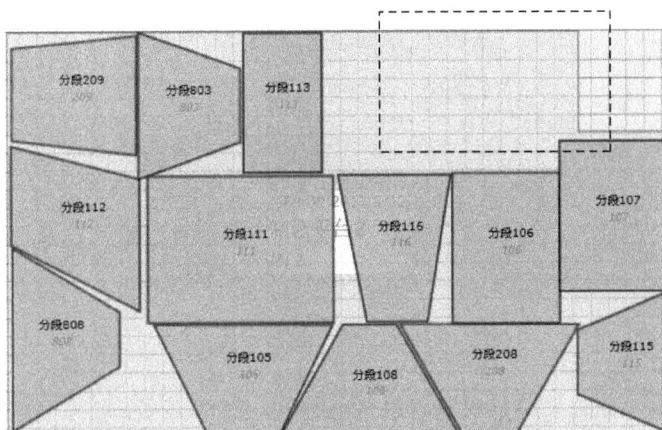

图 11.31　存在空余空间的场地

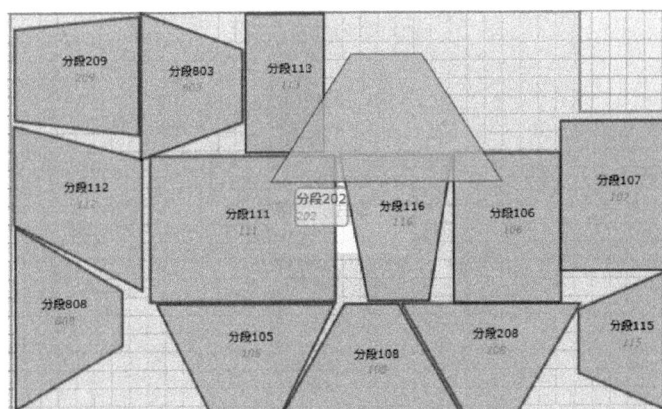

图 11.32　将临时分段任务插入场地空余区域

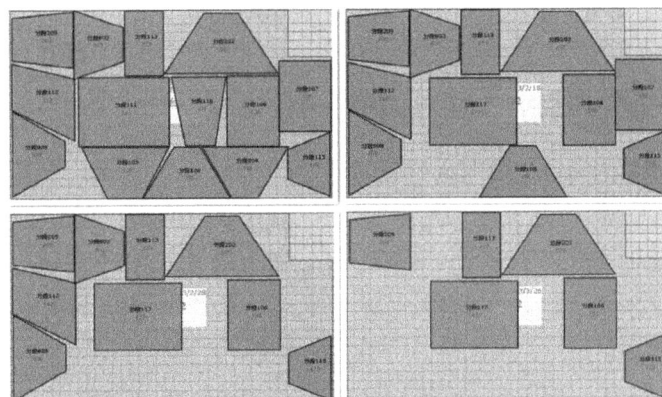

图 11.33　插入分段任务后的后续排产方案

图 11.34　分段工期延后操作

做出以上调整后的后续排产方案如图 11.35 所示。

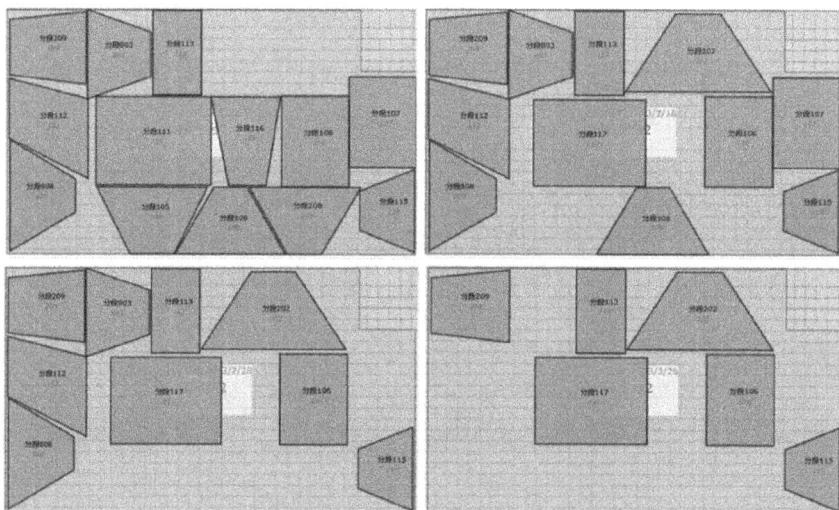

图 11.35　分段延后的方案变化

11.3.4　分段布局人机交互调整

曲面分段在场地中的布局位置可能因为位置不适合建造而需要小范围地调整或者旋转,以便充分利用好场地的每一块可用空间提高利用率,针对这种情况,以【分段202】为例,进行位置移动和旋转的验证。如图 11.36 所示为该分段的原来位置,现将其旋转 180°(梯形下底朝上),如图 11.37 所示,操作后的结果界面如图 11.38 所示。

旋转 180°后分段和其他附近两个分段重合,因此将其平移以消除冲突,如图 11.39 所示。

图 11.36　分段布局位置变更前

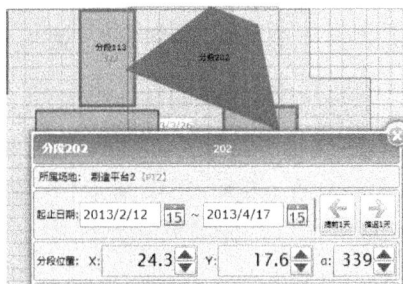

图 11.37　旋转分段

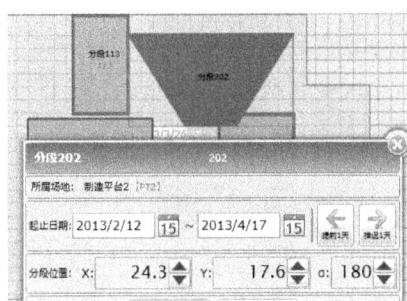

图 11.38　旋转至 180 度

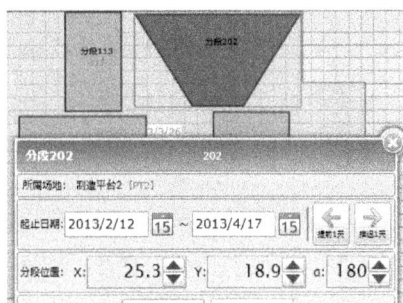

图 11.39　分段平移的应用验证

平移后的场地排产布局方案发生局部变化,如图 11.40 所示。

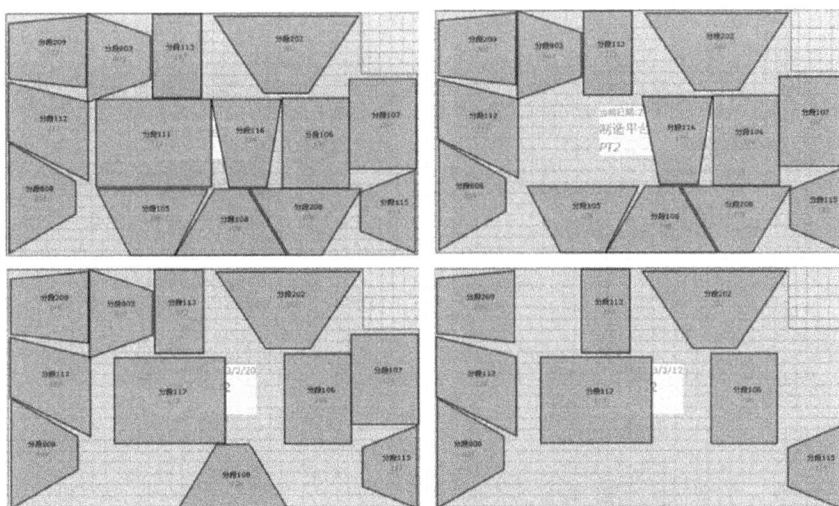

图 11.40　分段布局旋转平移应用验证

11.3.5　分段—任务包—派工单执行监控看板

根据分段-任务包-派工单执行过程涉及的业务层级特点,采用树形表控件与颜色状态的可视化控件,层级展示分段任务下各个任务包及其派工单的执行状态,如图 11.41 所示,分别以绿色、橙色、黄色方块代表已经完工、正在执行、未开工的派工单状态,点击派工单方块按钮,弹出派工单操作面板,在面板中可对派工单执行报开工/完工并自动记录操作日志,此外根据生产资源计划可以对人员、物料、设备资源进行数量的调整,以满足当前实际建造执行过程的需要,并自动将调整结果反馈到管理层以实现车间资源统计。

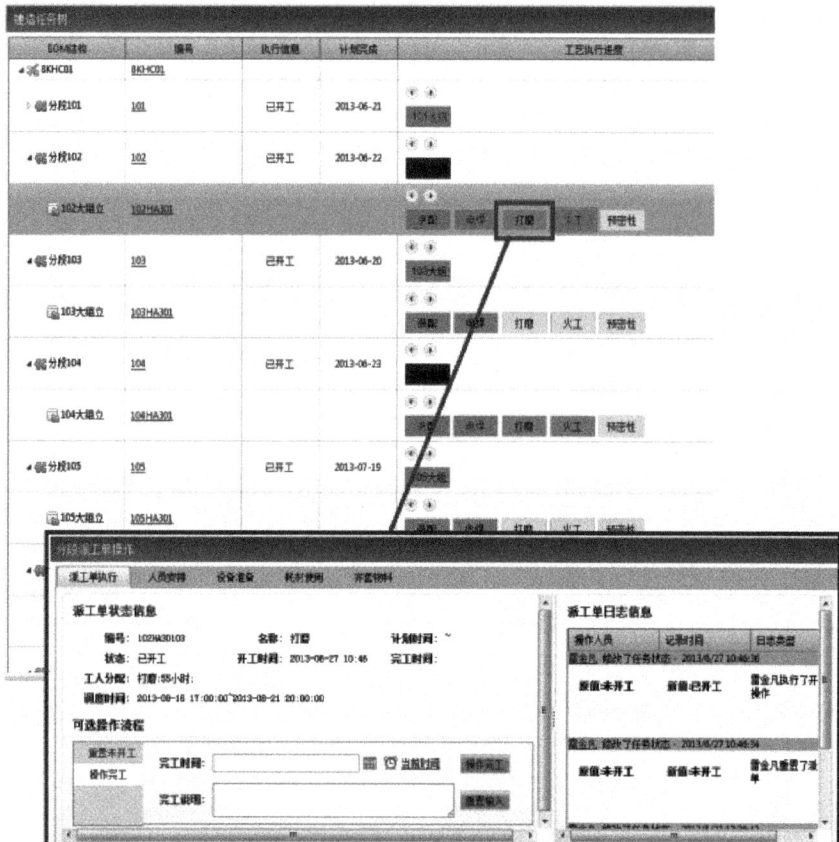

图 11.41　派工单执行监控看板

11.3.6　分段建造资源的数据统计

基于生产计划下的分段各派工单的建造资源的配置,结合建造执行过程实际的资源的调整，计算统计场地、分段、任务包、派工单四个层面下在指定时间区间的人员资源负荷数据，采用折线图方式显示，如图 11.42 所示。

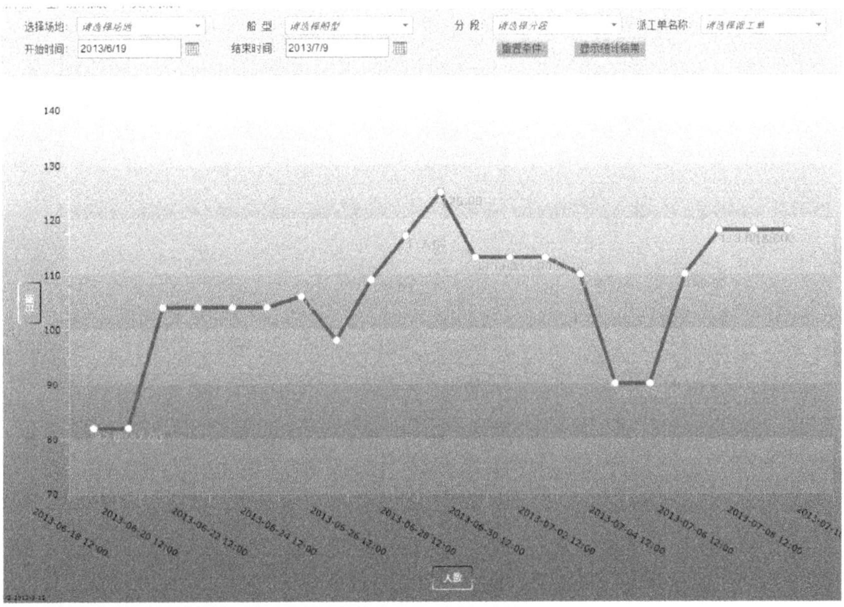

图 11.42　人力资源负荷数据统计界面

另外，统计各个分段任务的物料资源数据，采用报表的方式输出显示物料的计划数量和实际用量，如图 11.43 所示。

船舶曲面分段物料使用　　星期一，2013年7月1日

船舶　**8KHC01**

编号	8KHC01	计划完成时间	
排水量(吨)	8000	实际完成时间	
负责人	雷金凡		

分段

分段编号	名称	重量(吨)	负责人	状态
101	分段101	22	周健	已开工

物料类型	物料名称	物料单位	供应商	计划量	使用量
304HC不锈钢螺丝	4mm钢板	平米		10	9
304不锈钢丝	20mm不锈钢丝	米		10	7
304不锈钢丝	不锈钢丝1111	米		10	10
304不锈钢丝	10mm不锈钢丝	米		20	14
A102不锈钢焊条	2mm焊条	米		20	10
A102不锈钢焊条	2mm焊条	米		10	6
A102不锈钢焊条	3mm焊条	米		10	10
A102不锈钢焊条	5mm焊条	米		10	0
D856-2耐高温耐磨焊条	2mm耐高温耐磨焊条	米		10	5
D856-2耐高温耐磨焊条	3mm耐高温耐磨焊条	米		10	10
Q345E 钢板	6mm钢板	平米		20	18
W607低温钢焊条	2mm焊条	米		10	10
W607低温钢焊条	3mm焊条	米		10	0

图 11.43　建造资源使用情况统计报表(物料表)

11.4 未来的发展

制造执行系统作为一种处于深度发展的技术,虽然取得了一定的技术研究成果和应用实践积累,但伴随着计算机、信息技术的深入发展,还需要进一步结合先进技术,实现工业化和信息化的深度融合。下面分别从理论研究、应用研究和系统开发与集成三个方面对 MES 技术未来的发展进行阐述。

11.4.1 理论研究

(1) 可重构制造系统(RMS)理论及其与 MES 的结合。

自从 Koren Y. 教授于 1996 年提出可重构制造系统(RMS)以来,其为适应生产任务动态变化而调整制造系统构形的思路就吸引了学术界和企业界进行了大量的研究和应用。但截至目前,RMS 研究偏重于静态、阶段性的制造系统构形调整,对于面向动态、执行层次的制造系统构形的持续、演变研究则比较缺乏。而对于制造企业当前普遍的研制性与批产性产品混线生产形式,通过基于 RMS 理论与方法组织形成局部、逻辑且动态变化的制造单元以应对其中的大批量任务、关键/重要任务、精密加工任务,以实现加工效率和加工质量一致性的提升,而普通或者研制性小批量任务则采取穿插形式进行生产以保证柔性,从而实现效率与柔性的统一,是一条值得探索的有效思路。其中涉及制造单元的动态构建与继承性演变调整、重构调度及其动态调整等技术难点。

(2) 复杂排产调度约束处理与智能优化算法。

排产调度是 MES 的核心支撑技术,虽然目前关于调度的研究文献异常丰富,但实际应用效果普遍不理想,其核心原因在于排产调度需要大量准备的基础数据以及企业实际提出的复杂生产约束,从而制约了排产调度软件的工程化应用。目前制造业信息化的三类主流软件,PDM 系统已经基本由国外软件垄断,ERP 系统国外软件供应商日益强势,MES 系统是最后一个亟须坚守的领域。虽然国外针对作为 MES 核心的调度相关 APS(高级计划排程)理论和软件进行了大量研究,我国处于相对劣势地位,但制造企业呈现出的复杂排产调度约束仍然是国内外尚未有效解决的核心难点,从而也为 MES 的国产化提供了机遇。

制造企业目前呈现出的复杂排产调度约束主要体现为三个方面:一是

复杂高效的时间约束处理,如面向精密件的配作型生产要求保证一对一、一对多、多对一等形式下的工序时间节点有序协调,如综合考虑热处理的产品组合自动优化以及炉腔容积规则下的工序时间节点有序协调等;二是复杂的制造资源综合约束处理,如面向设备的点资源、面向轨道的线资源、面向场地的空间资源等约束处理,考虑人员技能水平的柔性、智能化约束等,面向资源级联的约束处理等;三是高效智能优化算法研究与应用,但目前智能优化算法在 MES 中的应用存在两个方面的问题:一是应用时机,即智能优化算法纳入整个 MES 体系中进行应用,能够体现在计划排产与动态调度的相应框架内进行应用,这方面本书给出了初步的探索和尝试;二是智能优化算法对复杂调度约束的处理机制方面,必须能够满足实际的复杂生产约束。

（3）物联网技术及其与 MES 的结合。

随着物联网和传感器网络为代表的网络化嵌入式感知和计算技术的发展,制造系统中开始集成大量具有感知、信息处理和通信能力的灵巧智能设备,用于数据的采集、事件的探测和决策的执行。该种技术的应用对 MES 系统的应用对象以及运行形式具有深刻的影响,通过在产品、工具资源、储运装置、加工设备等安装智能感知传感器将极大地改变目前 MES 的组织与运行形式,能够有效的推动 MES 从层次化的主动控制演变为扁平化的自主智能适应性控制形式的转变。但对于军工企业,必须提出能够满足保密安全要求的适应性解决方案,以便于实现基于无线传输的智能传感器能够在车间中进行应用。

11.4.2　应用研究

MES 是制造业信息化关键支撑系统,与 PDM、ERP 等系统所面临的实施推进问题类似,MES 在实际应用中也存在着与其自身特点相适应的问题,应用研究也是后续亟待开展的重点。

（1）MES 实施组织与运行机制的管理制度研究。

虽然 MES 属于信息化系统,但却是车间制造执行业务协同的有效载体,与业务具有密切的关联关系,因此从选取 MES 实施负责人的角度,必须选取复杂企业生产的负责人而非信息化或者工艺部门人员,这样才能够保证 MES 与业务的深度融合。

MES 并非独立的工具软件由一名业务人员操作即可完成,MES 是车间级的协同生产管控平台,为车间进度、质量、成本等业务的复杂过程与信息关联提供了支撑,因此 MES 强调车间业务人员的全员参与、各司其职,要求

MES实施必须进行有效的全员动员。

MES实施组织的难点在于如何组织和调动系统使用人员的参与意识、应用意识、责任意识,尤其在当前我国制造企业操作工人年龄偏大、人员的计算机技能水平普遍不高的现状下。必须建立配套的管理制度才能有效地推进MES实施,建议该管理措施应该秉持如下一些原则:一是团队成员MES相关工作应该是其规定完成任务,并应与业务考核挂钩;二是明确"业务谁负责,系统谁负责"的规定,推动生产管理从传统手工向计算机辅助方向转变。

(2) MES上线切换实施的推进策略研究。

MES的实施会带来车间生产管理模式的变革,MES上线切换实施的推进策略是应用研究的重点内容。在系统实施硬件环境部署、基础数据准备以及应用培训的基础上,建议进一步重视如下两个方面的策略:一是采取测试与应用两套系统并行开发的形式:项目团队在系统验证测试时即部署测试和应用两个版本的系统,两个版本系统的功能完全一致,其更新也采用同步的策略,任何系统功能在上线前均需通过具有真实数据的测试版的验证,从而为一次上线平稳切换的成功提供了保证;二是按照核心业务功能先行、功能细化完善的思路实现系统逐步上线完善,MES系统涉及车间多方面的业务,为了在短实施周期内能够成功上线,应采取核心业务功能先行运行,相关人员参与并取得经验后再逐步推行的思路开展工作。

11.4.3　系统开发与集成

MES具有强烈的定制性,不同制造企业的车间以及不同类型的生产使得MES具有或强或弱的差别,从而导致目前MES基本形成了"一条生产线一个MES"的不利于快速推广应用的缓慢建设思路。同时结合车间在应用MES普遍存在"先小范围相对独立应用,再全面推广全员参与"的功能模块复杂柔性组合应用需求,如在车间操作工人先期不参与系统应用的情况下,系统能够柔性地将执行反馈功能集成或变更到先期应用人员所使用的模块中等。因此,在系统开发方面,建立一套具有柔性定制和组合配置能力的MES工具集,支持面向服务的组件化开发、积木式定制和部署,实现系统功能和流程的灵活扩充和完善,是MES必须开展的研究重点。

MES必须纳入企业信息化整体框架或思路中进行应用,尤其与ERP、PDM、CAPP、DNC、MDC等系统具有密切的流程和信息关联。虽然目前企业对于集成应用给予了相当的重视,但还需进一步加强系统集成方面的研究,比如实现信息、过程以及功能的综合集成,采用基于服务的集成形式,等等。

参 考 文 献

[1] 吴伟仁. 军工制造业数字化(修订版)[M]. 北京:原子能出版社,2008.

[2] 王琦峰. 面向服务的制造执行系统理论与应用[M]. 杭州:浙江大学出版社,2012.

[3] 李清. 制造执行系统[M]. 北京:中国电力出版社,2007.

[4] 张伯鹏. 制造信息学[M]. 北京:清华大学出版社,2003.

[5] [美]Michael Pinedo. 调度:原理、算法和系统[M]张智海,译. 北京:清华大学出版社,2007.

[6] 王志新,金寿松. 制造执行系统 MES 及应用[M]. 北京:中国电力出版社,2006.

[7] 丁雷,王爱民,宁汝新. 工时不确定条件下的车间作业调度技术[J]. 计算机集成制造系统-CIMS,2010,16(1):98-108.

[8] Koren Y,Heisel U,Jovane F. Reconfigurable manufacturing systems[J]. Annals of the CIRP,1999,48(2):527-540.

[9] MESA International. Controls definition & MES to controls data flow possibilities [R]. USA:MESA International,1995.

[10] MESA International. MES Software evolution/selecton[R]. USA:MESA International,1996.

[11] MESA International. MES functionalities & MRP to MES data flow possibilities [R]. USA:MESA International,1997.

[12] MESA International. Execution-driven manufacturing management for competitive advantage[R]. USA:MESA International,1997.

[13] MESA International. The benefits of MES:a report from the field[R]. USA:MESA International,1997.

[14] MESA International. MES explained:a high level vision[R]. USA:MESA International,1997.

[15] MESA International. MES functionalities & MRP to MES data flow possibilities [R]. USA:MESA International,1997.

[16] Japan Production System Modeling Technical Committee. Specifications of the OpenMES Framework[R]. Japan:Manufacturing Science & Technology Center, 2002.

[17] 王爱民. 面向大规模定制的产品族开发与配置设计技术[D]. 北京:清华大学,2003.

[18] 丁雷. 面向快速响应制造执行的生产调度技术[D]. 北京:北京理工大学,2009.

[19] 李周瑜. 复杂制造执行过程及其数据管理技术[D]. 北京:北京理工大学,2013.

[20] 王万雷. 制造执行系统(MES)若干关键技术研究[D]. 大连:大连理工大学,2005.

[21] SetPhen L Young. Technology——The enabler for tomorrow's agile enterprise[J]. ISA Transactions,1995(34):335-341.

[22] 孙彦广,刘晓强,顾佳晨,等. 制造执行系统(MES)的定位[J]. 冶金自动化,2003 (5):14-17.

[23] I P Tatsiopoulos. An Orders Release reference model as a link between production management and shop floor control software[J]. Computers in Industry,1997,33 (2-3):335-344.

[24] 陈宇,廖永斌,段鑫温,等. 制造业车间级管理系统(MES)及其典型结构[J]. 广东自动化与信息工程,2004(2):24-29.

[25] 吴康. 面向多品种变批量生产的制造执行过程监控技术研究[D]. 北京:北京理工大学,2007.

[26] 丁雷,王爱民,宁汝新. 基于业务协同的制造执行过程监控技术[J]. 航空制造技术,2009(21):91-95.

[27] 刘蕊. 可重构 MES 系统模型研究[D]. 广州:中山大学,2004.

[28] Japan Production System Modeling Technical Committee. Specifications of the OpenMES Framework[R]. Japan:Manufacturing Science & Technology Center, 2002.

[29] SJ/Z 11362—2006. 企业信息化技术规范——制造执行系统(MES)规范[S]. 北京:中华人民共和国信息产业部,2006.

[30] 欧阳树生,王森. 加强 MES 成果转化促进产业发展[J]. 信息技术与标准化,2009 (3):38-44.

[31] 李清,吴靖. 协同制造体系下的 MES 标准化[J],航空制造技术,2009(7):48-52.

[32] 张志檩. 国内外制造执行系统的应用与发展[J]. 数字化工,2004(12):13-16.

[33] Lambregts,K. Van Wilgen P. Improvement of production scheduling by closing the loop with MES[J]. Steel Times International,2006,30(5):24-25.

[34] 原龙飞. 离散型制造业车间成本管理系统理论与应用[D]. 大连:大连理工大学, 2003.

[35] Jiang P. Y. , Zhou G. H. Zhao G, Zhang etc. . E2-MES:An e-service-driven networked manufacturing platform for extended enterprises[J]. International Journal of Computer Integrated Manufacturing,2007,20(2-3):127-142.

[36] Pischke L. MES:optimising on all levels[J]. PPS Management,2005,10(3):25-28.

[37] 张书亭,杨建军,邹学礼. 面向敏捷制造车间的制造执行系统研究[J]. 新技术新工艺,2000(12):2-4.

[38] 乔东平,杨建军. 基于多代理的分布式可集成 MES 框架研究[J]. 制造技术与机床,2006(8):57-61.

[39] 吴梅磊. 离散型制造执行系统(MES)研究[D]. 济南:山东大学,2007.

[40] 宋海生,王家海,张曙. 网络联盟企业中基于 Web 的制造执行系统[J]. 制造业自动化,2001,23(2):20-23.

[41] 柴永生,孙树栋,吴秀丽,等. 制造执行系统柔性应用框架研究[J]. 计算机应用,2005,25(3):679-683.

[42] 柴永生,孙树栋,周玉兰,等. 基于 SOA 的制造执行系统信息集成研究[J]. 组合机床与自动化加工技术,2005(8):94-96.

[43] 雷琦,刘飞,王琦峰. 基于语义的协同制造执行平台集成框架研究[J]. 中国机械工程,2008,19(17):2050-2055.

[44] 潘颖,张文孝. 基于多 agent 的离散制造业制造执行系统框架研究[J]. 2009,26(1):244-247.

[45] 姚冠新,王文郁,严长森,等. 生产系统基础数据集成研究[J]. 江苏大学学报(社会科学版),2006,4(3):80-83.

[46] 王宇晗,康亮,吴祖育. 面向用户的可配置开封市数控系统的研究[J]. 机场与液液压,2000(5):24-27.

[47] 徐永新,陆宝春. 利用 Winsock 通信实现远程控制[J]. 计算机应用研究. 2003,20(1):159-160.

[48] 刘强,陈新,陈新度,等. 可配置 ASP 系统的若干关键技术研究[J]. 中国机械工程,2006,17(22):2397-2401.

[49] 吴宝中,李国喜,龚京忠. 可配置系统体系结构研究[J]. 机械制造,2005,493(43):64-66.

[50] 戴运桃. 动态可配置综合导航显控台系统软件设计[D]. 哈尔滨:哈尔滨工程大学,2006.

[51] 杨毅,李昭原,徐玮. 高级排产模型及其可配置构件系统设计[J]. 计算机工程与设计,2007,28(4):917-921.

[52] 王琦峰,刘飞,黄海龙. 面向服务的离散车间可重构制造执行系统研究[J]. 计算机集成制造系统,2008,14(4):737-743.

[53] Lou Hongliang, Yang Jiangxin, Lin Yafu. Optimal capacity design of re-configurable manufacturing system for single part family[J]. Nongye Jixie Xuebao/Transactions of the Chinese Society of Agricultural Machinery,2007,38(2):125-128.

[54] 饶运清. MES 面向车间的实时信息系统[J]. 信息技术,2002(2):61-62.